管 理 者 终 身 学 习

博学之，审问之，慎思之，明辨之，笃行之。

——《礼记·中庸》

Overseas Investment Practice Under
"The Belt and Road Initiative"

"一带一路"倡议下的
境外投资开发实务

主编 盛玉明 杜春国 李 铮

中国人民大学出版社
·北京·

编委会

主　编

盛玉明　杜春国　李　铮

成　员
（以姓氏笔画为序）

杜春国　李　铮　岐温华

钟海祥　顾　岩　盛玉明

序

当前国际市场环境深刻变化，不确定性因素增加。在这一历史背景下，"一带一路"倡议应运而生。"一带一路"倡议为中国对外承包工程商会会员企业带来了新的发展机遇，更为各国推进基础设施建设、实现经济和社会发展注入了新的发展动能。

"走出去"战略实施以来，我国对外承包工程企业在全球，特别在发展中国家承建了大量项目，形成了工程承包、装备制造、施工机械、建筑材料等完整的供应链条，在项目实施各个阶段，充分发挥了技术、资金等优势，进行全球化布局及资源调配，朝着跨国公司方向迈进。同时，越来越多的国家希望对外承包工程企业具备更强的能力：能有效整合及利用政策性、商业性和开发性资金，由承包商向开发商转变；能提供项目全产业链的综合服务方案，包括规划、设计、融资、咨询、建设、运营、维护等；能由单一项目承包施工转向投资建设运营一体化，带动当地产业升级和经济发展。因此，企业应创新发展模式，结合自身业务需求，因地制宜地制定企业转型升级规划；主动对接所在国发展战略与产业规划，积极参与所在国经济结构调整和产业结构布局，培育开发新项目；通过直接投资、兼并收购、小额参股等方式参与项目投融资建设。

境外投资是一种跨区域、跨体制、跨文化的投资行为，不同国家的政治体制、经济体制、法律法规、社会环境、文化背景冲突等问题给企业带来巨大挑战。企业必须以"全局"的视角从全生命周期的收益和风险管控入手来认识境外投资，才能带来"全面"的回报。

本书作者均亲历国际工程承包和境外投资工作，积累了丰富的投融资知识和经验。作者沿着境外投资开发的主线，通过多个案例分析，深入浅出地介绍境外投资开发全流程的各个环节，具有较强的实用性、操作性和指导性，为我国企业走出去实施"一带一路"倡议及进行境外投资开发提供了宝贵的经验。

本书脉络清晰，文笔流畅，充分结合投资开发中的实际案例给出了诸多合理化建议。需要注意的是，每个企业、每个项目都有其特殊性，在任何一个项目的决策和推进中，企业都务必保持独立思考的能力，学会融会贯通，结合实际情况开展工作。

希望这本书能够带动更多的研究者和行业从业人士，分享经验，交流案例，共同促进对外承包工程行业的转型升级和健康发展。

中国对外承包工程商会会长

前　言

　　当今世界正处于新的历史时期，世界经济缓慢复苏，国际金融危机持续显现，投资贸易格局深刻调整。地缘政治因素突出，局部动荡及区域热点问题此起彼伏。恐怖主义、发展赤字、气候变化等全球治理危机是全世界面临的共同挑战。在这一大背景下，"一带一路"倡议应运而生。

　　"一带一路"的历史渊源悠久，可追溯到古代丝绸之路。而新时代的"一带一路"传承和弘扬了"和平合作、开放包容、互学互鉴、互利共赢"的精神，彰显了中国对外开放的坚定态度与从容不迫的自信。"一花独放不是春，百花齐放春满园。""一带一路"建设是沿线国家和平发展、共同发展的新梦想，是实现互利共赢的新途径，涉及的领域广、国家多、跨度大，每个国家都可以根据自身的发展状况，不同程度地参与到这个"共商、共建、共享"的倡议中来。

　　"一带一路"将为世界提供一种全新的合作模式和发展架构，扩大中国在"一带一路"沿线区域的影响力，为最终打造政治自信、经济融合、文化包容的利益共同体、命运共同体创造条件。"一带一路"倡议给中国的企业带来了历史性的新机遇，中国企业依靠"走出去"的丰富经验，已从成本优势型转为资本及管理优势型，发挥着排头兵和主力军的重要作用。而境外投资作为新一轮全面推进大国外交及经贸发展的"动力引擎"，任重而道远。

　　作者亲历了"走出去"的发展过程，从对外承包到境外投资，从低端市场走向高端市场，从单一的合同管理到全面的商务运作，一步步走向成熟，在收获丰硕成果的同时也总结了经验教训。其实投资是有规律可循的，通过多年境外投资实践，作者遵循规律，取得了一些成功的经验。境外投资在很多人眼中是光鲜亮丽的，但目标不明确、风险认知不到位、缺乏投资经验导致的投资失败案例举不胜举。作者秉承科学严谨、实事求是的态度，从投资操作实务的角度出发，以境外能源板块的绿地项目开发为主线，深度解析如何定位投资项目、优化投资架构、评估项目可行性、达成投资协议、推进项目融资、全面管控投资风险，旨在为中国投资者所关注的境外投资问题提供思路，为企业抱团出海、增强抗风险能力贡献力量，为"一带一路"建设添砖加瓦。

目 录

CONTENTS

"一带一路"倡议

1.1 历史脚步

1.1.1 历史印记

西汉时期，张骞出使西域，开辟了陆上丝绸之路。秦汉时期，以南海为中心的海上丝绸之路初见雏形。唐宋元时期，陆上和海上丝绸之路同步发展，中国、意大利、摩洛哥的旅行家杜环、马可波罗、伊本白图泰都在陆上和海上丝绸之路留下了历史印记。15 世纪初的明代，中国著名航海家郑和七次远洋航海，留下千古佳话。这些开拓者之所以名垂青史，是因为使用的不是战马和长矛，而是驼队和善意；依靠的不是坚船和利炮，而是宝船和友谊。一代又一代"丝路人"作为东西方合作的纽带，架起了和平的桥梁。

古丝绸之路不仅是一条通商易货之道，更是一条知识交流之路。沿着古丝绸之路，中国将丝绸、瓷器、漆器、铁器传到西方，也带回了胡椒、亚麻、香料、葡萄、石榴。沿着古丝绸之路，佛教、伊斯兰教及阿拉伯的天文、历法、医药传入中国，中国的四大发明、养蚕技术也由此传向世界。更为重要的是，商品和知识交流带来了观念创新。比如，佛教源自印度，在中国发扬光大，在东南亚得到传承。儒家文化起源于中国，受到欧洲思想家莱布尼茨、伏尔泰等的推崇。这是交流的魅力、互鉴的成果。

1.1.2　发展历程

"一带一路"倡议提出的标志是2013年9月7日，国家主席习近平出访哈萨克斯坦，在纳扎尔巴耶夫大学发表演讲时表示，为了使欧亚各国经济联系更加紧密、相互合作更加深入、发展空间更加广阔，我们可以用创新的合作模式，共同建设"丝绸之路经济带"，以点带面，从线到片，逐步形成区域大合作。这是我国第一次在丝绸之路经济带沿线国家提出这样的构想，而哈萨克斯坦是中亚五国中最重要的国家之一。

2013年10月3日，国家主席习近平在印度尼西亚国会演讲时提出，中国愿同东盟国家加强海上合作，使用好中国政府设立的中国—东盟海上合作基金，发展好海洋合作伙伴关系，共同建设"21世纪海上丝绸之路"。

这样，距离在哈萨克斯坦提出"丝绸之路经济带"这一构想仅一个月的时间，我国选择在海上丝绸之路途经的重要国家印度尼西亚提出"21世纪海上丝绸之路"的新构想。两者遥相呼应，共同促成了"一带一路"这一构想的问世。

2016年7月1日，习近平总书记在庆祝中国共产党成立95

周年大会上讲话时提出，中国坚定不移实行对外开放的基本国策，坚持打开国门搞建设，在"一带一路"等重大国际合作项目中创造更全面、更深入、更多元的对外开放格局。

2016 年 8 月 17 日，习近平总书记在推进"一带一路"建设座谈会上指出，以"一带一路"建设为契机，开展跨国互联互通，提高贸易和投资合作水平，推动国际产能和装备制造合作，本质上是通过提高有效供给来催生新的需求，实现世界经济再平衡。

这反映了经过三年试水后，中央从经济视角提出了国际合作项目和经济本质这两个概念作为认识"一带一路"新的核心内容。

1.2 概 念

"一带一路"由陆上丝绸之路经济带和 21 世纪海上丝绸之路构成。其中，陆上丝绸之路从中国的中原之地到西安，途经新疆乌鲁木齐，往西经过中亚、西亚，到达欧洲，构成丝绸之路经济带。历史上的丝绸之路和如今的丝绸之路经济带基本重合。

为便于深入了解，丝绸之路经济带可分为三部分：第一条是往北延伸的路线，经过俄罗斯到达欧洲的波罗的海；第二条通过中亚、西亚，经过波斯湾，到达地中海；第三条往南，经过东南亚、南亚，到达印度洋。

21 世纪海上丝绸之路主要是从中国东南沿海港口出发，经过南海、印度洋，到达欧洲国家港口。具体是从福建的泉州、广东的广州和浙江的宁波出发，沿东海、南海至太平洋，随后从印度的加尔各答往北，到达印度洋，然后抵达东非内罗毕，通往也门亚丁湾，进入地中海。值得一提的是，海上丝绸之路途经东盟十国，历史上中国和这十个国家就有密切的经贸往来，而海上丝绸之路随着古代贸易的发展成为历史上中国对外重要的海上通道。

"一带一路"是对陆上丝绸之路经济带与21世纪海上丝绸之路的简称。丝绸之路经济带是一条始于欧亚大陆东端，远至德国甚至英国的经济走廊，被称为世界上最具发展潜力的经济走廊。21世纪海上丝绸之路继承了中国历史上对外交往的遗产，是郑和下西洋的丝绸之路的现代版。"一带一路"在历史传统的基础上，赋予其中国在新时代对外开放的新内容。

进一步抽象地来看"一带一路"的空间分布：北线由中国西部到欧洲，中线经过西亚、欧洲到地中海，南线经过东南亚、南亚到印度洋，延伸至南太平洋。从空间概念出发，可以认识到"一带一路"实际上是一个开放的概念，它不限于地理意义上的沿线国家才可参与。非洲以及欧洲、美洲的很多国家都可以作为"第三方国家"纳入这个框架。

"一带一路"的英文表述，在业界和媒体中广泛使用的是"one belt one road"，这个直译非常便于理解。经过一年多的讨论，目前统一规定使用的是"the belt and the road initiative"。从"one belt one road"到"the belt and the road initiative"，将限定词换成定冠词的小小改动，具有深意。也就是说，"一带一路"有特定的合作模式，但是它的范围并不一定限于沿线国家和地区。只要在某个领域中按照"一带一路"的模式进行合作，开展两个以上国家和地区之间的经济文化交流，进行项目建设投资，就可参与"一带一路"。在今后"一带一路"实践不断推进与发展的过程中，将会有越来越多的实际案例对此进行印证。

1.3 背　景

1.3.1　时代背景

当今世界正在发生复杂而深刻的变化，国际金融危机深层次影响持续显现，世界经济缓慢复苏、发展分化，国际投资贸易格局和多边投资贸易规则酝酿深刻调整，各国面临的发展问题依然严峻。共建"一带一路"顺应世界多极化、经济全球化、文化多样化、社会信息化的潮流，秉持开放的区域合作精神，致力于维护全球自由贸易体系和开放型世界经济。共建"一带一路"旨在促进经济要素有序自由流动、资源高效配置和市场深度融合，推动沿线各国实现经济政策协调，开展更大范围、更高水平、更深层次的区域合作，共同打造开放、包容、均衡、普惠的区域经济合作架构。共建"一带一路"符合国际社会的根本利益，彰显人类社会共同理想和美好追求，是对国际合作以及全球治理新模式的积极探索，将为世界和平发展增添新的正能量。

共建"一带一路"致力于亚欧非大陆及附近海洋的互联互通，建立和加强沿线各国互联互通伙伴关系，构建全方位、多层次、复合型的互联互通网络，实现沿线各国多元、自主、平衡、可持续的发展。"一带一路"的互联互通项目将推动沿线各国发展战略的对接与耦合，发掘区域内市场的潜力，促进投资和消费，创造需求和就业，增进沿线各国人民的人文交流与文明互鉴，让各国人民相逢相知、互信互敬，共享和谐、安宁、富裕的生活。

1.3.2　国内背景

《中共中央关于制定国民经济和社会发展第十三个五年规划的

建议》认为，我国物质基础雄厚、人力资本丰富、市场空间广阔、发展潜力巨大，经济发展方式加快转变，新的增长动力正在孕育形成，经济长期向好基本面没有改变。同时，发展不平衡、不协调、不可持续问题仍然突出，主要是发展方式粗放，创新能力不强，部分行业产能过剩严重，企业效益下滑，重大安全事故频发；城乡区域发展不平衡；资源约束趋紧，生态环境恶化趋势尚未得到根本扭转；基本公共服务供给不足，收入差距较大，人口老龄化加快，消除贫困任务艰巨；等等。

因此概括起来，中国经济的双重任务就是转型与增长。增长就是要在"十三五"时期继续保持经济向上发展，完成全面建设小康社会的任务。转型则是解决好过去发展中的问题，如发展结构的问题、发展动能的问题，通过创新实现经济的升级。而且转型和增长需要结合，在时间与空间上互补。2015年中央提出了进行供给侧结构性改革的重大思路，年底的中央经济工作会议上提出"去产能、去库存、去杠杆、减成本、补短板"的具体政策，针对的就是突出的产能过剩、效益不高的问题。而"一带一路"的实施，可以通过以空间换时间，助推转型与增长双重任务的完成。

1. 当前中国经济发展存在的几大隐患

（1）经济结构失衡。2015年，中国投资、出口、消费增速分别为10%，-2.8%，10.7%，全年GDP增速为6.9%；而过去20年，投资、出口、消费平均增长20%，20%，15%。中国经济增长的结构出现了严重的失衡问题。过去的经济发展过程中，需求主要靠投资和出口拉动。

（2）产能过剩。到2013年有19个行业产能过剩：炼铁、炼钢、焦炭、铁合金、电石、电解铝、铜（含再生铜）冶炼、铅冶炼、锌（含再生锌）冶炼、水泥（熟料及磨机）、平板玻璃、造纸、酒精、味精、柠檬酸、制革、印染、化纤、铅蓄电池（极板及组装）。

（3）地方政府债务增加。政府通过融资平台借款来建设工业园区，促进地方经济的增长，再通过税收的增长来偿还银行债务。如果处理不好，这些债务不能按期归还，会引发全面危机。

（4）劳动力市场重大变化。逐步提高人口素质，提升劳动生产率，来抵消人口红利消失对经济增长造成的负面影响。

2. 促进中国经济长期平稳增长的四大因素

广阔的内需市场、劳动力的比较优势、体制改革的巨大空间、快速城市化的推动，这四个因素集成发挥作用，还需要实现中国经济增长的动力转换。李克强总理称之为动能，也就是推动机器运转的能量。因此，"一带一路"倡议与"中国制造2025""互联网+"等相辅相成。现在中国的经济发展阶段特征表现为工业化走向后期、对外开放进入新阶段、小康社会建设进入新时期。这些都会促进中国经济的长期增长。其中，对外开放进入新阶段要有一个新的战略；而建成小康社会是党的第一个百年目标，这是一个总目标。

2006年，世界银行在一份报告中首次提出"中等收入陷阱"这个概念。一部分南美国家在人均收入达到6 000～7 000美元以后，由于各种原因无法实现持续增长，这就是所谓的"中等收入陷阱"。中国要顺利跨越"中等收入陷阱"，最主要的是看经济能否保持持续稳定的增长。既要通过创新发展和市场激励，提高微观企业的劳动生产率，又要通过经济结构调整，在保持总需求稳定增长的同时，完成供给侧结构性改革，提高整个宏观经济的潜在增长率。同时在对外经济联系方面推出新的发展战略，创造和分享全球化的红利。

"一带一路"倡议在这个国际国内大背景下应运而生。

1.4 意 义

1.4.1 国际意义

"一带一路"合作范围不断扩大，合作领域更为广阔。它不仅给参与各方带来了实实在在的合作红利，也为世界贡献了应对挑战、创造机遇、强化信心的智慧与力量。

"一带一路"为全球治理提供了新的路径与方向。当今世界，挑战频发、风险日益增多。经济增长乏力，动能不足，金融危机的影响仍在发酵，发展鸿沟日益突出，"黑天鹅"事件频出，贸易保护主义倾向抬头，"逆全球化"思潮涌动，地区动荡持续，恐怖主义蔓延肆虐。和平赤字、发展赤字、治理赤字，是摆在全人类面前的严峻挑战。这充分说明现有的全球治理体系出现了结构性问题，亟须找到新的破题之策与应对方略。作为一个新兴大国，中国有能力、有意愿同时也有责任为完善全球治理体系贡献智慧与力量。面对新挑战、新问题、新情况，中国给出的全球治理方案是：构建人类命运共同体，实现共赢共享，而"一带一路"正是朝着这个目标努力的具体实践。"一带一路"强调各国的平等参与、包容普惠，主张携手应对世界经济面临的挑战，开创发展新机遇，谋求发展新动力，拓展发展新空间，共同朝着人类命运共同体方向迈进。正是本着这样的原则与理念，"一带一路"针对各国发展的现实问题和治理体系的短板，创立了亚洲基础设施投资银行、金砖国家新开发银行、丝路基金等新型国际机制，构建了多形式、多渠道的交流合作平台，这既能缓解当今全球治理机制缺乏代表性、有效性、及时性，难以适应现实需求的困境，并在一定程度上扭转公共产品供应不足的局面，提振国际社会参与全球治理的士气与信心，同时又能满足发展中国家尤其是新兴市场国家变革全球治理机制的现实要求，大大增强了新兴国家和发展中国家的话语权，是推进全球治理体系朝着更加公正合理方向发展的重大突破。

"一带一路"为新时期世界走向共赢带来了中国方案。不同性质、不同发展阶段的国家，其具体的战略诉求与优先方向不尽相同，但各国都希望获得发展与繁荣，这便找到了各国共同利益的最大公约数。如何将一国的发展规划与他国的战略设计相对接并实现优势互补，便成为各国实现双赢多赢的重要前提。"一带一路"正是在各国寻求发展机遇的需求之下，同时在尊重各自发展道路选择的基础之上所形成的合作平台。因为立足于平等互利、相互尊重的基本国际关系准则，聚焦于各国发展实际与现实需要，着力于和各国发展战略对接，"一带一路"建设在赢得了越来越多的世界认可与赞誉的同时，也取得了日益显著的早期收获，给相关国家带来了实实在在的利益，给世界带来了走向普惠、均衡、可持续繁荣的信心。"一带一路"是一条合作之路，更是一条希望之路、共赢之路。

"一带一路"为全球均衡可持续发展增添了新动力，提供了新平台。"一带一路"涵盖了发展中国家与发达国家，实现了"南南合作"与"南北合作"的统一，有助于推动全球均衡可持续发展。"一带一路"以基础设施建设为着眼点，促进经济要素有序自由流动，推动中国与相关国家的宏观政策协调。对于参与"一带一路"建设的发展中国家来说，这是一次搭中国经济发展"快车""便车",实现自身工业化、现代化的历史性机遇,有力推动了南南合作的广泛展开,同时也有助于增进南北对话,促进南北合作的深度发展。不仅如此,"一带一路"倡议的理念和方向,同联合国《2030 年可持续发展议程》高度契合,完全能够加强对接,实现相互促进。联合国秘书长古特雷斯表示,"一带一路"倡议与《2030 年可持续发展议程》都以可持续发展为目标,都试图提供机会、全球公共产品和双赢合作,都致力于深化国家和区域间的联系。他强调,为了让相关国家能够充分从增加联系产生的潜力中获益,加强"一带一路"倡议与《2030 年可持续发展议程》的联系至关重要。就此而言,"一带一路"建设还有助于联合国《2030 年可持续发展议程》的顺利实现。

写下了《丝绸之路:一部全新的世界史》一书的英国历史学家彼得·弗兰科潘说:"丝绸之路曾经塑造了过去的世界,甚至塑造了当今的世界,也将塑造未来的世界。"作为和平、繁荣、开放、创新、文明之路,"一带一路"必将会行稳致远,惠及天下。

1.4.2 影响

"一带一路"倡议的目标是建立一个政治互信、经济融合、文化包容的利益共同体、命运共同体和责任共同体,是包括欧亚大陆在内的世界各国构建一个互惠互利的利益、命运和责任共同体。

"一带一路"推动中国与丝路沿途国家分享优质产能、共商项目投资、共建基础设施、共享合作成果,内容包括道路联通、贸易畅通、货币流通、政策沟通、人心相通等"五通",肩负着三大使命。

1. 探寻经济增长之道

"一带一路"是在后金融危机时代，作为世界经济增长火车头的中国，将自身的产能优势、技术与资金优势、经验与模式优势转化为市场与合作优势，实行全方位开放的一大创新。通过"一带一路"建设可以共同分享中国改革发展红利、中国发展的经验和教训。中国将着力推动沿线国家间实现合作与对话，建立更加平等均衡的新型全球发展伙伴关系，夯实世界经济长期稳定发展的基础。

2. 实现全球化再平衡

传统全球化由海而起，由海而生，沿海地区、海洋国家先发展起来，陆上国家、内地则较落后，形成巨大的贫富差距。传统全球化由欧洲开辟，由美国发扬光大，形成国际秩序的"西方中心论"，导致东方从属于西方、农村从属于城市、陆地从属于海洋等一系列不平衡不合理效应。如今，"一带一路"正在推动全球再平衡。"一带一路"鼓励向西开放，带动西部开发以及中亚、蒙古国等内陆国家和地区的开发，在国际社会推行全球化的包容性发展理念；同时，"一带一路"是中国主动向西推广中国优质产能和比较优势产业，将使沿途、沿岸国家首先获益，也改变了历史上中亚等丝绸之路沿途地带只是作为东西方贸易、文化交流的过道而成为发展"洼地"的面貌。这就超越了欧洲人所开创的全球化造成的贫富差距、地区发展不平衡，推动建立持久和平、普遍安全、共同繁荣的和谐世界。

3. 开创地区新型合作

中国改革开放是当今世界最大的创新，"一带一路"作为全方位对外开放举措，正在以经济走廊理论、经济带理论、21世纪的国际合作理论等创新经济发展理论、区域合作理论、全球化理论。"一带一路"强调共商、共建、共享原则，超越了马歇尔计划、对外援助以及"走出去"战略，给21世纪的国际合作带来新的理念。

比如，"经济带"概念就是对地区经济合作模式的创新，其中经济走廊——中巴经济走廊、孟中印缅经济走廊、中俄蒙经济走廊、新亚欧大陆桥、中国—中亚经济走廊、中国—中南半岛经济走廊等，以经济增长极辐射周边，超越了传统发展经济学理论。

"丝绸之路经济带"概念，不同于历史上所出现的各类"经济区"与"经济联盟"，同以上两者相比，经济带具有灵活性高、适用性广以及可操作性强的特点，各国都是平等的参与者，本着自愿参与、协同推进的原则，发扬古丝绸之路兼容并包的精神。

1.4.3 对中国的意义

"一带一路"倡议具体实施后，需要更大规模地开展建设，会对中国的发展产生各个方面的影响。"一带一路"实施的意义主要有四点：

1. 促进经济持续增长

"十三五"期间中国需要保持6.5% ～ 7%的增长，但是经济新常态的出现，包括劳动成本和土地成本增加、外需萎缩、经济结构转型，对中国经济造成的冲击比较大。从2013年开始，出现过去从来没有遇到过的复杂局面，内外部因素叠加在一起。从内部看，中国经济正处于换挡期，就像汽车换挡的时候，从高速挡换到中速挡会发生一些震动。另外，经济要实现转型，结构也要调整到位。从外部看，在制约中国经济发展的几大问题中，除了一般意义上的资源约束、环境约束、市场约束、成本约束、债务约束这五大约束之外,外部环境的约束也十分突出。国际市场上,过去中国的体量还比较小,受到的关注和限制也少。但是现在体量不断加大,成为世界上最大的贸易国,进出口贸易量居世界首位,与世界原有规则的碰撞日益突出。与此同时,还要解决经济增长中的需求问题,所以向境外谋求合作、实现和平发展成为一个必然选择。"一带一路"提供了一条加强经济内外联系的纽带,形成促进中国经济持续增长的新动能。据估计,如果"一带一路"顺利实施,今后可以拉动中国经济增长1个百分点左右。

2. 提升对外开放新格局

十八届五中全会通过的《中共中央关于制定国民经济和社会发展第十三个五年规划的建议》提出,要打造陆海内外联动、东西双向开放的全面开放新格局。中国的开放格局过去是陆强海弱、东重西轻,现在西部有了开放的通道,可以实行东西和海陆平衡发展,解决原来的发展历程中积累的矛盾和问题。"一带一路"提供了这样一个机制。通过"一带一路"倡议的实施,中国对外开放的战略随之发生了变化,原本东部强大、西部薄弱、陆路缺乏的对外开放格局有望突破,形成比较均衡的格局。

3. 拓展战略纵深

"一带一路"通道的打开,与中国向欧洲方向的开放有很大关系。如果通向中亚、欧洲的通道是封闭的,物资还得通过沿海地区运往海外,那么经济中心偏向东南的基本面不会变化。但是中国东南沿海由于政治、历史的原因,一直成为被攻击的主要区域。"一带一路"改变了这个布局,拓展了战略防御纵深,进一步强化了国家安全。

4. 推动治理结构改革

"一带一路"将促进经济上的互联互通、互惠互利，扩大中国在区域经济乃至全球范围内的影响，推动国际治理结构的变革。通过实施"一带一路"，推动对外开放战略的转变，提升中国经济竞争力，改善中国和平发展的外部环境等，就能通过实际行动来打造一个有利于中国发展的外部环境，帮助中国实现第一个和第二个百年发展目标。

1.4.4　倡议

2013年9月和10月，国家主席习近平先后提出共建"丝绸之路经济带"和"21世纪海上丝绸之路"的倡议，得到国际社会的高度关注和有关国家的积极响应。共建"一带一路"倡议借用古丝绸之路的历史符号，融入了新的时代内涵，既是维护开放型世界经济体系和实现多元、自主、平衡和可持续发展的中国方案，也是深化区域合作、加强文明交流互鉴、维护世界和平稳定的中国主张，更体现了中国作为最大的发展中国家和全球第二大经济体，对推动国际经济治理体系朝着公平、公正、合理方向发展的责任担当。

中国不仅是共建"一带一路"的倡议者，更是负责人、有担当的实践者。几年来，"一带一路"建设从无到有、由点及面，取得积极进展，初步形成了共商、共建、共享的合作局面。

当今世界正在发生复杂深刻的变化，世界经济在深度调整中缓慢复苏，各国面临的发展问题依然严峻。历史尤其是20世纪两次世界大战的惨痛教训告诉我们，当今世界比任何时候都需要加强互联互通，各国比任何时候都需要结成更加紧密的命运共同体，共同创造面向未来的发展新格局，共同维护开放型世界经济体系，共同探索新的增长动力来源。

中国欢迎世界各国和国际、地区组织积极参与共建"一带一路"，也愿与各国共同丰富"一带一路"建设的理念和实践，携手打造绿色丝绸之路、健康丝绸之路、智力丝绸之路、和平丝绸之路，建设更具活力、更加开放、更加稳定、更可持续、更多包容的全球化经济。

第 2 章 / *Chapter Two*

境外投资发展历程

2.1　概念及历程

本书所称的"境外投资"，是指中华人民共和国境内企业直接或通过其控制的境外企业，以投入资产、权益或提供融资、担保等方式，获得境外所有权、控制权、经营管理权及其他相关权益的投资活动。

在全球经济一体化的背景下，中国企业境外投资逐年上升，投资方式、投资领域、投资国家和地区也逐渐多元化。中国企业的境外投资与中国对外开放的发展历程息息相关，从政策变化和时间阶段来看，大体可分为四个阶段。

2.1.1　起步探索阶段（1978—1991 年）

1978 年 12 月，中国共产党十一届三中全会确立了实行对内改革、对外开放的政策。这一阶段的对外开放是由经济特区逐步扩大到沿海、沿江的渐进式梯度开发，主要目的是引入急需的外国资本、技术和管理。

1979 年 8 月 13 日，国务院颁布了《关于大力发展对外贸易增加外汇收入若干问题的规定》，其中第 13 条为"出国开办企业"，这是新中国成立以来，第一次将境外投资作为国家政策提出。中国企业在这个阶段的投资体量较小，基本上是具有较强经济实力的国有企业，且往往带有行政主导的特征。

2.1.2　初步发展阶段（1992—2000 年）

1992 年，邓小平发表南方谈话开启了中国改革开放的新篇章，中国开始全面推行对外开放的经济政策。此阶段对外开放的核心特征是规模扩张，主要考虑如何扩大出口创汇和增强自身竞争力，未考虑过多的社会责任。

2000 年，为适应经济全球化，使中国经济更好地融入国际市场，党中央确立实施"走出去"战略，坚持"引进来"和"走出去"同时并举、相互促进。2001 年"走出去"战略被写入《国民经济和社会发展第十个五年计划纲要》，境外投资从此进入一个崭新的阶段。

2.1.3　高速发展阶段（2001—2012 年）

加入世界贸易组织（WTO）后，中国对外开放由政策性开放向制度性开放转变，这一阶段对外开放的新特点是：开放领域扩大，开放模式转型，以及国内体制与世界规则全面对接。

随着国家经济的发展，大批企业发展壮大，对外投资迅速增长，进入快速发展轨道。根据商务部的统计数据，我国的对外直接投资额每年都能达到一个新的平台，投资的产业领域也从初期集中在贸易方面，发展到资源开发、工业生产加工、交通运输、旅游餐饮、研究开发、咨询服务、农业及农产品综合开发等诸多领域，境外投资数量和规模快速增长。

2.1.4　参与全球经济治理的历史性新阶段（2013 年至今）

2013 年，为了应对新的飞速发展的世界经济形势，实现国内改革与对外开放的全面对接，中国提出了"一带一路"倡议，主动为自己和别国创造经济发展的机会，积极参与全球经济治理。

40 多年对外开放的历程是一条健步迈向全世界的道路，中国的对外开放从数量的扩张逐步转向质量的提升，参与国际竞争与合作的深度与广度不断拓展。我国企业在"走出去"之初主要承揽国际工程承包业务，在日趋激烈的竞争中展现了实力，国外业主越来越欢迎中国企业参与投资，而不再是简单的带资承包。如今中国企业的触角已经延伸至世界各地，业务范围进一步拓宽。在"一带一路"倡议的引领下，中国迎来了新一轮境外投资热潮，迅速走向了世界经济的大舞台，在国际竞争中强筋健骨、发展壮大。

2.2　形式及特征

随着不断发展，境外投资呈现出多种形式，操作过程也日趋完善。企业境外投资业务可以从不同的角度分类。从是否新建企业的角度，可分为绿地投资（即直接投资建设新的项目设施）与并购投资（即通过兼并收购获得股权的方式，以取得目标项目公司的所有权和经营管理权为目的的投资）；从行业类型的角度，可分为基础设施建设、资源开发和房地产投资等；从投资所在国给予特定经营权的角度，可分为特许经营型投资和非特许经营型投资。

2.2.1 特许经营型投资

特许经营型投资项目是指由项目所在地中央或地方政府将基础设施等项目的投资和经营权，通过法定的程序，有偿或无偿地交给选定的投资人投资经营。典型的特许经营方式有 BOT，PPP 和 PFI 等。特许经营项目大部分为公共设施项目，在运营阶段结束后，一般都会移交给当地政府或公共机构。

1. 建设—经营—移交

建设—经营—移交（build-operate-transfer，BOT）项目是特许经营项目的一种主要组织形式，指项目所在国政府通过特许权协议授权外商或私营商作为项目主办人，或联合其他公司/股东为该项目成立专门的项目公司，负责该项目的投资、融资、设计、建造、运营和维护，在规定的特许期内向该项目产品或服务的使用者收取规定的费用（如电厂项目由项目公司与所在国的国家电力公司签订照付不议的购电协议等），由此回收项目的投资（资本金和贷款本息）、经营和维护等成本，并获得合理的投资回报；特许期满后，项目公司将项目（一般是无偿）移交给所在国政府。

该投资形式的主要目的之一是解决项目所在国政府加快本国基础设施建设、促进经济发展与不足以支撑这种大规模投资的有限政府财政能力之间的矛盾，适用于投资规模较大、建设周期较长且运营收益可期的项目，包括基础设施项目和自然资源开发项目，如电厂、港口码头、机场、收费公路、隧道、电信、供水和污水处理设施、矿山开采等项目。在组织和运作形式上，BOT 适合政府主动发包及采购项目，所以在我国也称为法人招标或特许经营招标。

BOT 型投资可演变为 BOOT，BOO，BT，TOT 等多种形式。对于 BOT 型投资，项目公司没有项目所有权，只有特许期内的项目建设和经营权；对于 BOOT（build-own-operate-transfer，建设—拥有—经营—移交）型投资，项目公司既有经营权又有所有权，项目的产品/服务价格较低，特许期较长；对于 BOO（build-own-operate，建设—拥有—经营）型投资，项目公司不移交，项目产品/服务价格更低。BOT 还可演变为 BT（build-transfer，建设—移交），企业投资建成后出售给政府，政府采取一次或分期付款的事后付款；也可演变为 TOT（transfer-operate-transfer，移交—经营—移交），企业投资购买某项目资产（一般是公益性资产）的产权和经营权，在约定的时间内通过经营该资产收回全部投资、取得合理的投资回报后，再将该资产无偿移交给原所有人。

2. 公私合营

公私（政企）合伙或公私合营（public-private partnership，PPP）指企业与项目所在国政府机构签订长期合作协议，按照一定股份比例共同投资组建项目公司，授权该项目公司代替政府机构建设和管理公共基础设施，并按照服务合同规定利用基础设施向社会公众提供公共服务，而企业通过项目公司的运营活动获得投资回报。这种模式最早于 1992 年提出，反映更为广义的公私合营长期关系（如共享收益、共担风险和社会责任），在基础设施和公共服务（如医院、养老院、监狱、学校等）方面应用较为广泛。

3. 私营主动融资

私营主动融资（private finance initiative，PFI）强调企业在项目融资、投资活动中的主动性和主导性，由政府通过特许权协议授权给企业，而企业主动发起投资、建设和运营管理公共项目为公共部门提供服务，并按照服务合同的规定收取服务费用从而回收项目的投资、经营和维护等成本，并获得合理的回报。PFI 投资领域包括社会福利性质的公共服务设施建设，如教育和文体建筑、医院、养老院、监狱等。项目仅靠自身运营可能无法完全收回投资，需要政府财政拨款补贴甚至完全由政府支付。目前这种以提供服务为核心的境外 PFI 投资，具有社会福利性质、运营期较长、政府支付能力和信用十分重要的特征，我国企业对境外 PFI 项目还处于市场跟踪和探索阶段。

2.2.2　非特许经营型投资

非特许经营型投资是指企业在所在国独资或合资兴建工业生产制造设施，并通过该设施的商业运营获取投资收益的商业行为，是一种境外产业投资。与上述 BOT，PPP，PFI 等项目不同，非特许经营型投资项目一般没有移交过程，是一种企业长期的属地化生产经营方式；与 BOO 也不同，BOO 项目投资是在所在国政府的特许协议或执行协议的基础上开展的，而非特许经营型投资项目是在特设法人机构营业执照规定的基础上开展的。企业通常以工程为先导，利用在当地实施工程项目过程中积累起来的市场资源，进行非特许经营型投资。投资领域往往与工程业务相关，如能源开发、建材生产、设备加工和维护、工程管理服务，以及相关的农牧业、商业物流、房地产开发与经营等。

进入 21 世纪以来，经过十多年的发展，中国对外投资规模不断扩大，投资结构进一步优化，投资区位分布更为广泛，投资行业领域更加丰富，投资主体日趋多元，展现出良好的发展态势。

1. 投资规模不断扩大

中国政府有关部门于 2003 年起对外发布中国对外投资数据。十多年来，对外投资规模保持了较快的增长态势，2005 年对外直接投资流量突破百亿美元，2013 年超过千亿美元，2015 年对外投资额首次超过利用外资额，2016 年对外投资流量达到 1 961.5 亿美元，由 2002 年的全球第 26 位跃升至 2016 年的第 2 位，占全球的比重也由 0.5% 提升至 13.5%，首次突破两位数（见图 2 - 1）。2002—2016 年，对外投资流量年均增长率为 35.8%。在投资存量方面，2007 年首次突破千亿美元，2015 年突破万亿美元，2016 年攀升至 13 573.9 亿美元，对外投资存量由 2002 年的全球第 25 位上升至 2016 年的第 6 位。

（亿美元）

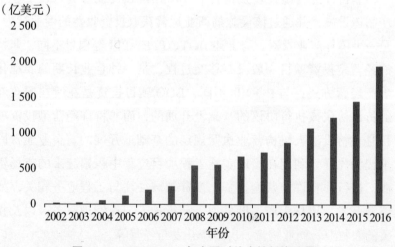

图 2 - 1 2002—2016 年中国对外直接投资流量

2. 投资区位分布更为广泛

截至 2016 年末，中国对外直接投资分布在全球 190 个国家（地区），境内投资者设立对外投资企业 3.72 万家，覆盖全球超过

80% 的国家（地区），境外企业资产总额达 5 万亿美元。在各大洲分布上，对亚洲投资最多，存量 9 094.5 亿美元，占比 67%；其次是拉丁美洲 2 071.5 亿美元，占比 15.3%；欧洲 872 亿美元，占比 6.4%；北美洲 754.7 亿美元，占比 5.6%；非洲 398.8 亿美元，占比 2.9%；大洋洲 382.4 亿美元，占比 2.8%。接受中国对外投资较多的国家（地区）包括中国香港、开曼群岛、英属维尔京群岛、美国、新加坡、澳大利亚、荷兰、英国、俄罗斯和加拿大等（见表 2 - 1）。近年来，中国企业对"一带一路"沿线国家的投资合作成为新的亮点。据统计，2014 年以来，对"一带一路"沿线国家的投资已超过 500 亿美元，与相关国家的企业合作共建项目近 2 000 个。

表 2 - 1　2016 年（末）中国对外国家（地区）直接投资重点

单位：亿美元

序号	流量			存量		
	国家（地区）	金额	占比（%）	国家（地区）	金额	占比（%）
1	中国香港	1 142.3	58.2	中国香港	7 807.45	57.5
2	美国	169.8	8.7	开曼群岛	1 042.09	7.7
3	开曼群岛	135.2	6.9	英属维尔京群岛	887.66	6.5
4	英属维尔京群岛	122.9	6.3	美国	605.80	4.4
5	澳大利亚	41.9	2.1	新加坡	334.46	2.5
6	新加坡	31.7	1.6	澳大利亚	333.51	2.5
7	加拿大	28.7	1.5	荷兰	205.88	1.5
8	德国	23.8	1.2	英国	176.12	1.3
9	以色列	18.4	0.9	俄罗斯	129.80	1.0
10	马来西亚	18.3	0.9	加拿大	127.26	0.9

续前表

序号	流量			存量		
	国家（地区）	金额	占比（%）	国家（地区）	金额	占比（%）
11	卢森堡	16.0	0.8	印度尼西亚	95.46	0.7
12	法国	15.0	0.8	卢森堡	87.77	0.6
13	英国	14.8	0.7	德国	78.42	0.6
14	印度尼西亚	14.6	0.7	中国澳门	67.83	0.5
15	俄罗斯	12.9	0.7	南非	60.01	0.4
16	越南	12.8	0.7	老挝	55.00	0.4
17	荷兰	11.7	0.6	法国	51.16	0.4
18	韩国	11.5	0.6	哈萨克斯坦	50.95	0.4
19	泰国	11.2	0.6	越南	49.84	0.4
20	新西兰	9.1	0.5	阿联酋	47.88	0.3
	合计	1 862.6	95.0	合计	12 295.4	90.5

3. 投资行业领域更加丰富

目前，中国对外投资已涵盖国民经济 18 个行业大类。除租赁和商务服务业、批发和零售业、制造业、交通运输 / 仓储和邮政业、金融业、农林牧渔业、采矿业等传统产业以外，近年来对科学研究和技术服务业、信息传输 / 软件和信息技术服务业、教育、医疗、社会公共服务设施等领域的投资增长较快，对外投资产业结构进一步优化。2016 年，中国企业对制造业、信息传输 / 软件和信息技术服务业的投资额分别为 290.5 亿美元和 186.7 亿美元，占中国对外投资的份额为 14.8% 和 9.5%，分别比上一年提高 1.1 个百分点和 4.8 个百分点（见表 2-2）。其中，流向装备制造业的投资同比增长了 41.4%，在制造业投资总额中占比近一半（49.1%）。

表 2－2   2016 年（末）中国对外直接投资行业分布   单位：亿美元

序号	行业	流量		存量		
		金额	比重(%)	金额	比重(%)	排名
1	租赁和商务服务业	657.8	33.5	4 739.9	34.9	1
2	制造业	290.5	14.8	1 081.1	8.0	5
3	批发和零售业	208.9	10.7	1 691.7	12.5	3
4	信息传输/软件和信息技术服务业	186.7	9.5	648.0	4.8	6
5	房地产业	152.5	7.8	461.1	3.4	7
6	金融业	149.2	7.6	1 773.4	13.1	2
7	居民服务/修理和其他服务业	54.2	2.8	169.0	1.2	12
8	建筑业	43.9	2.2	324.2	2.4	9
9	科学研究和技术服务业	42.4	2.2	197.2	1.4	11
10	文化/体育和娱乐业	38.7	2.0	79.1	0.6	14
11	电力/热力/燃气及水的生产和供应业	35.4	1.8	228.2	1.7	10
12	农/林/牧/渔业	32.9	1.7	148.9	1.1	13
13	采矿业	19.3	1.0	1 523.7	11.2	4
14	交通运输/仓储和邮政业	16.8	0.9	414.2	3.1	8
15	住宿和餐饮业	16.2	0.8	41.9	0.3	15
16	水利/环境和公共设施管理业	8.4	0.4	35.8	0.2	16
17	卫生和社会工作	4.9	0.2	9.2	0.07	17
18	教育	2.8	0.1	7.3	0.05	18

4.投资主体日趋多元

目前，从规模上看，国有企业仍然是中国企业"走出去"的主力军，但民营企业发展势头迅猛。从企业数量上看，对外投资的民营企业数量已超过国有企业，占企业总数的六成以上。从企业来源地看，2006年中央企业的对外投资占比达86.4%，地方企业仅为13.6%；而在2016年，中央企业的对外投资占比为12.6%，地方企业对外投资占比攀升至87.4%（见图2-2）。在地方企业中，长江经济带沿线省市的企业对外投资活跃，占全国对外投资的份额达35.5%。

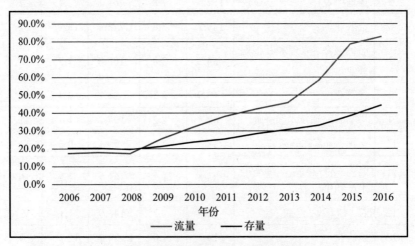

图2-2 地方企业在非金融对外直接投资中的占比

5.国际产能合作积极推进

国际产能和装备制造合作（简称国际产能合作）是指围绕生产能力新建、转移和提升开展的国际投资和经贸合作，以企业为主体，以共赢为导向，以制造业及相关的基础设施建设、资源能源开发为主要领域，以直接投资、工程承包、装备贸易和技术合作为主要形式。国际产能合作顺应开放型经济发展的客观规律，是我国与各国共建"一带一路"的重要抓手，推动世界经济再平衡的重要动力。2015 年 5 月，国务院发布《关于推进国际产能和装备制造合作的指导意见》，明确了中国政府推进国际产能合作的指导思想和政策导向，在此基础上逐步建立起国际产能合作的政策框架。截至 2017 年底，中国已与 36 个国家建立了产能合作双边机制，与法国、德国、加拿大、澳大利亚等国家建立了第三方市场合作机制，与东盟、非盟、欧盟等区域组织开展了多边产能合作。中国企业开展国际产能合作的领域广泛，既有公路、铁路、桥梁和水坝等传统基建领域，以轻工、家电、纺织服装为主的传统劳动密集型产业，以钢铁、电解铝、水泥、平板玻璃为主的优势产能富余产业，又有以电力设备、工程机械、通信设备、核电、高铁和轨道交通为主的高端装备制造产业。中国企业通过境外投资设厂推动产能"走出去"，积极与行业领先企业开展生产和技术合作，构建国际营销网络，实现跨越式发展。

6. 基础设施互联互通取得重要进展

基础设施互联互通是各国共建"一带一路"的重要方式。近年来，中国企业积极参与境外铁路、港口等重大项目建设，并带动相关基建能力和装备出口。中老铁路、中泰铁路、匈塞铁路、印尼雅万高铁、俄罗斯莫喀高铁、亚吉铁路、肯尼亚蒙内铁路、中欧"三海港区"合作等一批境外铁路、港口重大项目取得积极进展，对改善合作国基础设施，提高工业化和城市化水平，增加就业和税收，推进中国与有关国家互利合作具有积极意义。

总体来看，中国企业对外投资规模的迅速增长，反映了中国经济实力的不断壮大和对外开放水平的显著提高，展现出中国与世界各国经济联系日益紧密的良好前景。同时，与全球第二大经

济体的经济地位相比，中国对外投资规模仍然相对较低。中国对
外投资存量与 GDP 的比率长期低于世界平均水平。2016 年，中国
对外直接投资存量与 GDP 的比率为 11.4%，世界、发达经济体、
发展中经济体、转型经济体的比率分别为 34.6%，44.8%，19.8%，
22.6%，这表明中国对外投资仍然具有较大的增长潜力。

　　同时也要看到，中国企业对外投资面临不少风险和挑战。一
方面，国际投资环境变化影响着中国对外投资的稳定发展。发达
国家经济增长乏力，发展中国家经济体系脆弱，以及全球大宗商
品价格大幅波动，不利于中国企业对外投资持续发展。近年来，
部分国家投资保护主义倾向有所增强，以国家安全为由，对包括
中国企业在内的外国投资实行严苛审查，影响了中国企业的正常
商业投资。另一方面，中国企业国际竞争力和抗风险能力仍有待
提高。与在国际投资市场经营多年的外国跨国公司相比，中国企
业是后来者，在技术、品牌、跨国经营和风险应对等方面还存在
一定差距，在全球价值链中的地位和影响力相对较弱，对外投资
的质量和效益有待进一步提高。此外，中国企业对外投资经营行
为还有待规范，如缺乏投资风险评估，投资项目屡屡受挫；对外
投资盲目乐观，一哄而上，引发东道国政府和舆论的误解等。

2.3　必然性及艰巨性

　　随着经济全球化和区域经济一体化的不断发展，世界各国在
大量吸引外资的同时，都在积极鼓励本国企业开展境外投资。这
种积极利用国内外两个市场、两种资源来寻求发展的战略，已经
成为各国发展经济的重要手段。对于企业来说，境外投资能够绕
开多种有形无形的贸易壁垒，占领国际市场，获得更多发展的有

利条件。主要表现为以下几点。

1. 寻求和占有更为广阔的国外市场

为国内趋于饱和的产品及过剩的生产能力寻求出路，同时带动设备、技术、劳务的出口。

2. 有利于资源的开发

许多企业通过境外投资获取各种资源，诸如水电、矿产、石油等。资源的开发利用既可以带动国内相关企业发展，又可以缓解当地能源供应紧张问题，对国家和企业均具有长期的战略意义。

3. 打破行业垄断，追求更高投资效率

在行业垄断格局僵持的情形下，充分利用有限的资金在境外开疆破土，寻求新的发展机遇，投资效率将大幅提升。

4. 寻找新的经营机会，通过合作投资寻求发展

例如，中国境内煤电过剩，但周边某些发展中国家仍然极度缺电，急需发展煤电作为基荷。这成为中国企业在国外开拓的一个机遇。

但同时，境外投资的失败案例数不胜数，归纳起来主要有以下几个方面的原因。

1. 投资战略和投资目标不明确

很多企业不能够明确地回答"为何走""怎样走""如何走"等问题，掺杂了从众投资的理念，忽视了行业发展战略与其自身实力的匹配性，缺乏明确的目标和责任分配，给"走出去"的道路带来层层障碍。

2. 缺乏对投资行为本身及投资风险的认知

投资企业对国际投资的投资环境、投资风险等缺乏深入的研究和足够的认识，闭门造车，用国内的思维及理论来思考问题、研究问题、决策问题，低估了国际化过程的复杂性；同时，还有企业运用承包商的思维来从事境外投资，没有从全生命周期的收益回报和风险管控角度来认识投资，而仅仅是以建设期的承包利润来看待项目。上述思想均会导致实际投资活动与初期设想大相径庭。

3. 没有建立境外投资的科学决策流程

投资项目的选择流程具有较大的随意性，有时甚至掺杂了个人的兴趣因素、情感色彩，而不是从项目本身考虑，违背了投资的初衷，没有坚守风险管控、底线思维等原则。在投资评估研究上，存在方法不当、深度不够等方面的问题，造成决策依据不足，准确性差。

4. 缺乏境外投资开发领域的全面型人才

境外投资项目要求项目运作人员具备较高的综合业务素质，不仅要具备一定的专业知识，更重要的是具有商务、合同、资本运作和风险控制等综合知识，还需具备一定的公关能力、协调能力和组织能力，因此，高端人才是投资开发不可或缺的。

缺乏境外投资的实战经验。"纸上得来终觉浅，绝知此事要躬行"，境外投资涉及方方面面，事无巨细，远非一本书一堂课能够传授，脚踏实地走好投资活动的每一步，认真执行每个投资项目，汲取丰富的实战经验，方能在"走出去"的道路上阔步前行。

2.4 重要意义

对外投资是中国参与开放型世界经济建设的重要方式，有利于实现中国与世界各国的合作共赢、共同发展。对于中国企业自

身来说，通过对外投资进一步实现企业发展战略和目标，带动产
能、装备、技术、品牌和标准"走出去"，在投资合作中提升企业
技术水平和管理能力，拓展市场网络。对于东道国来说，中国企
业投资带来了资本、技术、就业和税收，加快了工业化和城镇化
进程，促进了经济发展和民生改善。

2.4.1　中国对外投资是世界经济的重要稳定器

2008 年国际金融危机爆发以后，跨国企业大多倾向于消化过
剩产能，巩固资产负债表，而不是进行扩张性投资。全球外商直
接投资大幅下滑，2008 年和 2009 年同比降幅分别达到 9.3% 和
33%。中国政府在危机后及时采取一系列政策措施，同期对外投
资增速不减，2008 年达到 559.1 亿美元，比 2007 年的 265.1 亿美
元增长了 111%。来自中国的投资项目帮助许多受危机冲击的国家
的相关企业免于破产倒闭，保留了数以万计的工作岗位，刺激了
全球大宗商品市场需求，为世界经济稳定做出了重要贡献。

2.4.2　中国对外投资为投资伙伴进入中国市场提供了潜在机会

中国是世界第二大经济体和最大的生产制造国，中国市场是
世界最大、最具发展潜力的市场之一，对于国际投资具有很强的
吸引力。同时，通过对国际投资规则的互学互鉴，中国政府正在
不断完善法治化、国际化、便利化的营商环境，全面实行准入前
国民待遇加负面清单管理制度，有序扩大了制造业和服务业的对
外开放。中国对外投资在帮助东道国扩大资源、设备、技术、消
费品等出口的同时，帮助东道国投资伙伴建立了与中国市场的联
系，使得当地企业进入中国市场更为便利。

2.4.3　中国对外投资促进了东道国产业升级和自主发展

中国对外投资不仅给东道国带去了资金和技术，还增加了当地的就业和税收。2016年，中国境外企业向投资所在国家（地区）缴纳各种税金总额近300亿美元，年末境外企业雇用外方员工134.3万人，较上年末增加11.8万人。通过基础设施建设合作，中国帮助东道国建设交通网线、通信设施，拓展了东道国经济发展新空间，有效发挥了基础设施投资建设对经济增长、民生改善的关键作用。通过开展属地化经营，中国企业在当地培养了大批人才，分享适用技术和管理经验，共建境外产业集聚区，推动建立当地产业体系，帮助东道国企业融入全球价值链。中国还通过资源能源方面的合作，帮助东道国提高资源产品附加值，将资源优势转化为发展动力。

2.4.4　中国对外投资促进了东道国社会发展

中国政府历来倡导中国企业在"走出去"过程中履行企业社会责任，与东道国发挥各自的比较优势，在投资合作中促进社会发展。中国企业帮助东道国建设道路、城市轨道交通、给排水管道、电网、通信、学校、医院等民生设施，改善了发展中国家人民的生产生活条件，提高了当地医疗教育水平。中国企业积极参与东道国社会公益事业，帮助东道国应对洪水、地震、飓风、泥石流等自然灾害，获得东道国政府和人民的广泛赞誉。

2.4.5　中国对外投资带动了中外人文交流

交流互鉴是人类文明发展进步的强大动力。中国的对外投资不仅为东道国带去了资金、技术、市场、就业、税收，还带去了东方经营理念，以及中国的文化和习俗。中国对外投资的发展带动了人员和社会交往，为不同文明、民族之间汲取丰富养分提供了便利条件，促进了中华文化与世界各国优秀文化的互学互鉴，对于增进相互理解信任、增强人类命运共同体意识具有重要意义。

2.4.6　以投资政策协调合作参与全球经济治理

目前，在国际投资领域尚未形成一个多边的、全面的、有约束力的投资协定。在全球经济低迷、投资保护主义抬头的背景下，中国作为 2016 年二十国集团（G20）峰会主席国，推动发布了《G20 全球投资指导原则》，明确提出反对投资保护主义，外资政策应开放、公平、透明、稳定和内外协调，各国政府应引导外国投资者承担企业社会责任，为国际投资规则的制定提供了新方案。中国倡议建立了亚洲基础设施投资银行，与金砖国家共同组建了金砖国家新开发银行，出资设立了丝路基金等国际投融资平台，为各类投资项目提供融资支持，为建设开放型世界经济提供了公共产品。

2.4.7　对外投资是中国高速发展的内生动力

1. 政治动力

企业参与境外投资和运营，可增强自身对国际事务的参与度，逐步提升国际影响力。在外交及地缘政治方面，我国企业投资的所在国大部分为发展中国家，经济相对落后，我国企业可以充分发挥自身技术先进、价格适中和资金充足的优势，进一步提升中国对广大发展中国家的影响力，在国际政治舞台上获得更多的支持。

2. 经济动力

自金融危机以来，国际经济格局发生了深刻的变化。欧洲国家主权债务危机持续发酵，高失业率以及过低的储蓄等会长期困扰发达国家。紧缩财政背景下，新兴经济体大量招商引资。在这样的经济环境下，中国毫无疑问应该抓住这一良好的历史机遇，在发达国家发展趋缓的时候快速发展自己，缩小与发达国家的差距。

3. 企业发展动力

目前走出国门参与境外基础设施项目的中国企业主要是大型国企，这些企业在国内获得高速发展与其享受政府较多支持分不开，因此没有足够的外力激励这些企业改革自身存在的弊端。一旦走出国门，这些企业不得不努力在各个方面与国际先进管理机制接轨。尤其是境外投资条件下，对业主管理水平的要求比国际工程总承包商更高，一旦学会了境外生存的技能，中国企业就会获得一次新生。中国拥有这样一批企业，就会带动国内企业发生机制转变，提高国内企业的国际化层次，获取新的发展动力。

4. 人民币国际化动力

经济学理论告诉我们，一个国家的货币成为国际货币，需要具备几个必要条件，其中一个就是使用这一货币在国际范围交易的规模必须足够大。但是，目前全球经济活动中人民币计价结算的比例还远不如美元、欧元等国际货币。由于境外投资涉及的资金量通常是巨大的，总投资几亿美元的项目只能算中等规模，如果中国在境外投资中对接收以人民币作为投资货币的所在国给予某些优惠支持，就可以利用外商直接投资（foreign direct investment，FDI）促进人民币国际化，显著提升人民币在国际货币中的地位。

　　总之，在当前的国际政治经济环境下，中国面临前所未有的历史机遇，中国企业进行境外投资的战略意义重大而深远，其将为中国的国际政治、外交、经济发展提供有力支撑；将为中国经济提供巨大的市场空间；将为中国产业转型升级提供良好渠道；将为中国企业改善自身机制、培养国际竞争能力创造良好的时间机会；将为中国缓解目前发展遇到的诸多问题提供很好的突破口，最终为中国的和平崛起注入强劲动力。

　　当前，世界经济发展步伐仍然缓慢，贸易投资保护主义明显回潮，经济全球化进程遭遇一定阻力，但时代潮流浩浩荡荡，人类命运紧密相连，全球经济必须在互利共赢中实现发展。中国作为深度融入世界经济的主要开放型经济体，正在努力推进供给侧结构性改革，对外投资已从规模扩张型进入质量效益型发展新阶段。展望未来，中国将在习近平新时代中国特色社会主义思想指引下，以"一带一路"建设为引领，进一步提升开放型经济水平，推动形成全面开放新格局，中国企业将在更大的广度和深度上参与国际投资合作，与各国投资者合作创新、包容互惠、共同发展。

2.5　"一带一路"对外投资现况

2.5.1　现状

　　商务部数据显示，在全球经济复苏乏力、对外直接投资下滑的形势下，2016 年中国企业对外直接投资达 1 830 亿美元，同比增长 44.1%，中国成为全球第二大对外投资国，连续两年进入资本净输出国行列。2017 年全年，我国境内投资者共对全球 174 个国家和地区的 6 236 家境外企业新增非金融类直接投资，累计实现投资 1 200.8 亿美元，我国企业对"一带一路"沿线的 59 个国家实现投资 143.6 亿美元。

2.5.2 特点

1. 对"一带一路"沿线国的投资以能源和基建为主，中国科技逐步走向"一带一路"

根据全球化智库（CCG）的统计，2002 年初至 2017 年 6 月底，在"一带一路"沿线国的投资规模上，中国企业的投资集中在 1 亿～ 10 亿美元，投资案例高达 808 起。其次是 1 000 万～ 1 亿美元，投资案例高达 411 起。中国企业走向"一带一路"，首先以能源、基础设施建设等行业的国企作为第一梯队，率先进入东道国市场，带动上下游以产品制造为主的第二梯队跟进。在此基础上，输出科技、服务、资本的企业逐渐成为第三梯队的新力量。

2. 中国企业"走出去"重视全产业链布局，提升国际竞争力

现阶段，中国企业全球化发展不仅是劳动密集型产品输出，更是全产业链上的全面发展布局，以提升产业链上各个环节的国际化水平为抓手，提高企业的国际竞争力。

例如，巴基斯坦某进口燃煤电站项目，从设计、施工、监理、建设、融资、运营的全产业链环节，均为中资企业，企业"编队出海"，践行国家"走出去"战略，充分体现了全产业链优势。

3. 中国企业海外经营重视本土化战略，企业经济效益与当地社会发展形成共赢

根据 CCG 对企业境外投资本土化发展的相关调查，2/3 以上的企业认为，与东道国企业存在"一般依赖"或是"非常依赖"关系；超过半数的企业认为与当地企业合作是首选。多数中国企业在"走出去"的过程中，开始重视本土化战略发展，重视与当地协同发展，形成共赢。

4. 中国企业抱团"走出去"，提升海外经营的风险防范力

CCG 对"走出去"的企业面临的风险所做调查显示，海外政治风险、宏观经济风险、安全审查风险、劳动纠纷风险等是中国境外投资者面对的不确定因素。在这种情况下，企业在海外单打独斗是很难获得成功的。近年来，更多的中国企业选择"抱团出海"，共同开拓海外市场，这成为企业间优势互补、分散投资风险的新模式。同时，政府也积极引导企业采取强强联合的方式，实现海外协同发展。

例如，我国正通过建立境外工业园区来实践企业"抱团出海"的模式。截至 2016 年底，我国企业在 36 个国家建立海外园区 77 个，其中 56 个在"一带一路"沿线国，带动中小企业抱团"走出去"，以规避风险、减少损失，拉动社会融资，推进民营企业深度参与，实现"国民共进"。

第 3 章 / *Chapter Three*

境外投资基本流程

境外投资按照是否涉及特许经营可简单分为两大类型：一种是不涉及特许经营权的纯商业意义上的投资，例如工业园区和商业园区投资开发，在开发过程中或之后再进行各区招商引资，或者设立工厂，生产产品在当地或全球销售取得利润，如投资造纸厂、玻璃厂、纺织厂等，这些投资的特点就是产品没有包销保证，需要投资人自行开发产品销售市场；另一种是涉及特许经营权的基础设施类投资，例如投资发电厂、电网、收费公路、机场港口等，这一类投资模式下，东道国政府通常为具体项目给予投资方一定的特许经营权，如为了项目的成功建设和运营，给予项目公司资源使用权、一定的政策支持或优惠等，给予将来的产品销售一定的保障，例如电力投资项目的购电协议。

由于各个国家的法律体系和具体政策不同，发展阶段不同，因此其投资模式也不完全相同，例如在一些发达国家的法律健全且电力市场体系比较完善的市场，发电项目不一定有特许经营协议和购电协议。目前，"一带一路"沿线国家基本属于欠发达国家或者发展中国家，为吸引投资，东道国政府一般会给予外国投资者很多的政策支持和优惠。本书重点以境外有特许经营协议和购电协议等法律保障的电力项目投资为例，介绍境外投资的基本流程。

3.1　投资流程图

根据实践，不同国家的投资流程有较大差异，即使在同一国家，不同项目类型、不同区域、不同时期的投资流程也会有较大变化。

例如，M 国进口煤的燃煤电站与 N 国进口煤的燃煤电站的投资开发流程如图 3-1 和图 3-2 所示。

总体说来，投资项目开发流程初步归纳如图 3-3 所示。

针对境外独立发电公司（IPP）电力投资项目，根据是否招投标，开发模式主要分为以下几种。

3.1.1　独家议标

一般来说，东道国的主管机构会根据国家相关法律法规进行招标或议标，例如，P 国电力投资法规定，新建 IPP 为坑口电站、使用可再生能源或本地能源的项目，项目扩建以及出现能源危机时，可采用独家议标的形式。此模式下的电价由谈判确定或根据政府电力行业主管部门的相关规定确定。独家议标的采购流程如下（见图 3-4）：

（1）投资人递交项目建议书；

（2）国家相关机构评估项目建议书。

（3）向投资人颁发绑定性意向函。

（4）投资主体协议谈判。

（5）签署相关协议。

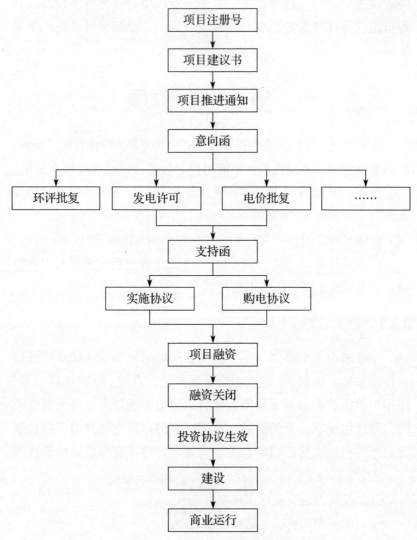

图 3 - 1　M 国投资开发流程

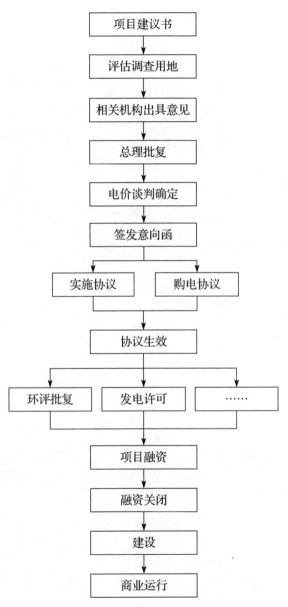

图 3 - 2　N 国投资开发流程

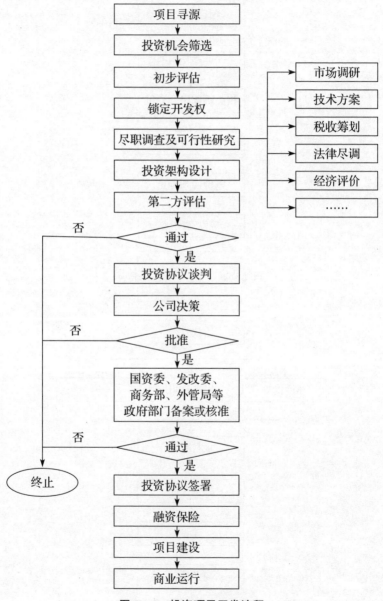

图 3-3 投资项目开发流程

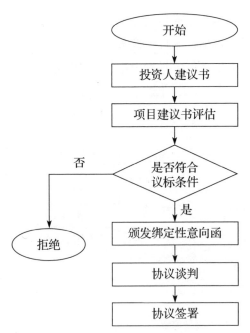

图 3-4 独家议标的采购流程

3.1.2 多家竞争性议标

当东道国希望项目尽快上马，但是又想避免独家议标商的价格脱离市场水平时，会采取多家潜在投资人的竞争性议标方式。如 I 国电力主管政府机构规定，新建 IPP 存在超过一个潜在投资人的项目时，可采用多家议标的方式。此模式下电价报价最低的投标人中标。多家议标的采购流程如下（见图 3-5）：

（1）I 国家电力公司面向潜在投资人发布限制性资审文件。

（2）通过资审的投标人进行项目 IPP 投标。

（3）进行投标的潜在投资人进入候选短名单。

①若只有 1 家投标人，则直接进行协议谈判；

②若投标人为2家或超过2家，则进入下一流程。

（4）评标，包括技术标、商务标。

（5）电价报价最低的投标人中标，进行协议谈判。

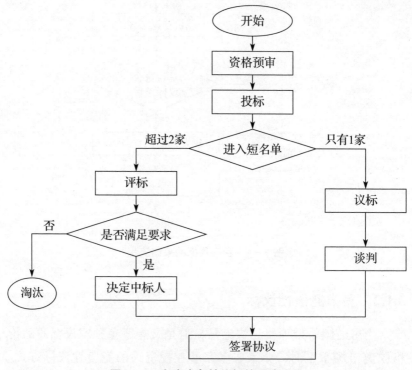

图3-5　多家竞争性议标的采购流程

3.1.3　公开竞标

为了规范程序、公开竞争、优胜劣汰，较多国家采用公开竞标的模式选择投资人，如J国电力法规定，当IPP项目不适用于独家议标或多家议标时，采用公开竞标的形式进行采购。此模式下电价报价最低的投标人中标。公开竞标的采购流程如下（见图3-6）：

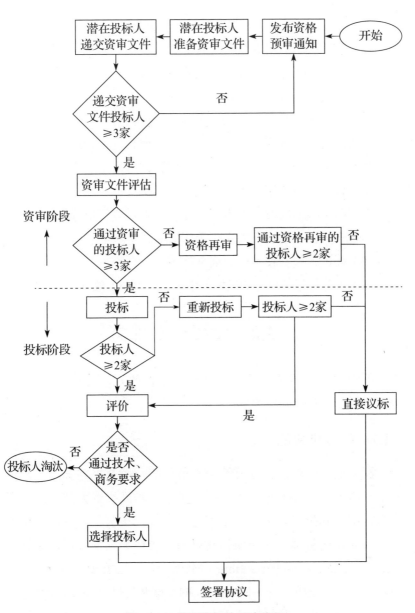

图 3 - 6　公开竞标的采购流程

（1）J国相关机构公开发布资格预审通知。

（2）潜在投资人准备资审文件。

（3）投资人根据资审要求提交资审文件。

（4）对资审文件进行评估。

（5）投资人通过资审进入短名单。

①通过资审的投标人少于3家，重新履行资审程序；

②通过资审的投标人大于等于3家，则进入下一步。

（6）针对通过资审的投标人发布招标文件。

①若购买标书的投标人少于2家，则重新履行招标程序；

②若购买标书的投标人大于等于2家，进入下一步。

（7）评标，包括技术标、商务标。

（8）商务标报价最低的投标人中标，进入协议谈判并签署协议。

3.2 投资开发模块

不同国别、不同类型的境外投资项目的开发流程不尽相同，但都包括以下几个开发模块。

3.2.1 投资机会的选定

投资机会的选定，需要综合考虑战略引领、规划开路、国计民生、需求为本等多项因素，把握国家战略及投资方向，深入研究目标市场和投资环境，初步筛选确定投资机会，进行项目概念设计，并在此基础上递交项目建议书，与相关方签署合作备忘录（memorandum of understanding，MOU）等。根据项目所处行业、国家、投资开发阶段的不同，MOU的深度和广度存在一定的差异。基本原则为：就影响尽职调查与可行性研究等后续工作的关键问题，包括（但不限于）投资规模、股权结构、投资方式、公司治理等，各方可以形成基本一致的意见，从而为完成可行性研究工作之后的商务谈判奠定良好的基础。

3.2.2 尽职调查

投资项目的尽职调查是进行可行性研究工作的基础，为了掌握全面准确的投资项目情况，专业化地把握投资项目的真实价值与潜力，识别项目的各类风险，提升投资成功率，应对尽职调查工作进行规范的专业化分工，以配合协作的方式形成专业意见，为后续可行性研究、项目评估和决策提供重要的依据和支撑。

尽职调查工作的核心在于对投资项目的各方面信息和数据等资料深入了解，核实其可信度和准确性。例如，技术资料包括但不限于投资项目所处地区的地质、水文、气象、潮汐、洪水，交通运输，矿产储量、品位、埋藏条件，基础设施，工程建设潜在的技术解决方案等；商务资料包括但不限于项目公司情况、资源可靠性、合作方资质、公司债务情况、重大合同情况等；法律资料包括但不限于当地政治法律环境、合作方法律合规性、资源开发权归属关系；环境资料包括但不限于当地环境有关法规要求、当地生态环境特点、资源开发活动对环境可能的影响等。

应全方位完成国别、市场、项目自身等多级多层次的尽职调查工作，包括但不限于外交、国别环境、投资环境、行业准入、金融、法律、税收、保险、合作方等各项工作。

3.2.3 可行性研究及环境评估

可行性研究一般是在获得项目开发权或项目建议书被批准后，在前期尽职调查的基础上，通过对市场、技术、财务和国民经济等多方面的分析，对投资项目的技术可行性与经济合理性进行综合评价。可行性研究的基本任务，是对新建或改建项目从技术经济角度进行全面的分析研究，并对其投产后的经济效果进行预测，在既定的范围内进行方案论证的选择，以实现资源的合理利用，达到预定的社会效益和经济效益。

可行性研究及环境评估是投资活动前期的核心工作，是进行投资决策的重要基础和依据。可行性研究工作的基础为各项尽职调查所获取的基础数据和信息，包括现场勘查报告、环评报告、法律商务尽职调查报告等，主要分为技术与经济两个方面，分别开展综合研究。

1. 技术研究

技术研究包括技术方案研究和开发建设方案设计。技术方案研究包含对电力能源类、矿产类、基础设施类等项目进行技术方案等方面的研究。开发建设方案设计包括项目的建设规模与产品方案、工程选址、工艺技术方案和主要设备方案、主要材料和辅助材料、环境影响问题、节能节水等。

2. 经济研究

经济研究包括投资环境、国民经济、产品市场分析和预测等，如拟建项目产品可销售市场的供需情况和销售价格；研究产品的目标市场，分析市场占有率；客户、竞争对手和自身竞争力的优劣势。在此基础上，对所需投资进行详细的经济技术综合估算，包括融资分析、财务分析、社会评价、项目不确定性分析、风险分析，形成综合评价意见。为了支撑技术研究和经济研究，可以通过专题的方式，对关键问题、难点问题进行专项投入和研究，如围绕产品市场、原料及投入物料、选址、工艺选择、设备选择、规模经济、节能环保等开展专题研究。

坚持项目全生命周期的理念，从投资人角度完成可行性研究及环境评估，是决定投资项目成败的关键。切不可本末倒置，采用先定可行性研究结论，后凑可行性研究资料的"伪可行性研究"。从市场预测分析、项目选址方案比选、工程设想，到项目技术方案研究、财务评价和经济分析、社会和环境评估、风险预测防范等，可行性研究工作是判定一个项目"投"与"不投"、"怎样投"的有力支撑。

3.2.4　项目协议谈判及签署

投资项目的协议不是一个单独的协议，而是由若干协议组成的"协议群"。项目类型不同，协议群也不同。根据项目进展，主要包括如下协议：

（1）合作协议（cooperation agreement）；

（2）股东协议（shareholder agreement）；

（3）咨询协议（consulting agreement）；

（4）土地协议（land transfer agreement/land lease agreement）；

（5）特许经营协议 / 执行协议（concession agreement/implementation agreement）；

（6）购电协议（power purchase agreement）；

（7）贷款协议（loan agreement）；

（8）总承包合同（EPC agreement）；

（9）运行维护合同（O&M agreement）；

（10）燃料合同（fuel supply agreement）。

项目每个合同均详细约定了合同各方的权、责、利等。项目的协议群也直接关系到每个项目的可融资性、可实施性和可盈利性。

协议谈判工作是基于尽职调查与可行性研究，与合同相关方就各类协议进行沟通、磋商并达成一致的过程，是决定投资项目最终可实现效益的关键因素，对项目潜在价值具有决定性的影响。为了获得更有利的协议条款，为投资项目的后期运作保留充分的增值空间，获取更为有利的运营管理条件，应对商务谈判工作进行规范，明确谈判工作的基本组织方式、谈判内容及基本原则，从而形成良好的谈判工作机制，有效保护投资者利益。

3.2.5 项目国内外审批

项目开发推进过程中，应严格遵照东道国政府、中国政府以及企业内部的相关投资流程，确保项目合法合规。众所周知，由于政府更替，前任政府大力推进的项目由于合法性存疑而被推翻的案例举不胜举，因此，应坚持信息沟通早上报、项目进展持续沟通、审批阶段重点关注的多效举措。

对国有企业的境外投资项目，中国政府承担着出资方和监管方的双重角色，是投资项目实施的关键核准方，主要通过国资委、发改委、商务部、外管局等政府机关的审批或备案进行管理。东道国政府是投资项目实施的重要核准方，对投资项目成功实施具有重要的影响，其法律对外商投资和投资实施过程的具体问题一般都有明确的限制和规定，主要体现在投资许可证及其他具体专项许可，包括（但不限于）土地使用证、环境许可证、发电许可证、劳务使用许可等。

3.2.6 项目融资和保险

融资与保险工作是投资项目顺利实施的重要基础，贯穿市场开发前期工作，对投资信息的筛选、机会的评估、可行性研究、投资决策等有重要的辅助作用。

项目能否顺利融资，是项目成功的关键，也是协议风险分摊机制合理、投资决策成功的体现。项目融资并不是一个独立的过程，应该与项目开发同期推进，切不可不顾外围条件，盲目推进项目开发，也不可无底线地接受东道国的各种协议模板，否则，即使草率签署各项协议，也无法落实融资，最终将导致项目投资的失败。

3.3　境外投资项目各方关系

以火电项目为例，境外投资项目各方关系图如图 3 - 7 所示。项目公司将与政府、购电方、各类咨询顾问、贷款行、保险机构、建设承包商、运营商、供应商等通过各类协议绑定关系，明确权责义务。参与方的主要角色详见表 3 - 1。

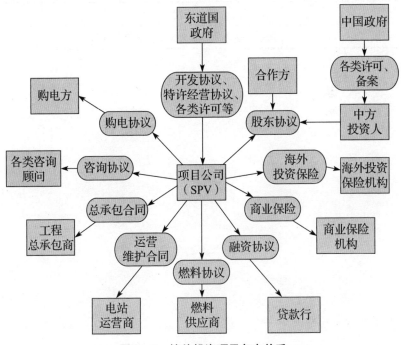

图 3 - 7　境外投资项目各方关系

表 3 - 1 境外投资项目参与方

境外火电投资项目	
参与方	主要角色
政府	特许协议、各类批准、许可、授权、政府担保等
项目投资人	股本金、股东支持等
项目公司 / 借款人	为实现项目设立的特殊目的公司（SPV）
购电方	电力采购及消纳
贷款行	为借款人提供贷款
燃料供应商	提供项目所需燃料
工程总承包商	工程设计、采购、施工建设
运营商	项目运营、维护
保险机构	信用保险、商业保险等
咨询方	法律 / 财务 / 税收 / 技术 / 融资顾问等

第4章 / *Chapter Four*

投资区域与国别定位

境外投资面临东道国投资环境复杂、信息收集难度大、投资金额较大、结构复杂、项目周期长等多种因素，因此，选择适合投资的区域及国别市场尤为重要。其中，战略协同、投资环境分析及市场调研是精准定位区域、国别的制胜法宝。

投资主体应基于全球政治经济环境、国家战略、自身发展，确定战略协同目标，以便确定环境分析及具体调研的深度和广度，并尽可能将评价工作标准化和制度化。投资区域的选择是动态的，会随着战略、投资环境、调研深度的变化而变化，也会随着企业实力变化、战略调整而变化。在信息全球化的今天，环境变化越来越快，企业必须具备研判国际形势、把握大局的快速反应能力。

就电力投资而言，全球经济逐步复苏，但新兴市场增速放缓，不确定性因素增加。短期内，北美经济逐步复苏，欧洲经济提振缓慢，并存在再度陷入衰退的风险，以金砖国家为主的资源型发展中国家则普遍进入经济发展调整期,经济增速明显放缓甚至衰退。2014年以来,受国际油价和大宗商品价格大幅下跌的影响,资源出口型的新兴市场(如中东、南美、俄罗斯)的经济增速大幅放缓。

中国电力企业海外竞争日趋白热化,向更加多元化的模式发展。随着国内电力市场产能过剩以及"走出去"战略的进一步实施,国内电力企业过去两年来海外绿地投资(新建)、并购的步伐不断加快,过去两年的投资总额接近前10年的累计。在部分区域市场如印度尼西亚、巴基斯坦等国家,中国企业的竞争极其激烈,直接导致项目经济性下降。"十三五"期间,国内电力集团制定了激进的海外发展目标并加快了并购、新能源等多元化发展方式。虽然竞争日益激烈,中国企业境外投资从新兴市场的绿地投资转向成熟市场的资产和公司并购,并加快海外风电、太阳能的投资脚步,以多元化资产类型和区域控制风险。

随着经济增速持续放缓,中国经济发展进入新常态,国内电力市场进入产能过剩时代。结束了过去30多年的高速发展,新常态下中国经济将保持在7%左右中速增长。同时,国民经济结构性调整将开始加速,第三产业和居民消费在GDP中的占比将持续上升,国民经济发展将从过去主要依靠投资和出口带动,逐步转向由持续城镇化带来的内需增长拉动为主导的模式。经济增速放缓、产业结构调整以及用电能效的提高进一步推动国内电力市场进入低增长的产能过剩时期。2015年国内电力消费同比微升0.5%,为近30年最低增长,预计2016—2020年国内电力需求保持3.6%～4.8%的增速。

国家政府、相关部门机构不断推出各项优惠政策,"一带一路"建设加速。在重塑地缘影响力、加强能源安全与输出过剩产能三大目标的引导下，未来很多年"一带一路"都会是我国最重要的全球化举措之一。过去几年，相关部委出台了一系列实质性支持政策，大力推动中国企业特别是中央企业"走出去"。国资委、发改委、商务部、外交部、财政部、外管局等相继颁布新政，在风险管控、法律保障、投资审批、市场信息、投资补贴、外汇管理等方面为企业"走出去"简化流程，提供服务。中国出口信用保险公司、中国进出口银行、中国国家开发银行在保险和资金方面为中国企业提供大力支持，专门成立的亚洲基础设施投资银行、丝路基金等多边投资机构积极为"一带一路"项目提供融资支持。

从全球趋势来看，未来十年将是全球电力投资重大机遇期。亚非拉发展中国家电力需求增长快速，电力缺口巨大，而欧美发达国家迎来老旧机组的更新升级高峰和新能源投资浪潮，这都为企业开展电力投资提供了广阔市场。全球发电结构开始向低碳环保转型，而广大亚洲和非洲发展中国家仍存在巨大的燃煤发电投资需求。同时，越来越多的发展中国家开始以 PPP 方式吸引国外投资者。从区域市场来看，以"一带一路"为核心的亚洲地区未来存在大量 PPP 模式的新建投资类项目（又称绿地项目）投资机会。

4.1　战略协同

战略定位引领是指导企业进行战略设计和规划发展方向的管理倾向、动机和愿景。伴随着全球经济一体化的不断推进和现代信息技术的飞速发展，市场环境发生了剧烈变化，紧跟国家政策以调整自身发展战略，是企业应对瞬息万变的市场环境的法宝。

随着"一带一路"倡议的实施，我国陆续出台了相关配套性政策，打造"一带一路"沿线国家合作平台及机制，为沿线国家的经贸合作提供了重要保障。"一带一路"倡议是我国应对全球形势深刻变化、统筹国际国内两个大局作出的重大战略决策。"一带一路"规划了六条重要经济走廊，包括中蒙俄、新亚欧大陆桥、中国—中亚—西亚、中国—中南半岛、中巴、孟中印缅六大经济走廊，给中国企业"走出去"带来了历史发展新机遇。

"一带一路"沿线总人口44亿人，经济总量21万亿美元，分别占全球的62.5%和28.5%，涉及65个国家。"一带一路"由国家首倡、高层推动，意义深远。

从市场布局和业务领域来看，只有公司战略与"走出去"战略及"一带一路"倡议高度契合，才能充分发挥宏观环境的良好引领作用，海外市场开发才能有快速推进的空间和可能性。

目前"一带一路"已经进入实质性运作阶段，特别是随着丝路基金、亚洲基础设施投资银行等金融配套措施的跟进，"政府搭台，经济界唱戏，基建企业先行"的多方共同参与格局已经成形。这种格局一方面促进企业把握国家政策，实现自身的组织使命；另一方面通过信息共享让政府更加了解企业的困境、需求和期望，从而推动资源的优化配置。基于国家战略精准定位企业战略，内外战略相辅相成确保了项目快速推进。

我们应当积极响应国家宏观经济政策，紧密跟进"一带一路"及"国际产能和装备制造合作"政策，根据所在国实际特点灵活采取投资、工程建设、技术合作、技术援助等多元化方式开展合作。加大电力"走出去"力度，积极开拓有关国家火电和水电市场，鼓励以多种方式参与重大电力项目合作，扩大国产火电、水电装备和技术出口规模；积极参与有关国家风电、光伏项目的投资和建设，带动风电、光伏发电国际产能和装备制造合作；积极开展境外电网项目投资、建设和运营，带动输变电设备出口；提升国际市场竞争力。

作为企业，如何落实上述战略，需要全员从市场的角度出发，深入研究潜在国别市场，包括政治、经济、法律、宗教、市场政策等，筛选出与公司发展战略相契合的国别及项目，从宏观上进行风险把控，再从微观上就具体项目进行专题风险评估。不断完善基本国别市场和项目数据库，增强核心竞争力。

4.2　投资环境分析

投资环境一般是指影响投资活动的各种外部环境和条件的综合体，通常分为狭义的投资环境和广义的投资环境。狭义的投资环境是指投资的经济环境，包括一国经济发展水平、经济发展战略、经济体制、基础设施、市场的完善程度、产业结构、外汇管制和物价的稳定程度等。广义的投资环境除了包括狭义的投资环境外，还包括自然、政治、法律、社会文化等对投资可能产生影响的所有外部因素。本书所说的投资环境是指广义的投资环境。

投资环境的优劣影响东道国吸引外资的能力。良好投资环境的基本特征是：政府稳定，对外资企业不施加不适当的干预；经济发展稳定，国内市场容量较大，基础设施完善，配套服务良好；法律稳定，法规健全，歧视性条文少；文化统一程度高，社会各阶层相对融洽，与母国的文化阻隔不太大；自然资源较丰富，水资源、气候等适合生产需要。

境外投资是一种跨区域、跨文化、跨制度、跨体制的投资行为，在不同国家、不同区域从事不同类型的境外投资，所面对的政治、经济、文化、法律等各方面环境千差万别，不确定、不稳定因素很多，因此投资环境分析是十分必要的。投资人需要有丰富的投资经验及敏锐的投资视角，才能在纷繁复杂的众多外部条件中识别出关键因素。典型事例如下：

（1）对某些国别需高度关注特定影响因素。例如，某东南亚国家整体发展稳定，水资源丰富，国家缺电严重，急需大力发展电力行业，缓解供需矛盾。但由于政局动荡，政府军和反政府军发生冲突，围绕水电站区域的控制权发生激烈交火，导致中国企业损失严重。在这种区域环境下投资，首先要考虑的是区域安全问题。

（2）在南亚某国投资则最需要关注电费延迟支付风险。政府存在拖欠发电企业电费现象，由于缺乏流动资金，发电商长期主动停产又加剧缺电，形成恶性循环。即使投资法律健全、协议保障机制完善，投资人仍需对此项风险高度关注，并多方寻求风险缓释措施。

（3）对某些国别需深入研究合适的投资类型。例如某国电力短缺问题严重，近50%的电力依赖进口，电力问题已成为制约经济发展、威胁国家能源安全的重要因素。虽然境内水资源相对丰富，但是落差小，水电开发缺乏天然优势，因此，此国一方面推进从周边国家进口电力，另一方面高度重视诸如太阳能、风电、垃圾发电等可再生能源开发。

（4）某些国别对于外商投资某些领域的股权比例有严格要求，

如外商参与电力投资、矿产投资开发、水电开发等，其持股比例不得高于 49%。这些国别在特定领域给外商投资设定了较高的门槛，在筛选战略投资国别时需给予关注。

（5）某些国别自然环境特殊、资源贫乏。例如，某国受季风气候影响，每年的 4—6 月和 9—12 月都会出现热带风暴以及龙卷风暴。某国碎石、中砂等建筑材料极度缺乏，绝大部分需从国外进口，这将对项目建设成本、建设工期产生极大影响。一些企业在此类国别投标或者投资时，并未关注投资环境，未做市场调研，而是闭门造车，最终导致项目失败。

（6）众所周知，中国企业目前从事电力投资的国别市场多数为不发达或者发展中国家，这些国家对中国的设备技术标准等较为认同，相关投资政策也比较契合中国的电力投资企业和融资机构的要求，从协议上最大限度地保护了投资人的利益。例如，老挝、柬埔寨、巴基斯坦等国家为了吸引国外投资出台了一系列投资政策，可以与政府签订特许经营协议或执行协议，内容包括赋予项目公司特许经营的权利、享受相关政策优惠、出现特别风险的情况下政府给予一定的补偿以及相应的退出机制等，同时国家电力公司作为购电方与项目公司签订长期购电协议。这种机制是目前中国企业所熟悉和习惯的模式，也是中国的融资机构青睐的协议架构，该类项目的融资较易获取。但值得注意的是，这些国家基础设施相对落后，办事效率低，政府违约风险较高，一旦出现问题，仲裁诉讼程序复杂，理赔周期过长甚至遥遥无期，会导致项目难以为继。

（7）对于准高端 / 高端市场，电力交易市场类似于股票交易市场自由竞价，各买电方和卖电方均在一个公共交易系统里定期竞价，匹配的电量电价能够在系统里交易，不能匹配的进入平衡交易市场再次竞价。电网公司只负责送电，收取固定过网费。各参与方均受电力监管机构监管。这种交易模式典型的特点是：电力开发通常都是普通的商业行为，不是熟悉的特许经营模式，电力作为产品，是普通商品，售电方没有长期固定的售电协议（也可以与电力销售公司和用电大户直接交易，但大多数都没有长期协议），需要通过公共平台实时交易，在电量供不应求时电价可能会高，在电量需求不足时电价会低，也有可能无法卖出可发电量，买卖双方完全由市场来调节，对中国习惯于完全由电网来决定电力消纳的电力发电商来说会很不适应，感觉市场风险很大。而在发达国家，由于制度健全，监管严格，电力市场各参与方是比较适应这种模式的。

上述案例分析显示，并非所有的国别都适合投资，某些国别只适合某种特定类型的投资，投资人要全方位评估自身的战略定位、财务状况、人才队伍、抗风险能力等，以确定开发国别、投资类型，同时，根据国家战略、企业自身发展路径、实力等进行周期性的、分阶段的动态调整。

4.3　市场调研

市场调研是开展投资活动的第一步，也是最重要的一步。市场调研决定市场信息，市场信息决定市场决策，市场决策决定市场结果，因此需给予高度重视。

市场调研中，由项目开发团队及专业的尽职调查人员系统性、客观性、广泛性地全面收集相关资料，形成专业的调查报告，供决策者参考。表4-1、表4-2分别列示了市场调研内容和询价清单。

表 4 - 1　　　　　　　　　市场调研表

分类	调研内容	备注
投资环境	基本国情、政局稳定性、双边及多边政治关系	
	经济发展水平、过去的经济形势及未来的发展趋势	
	社会治安情况	
	人文、宗教信仰、风俗及民俗习惯、文化水平	
	我国政府、行业管理部门及驻当地使领馆、经济商务参赞处的态度及建议	
行业环境	行业规划,如电力规划、能源规划等	
	工业、能源、交通、基础设施发展情况	
	行业规范标准	
	现行协议模板	
	投资、能源、矿产等主管部门的职责划分及审批流程	
市场准入	市场准入及经营规定,如 IPP 开发流程	
	外商投资资质要求、有无限制	
	属地化比例要求	
金融环境	外汇储备	
	货币政策及外汇管理制度	
	是否有中资银行入驻、外资银行的经营情况	
	开户程序、手续及规定	
	当地汇率、利率情况及趋势	
	通货膨胀率及变化趋势	
	银行各类业务手续费费率	

续前表

分类	调研内容	备注
法律环境	法律框架、体系机制	
	投资法、外商投资法、合同法、税法、公司法、行业法、海关法、环保法、劳工法、保险法等	
	关注公司注册程序和要求、公司治理、会计审计、合同结构、融资、土地移民、知识产权、劳务、职业健康等要求	
	关注当地公司的优惠政策，对外国公司的限制条件	
咨询机构	关注各类咨询的资质、标准、深度、业绩、经验、收费、周期情况	
	律师事务所	
	会计师事务所	
	审计事务所	
	环评顾问、土地顾问、投资顾问	
税收	各种税费如增值税、所得税、合同税、营业税、印花税、关税等的规定，计税的基础、税率等	
	税收优惠政策、条件等	
进口	设备、物资进口的程序、手续及规定	
	危险品进关程序和使用条件	
	清关费、滞港费、卸货费、仓储费等	
保险	当地保险及再保险机构、资质、业绩等	
	各类保险：工程险、第三方责任险、运输险、伤亡险、各类自然不可抗力商业险等	
人力资源情况	当地技术人员、管理人员、各类工人的资源情况	
	当地人员的工资和最低工资标准、劳动保护、保险、社会福利、所得税等方面的规定	
	对外籍人员的限制、工作许可制度	
	外籍人员的所得税、社保等规定	
	外籍人员的工作准证等	

表 4-2　　　　　　　　人、材、机询价清单

当地劳务价格水平

序号	项目名称	单位	价格 （USD）	备注
01	普通劳务	月		
02	技术工人	月		
03	机械操作手	月		
04	其他			

主要材料市场价格

序号	项目名称	单位	供货地点	采购价 （USD）	运距 （km）	运费 （USD/t.km）	是否含 VAT （增值税）
01	柴油	L					
02	汽油	L					
03	水泥 P32.5	T					
04	水泥 P42.5	T					
05	中砂	M3					
06	碎石	M3					
07	钢筋 I 级圆钢	T					
08	钢筋 II 级螺纹钢	T					
09	角钢	T					
10	槽钢	T					
11	工字钢	T					
12	普通钢板	T					
13	压力容器钢板	T					
14	普通钢管	T					
15	铁钉	kg					

16	铁丝	kg				
17	原木	M3				
18	板枋材	M3				
19	非电毫秒雷管	发				
20	电雷管	发				
21	火雷管	发				
22	乳化炸药	kg				
23	硝酸铵炸药	kg				
24	导火线	M				
25	导爆索	M				
26	氧气	M3				
27	乙炔	M3				
28	电焊条	kg				
29	铜焊条	kg				
30	其他					

主要机械设备市场价格

序号	名称	新购价 （USD）	租赁价 （USD）	是否含 VAT （增值税）	备注
01	装载机				
02	挖掘机				
03	推土机				
04	钻机				
05	凿岩台车				
06	自卸汽车				
07	混凝土搅拌运输车				

08	混凝土输送泵				
09	混凝土喷射机（车）				
10	汽车起重机				
11	其他				

上述表格内容可以根据项目、行业、国别等进行调整，以保证适用性。

境外投资机会 / 项目的筛选

企业在进行境外投资机会 / 项目的筛选时，应围绕自身核心竞争力及投资能力进行纵向及横向的信息搜寻、筛选。打通全范围的信息渠道，量体裁衣地制定定量标准，方可准确快速地筛选出合适的投资机会。

5.1　项目信息渠道

随着通信和互联网技术的发展，信息全球化，海外市场逐渐变成全球化的共享市场，为各国间建立良好的商业合作关系提供了极大的便利条件。境外投资项目的信息渠道来源变得极为丰富、广泛，主要有以下几类。

（1）公开信息：为吸引外资、降低成本、引入先进技术设备，较多国家采用公开招标的方式招募投资商，开发各类项目。

（2）政府部门：①往往从双边或多边合作意向中能够获取一

定数量的项目信息；②我国外交部、商务部驻东道国机构提供的商业信息；③东道国驻华机构披露的项目机会。

（3）合作伙伴：通过某些东道国的合作伙伴、项目原始开发商、咨询机构、金融机构、承包商等各类角色伙伴获取信息。

（4）企业自身：通过企业的子公司、分公司、代表处等一些前沿触角获取信息。

5.2　目标项目筛选原则

近年来，"走出去"战略为中国企业拓展海外市场创造了前所未有的机遇。企业应基于"走出去"发展战略，结合自身实力，建立适合自己的投资项目筛选原则和定量标准，作为开发阶段项目选择决策的依据，从而保证投资决策的科学性和合理性，实现提高项目开发效率的目的。

从国家层面来说，项目首先应遵守国家法律法规，契合国家发展战略规划，符合外交政策，响应国家产业政策。

从行业层面来说，项目在国民经济结构中应有广阔的市场需求和增长前景。

从企业层面来说，项目应符合企业发展规划，与企业所处的发展阶段全方位契合，与企业的资金实力以及市场开发团队的专业能力高度匹配，有利于促进企业产业布局及协同发展，有利于实现规模效应和增强核心竞争力。

从项目本身来说，项目应具备技术成熟可靠、经济效益良好、各项风险可控、社会效益良好等多重前置条件。

5.3 定量标准

企业应基于战略定位，综合考虑自身实力，量身定制投资机会/项目的定量筛选标准，作为决策依据，以提高投资开发的效率，保证决策的科学性及统一性，避免决策的冲动性和随意性。

若没有制定统一的定量标准，往往会出现投资定位不准确、项目分散零碎、考核标准不同等问题，因此，建议参考下述模式建立起适合企业的定量标准，其中"*"号部分由企业根据自身条件设定具体数据或者范围。

5.3.1 区域标准

（1）发达国家：列明允许投资的发达国家。

（2）发展中国家：列明允许投资的发展中国家。

（3）不发达国家：列明允许投资的不发达国家。

5.3.2 股权比例标准

（1）可以按照是否控股列明标准要求，例如，控股51%以上，或者相对控股40%以上等。

（2）也可按照项目类型列明股比要求，例如，水电站股比不低于*%，火电站股比不低于*%，新能源项目股比不低于*%。

5.3.3 规模标准

（1）水电站装机容量不低于*MW。

（2）火电站装机容量不低于*MW，也可细分为燃煤电站不低于*MW，燃气电站不低于*MW。

（3）新能源项目装机容量不低于 *MW，也可以细分为风电装机容量不低于 *MW，光伏电站装机容量不低于 *MW。

5.3.4　投资收益标准

（1）发达国家投资收益率不低于 *%。

（2）欠发达国家投资收益率不低于 *%。

（3）项目回收期不低于 * 年。

（4）项目净现值大于零。

（5）项目偿债备付率大于 *。

5.3.5　投资风险等级

根据中国信保国家风险分析报告，国家风险参考评级不低于 * 级。

5.3.6　负面清单

企业应根据国家法律法规、相关产业政策、公司的有关规定，制定公司境外投资项目负面清单（如表 5-1 所示），设定禁止类和特别监管类投资项目，从源头上进行风险控制。对列入公司境外投资项目负面清单禁止类的项目，不以任何形式开展相关境外投资活动；对列入公司境外投资项目负面清单特别监管类的投资项目，需经公司决策后，才能开展前期工作。

表 5-1　　　　　　　　　境外投资项目负面清单

序号	监管类别	内容
1	禁止类	1. 未按规定履行完成必要的国内外审批程序的境外投资项目。 2. 不符合公司发展战略和投资规划的境外投资项目。

续前表

序号	监管类别	内容
1	禁止类	3. 未完成公司内部决策程序以及不符合集团决策程序和管理制度的境外投资项目。 4. 非主业境外投资项目。 5. 项目资本金财务内部收益率低于项目东道国同行业同期平均水平的境外投资项目。 6. 项目资本金低于投资所在国（地区）相关规定要求的境外投资项目。 7. 单项投资额大于公司上年度合并报表净资产总额 50%的境外投资项目。 8. 未明确融资、投资、管理、退出方式和相关责任人的境外投资项目。 9. 过度推高公司资产负债率的境外投资项目。 10. 境外期货、债券、股票、外汇炒卖及金融衍生品交易等高风险业务（以锁定利率、汇率为目的的掉期、远期交易除外）。
2	特别监管类	1. 投资额在 20 亿美元（含）以上的境外特别重大投资项目。 2. 涉及敏感国家和地区、敏感行业的境外投资。此处所称敏感国家和地区包括：未建交和受国际制裁的国家，发生战争、内乱等的国家和地区。此处所称敏感行业包括：跨境水资源开发利用，大规模土地开发，输电线路、电网等行业。

5.4 项目考察及尽职调查

除第 4 章 4.3 节的市场调研外，需针对项目本身进行详细调研。以电力项目为例，项目尽职调查大纲如表 5-2 所示（市场调研已完成的部分不再赘述）。

表 5 - 2 项目尽职调查大纲

分类	调研	备注
项目概况	项目具体位置、规模	
	主要技术指标	
	工程范围	
	接入送出条件	
电力市场情况	目标市场电力系统的规划	
	电力市场的现状和电力消纳	
	能源结构（配电商、输变电供应商、发电商、消费者等的分布及数量）	
	电力入网及要求	
	电力法规和标准	
	电费结构，包括入网费、过网费、配电费等	
合作伙伴情况	公司情况及历史沿革、主要管理人员简介	
	财务实力、当地影响力、项目经验	
	诉讼违约情况	
收集资料情况	水文、气象、地质、潮汐、地形地貌	
	气温、气压、风速、风向图、降雨量、湿度	
	坐标、高程系统、测量控制点资料	
	现场交通、供水、供电、通信	
	进场道路、码头、口岸	
	取土、弃渣、石料场	
	住宿、房屋租赁条件	
	各类运输条件	
	附近居民情况	
	附近社会服务设施和条件，如当地的卫生、医疗、公共交通、文化情况及其技术水平、服务水平、费用，有无特殊的地方病、传染病等	

续前表

分类	调研	备注
项目开发流程	开发法定流程及各类前提条件	
	东道国设计、建设标准	
	资审要求、投标流程、评标方案等	
银行及保险公司	可能的融资来源（世界银行/亚洲开发银行/政策性银行/商业银行/债券市场等）	
	商业保险公司对目标市场和目标项目的态度	
	中国出口信用保险公司对目标市场和目标项目的态度	
同类项目调研	关注已进入运营或者正在建设的同类项目规模大小	
	开发时长、流程	
	建设周期	
	融资周期、难易程度	
	所选择的各类顾问情况	
	资金回笼情况、收益情况	
风险初步识别	政治风险：战争、税收、汇兑限制、政府违约	
	政策法规风险：法制政策的健全性和稳定性	
	自然环境风险：自然条件、自然资源及自然灾害对项目建设和运营保障的影响	
	社会文化风险：宗教信仰、语言、东道国政府机关办事效率、治安等	
	财务风险：汇率、通货膨胀、利率等	
	移民环保风险：环保、移民政策对投资成本等的影响	
	信用风险：东道国政府履约能力、诚信度（例如配套设施建设、电费支付能力等）	
	市场风险：需求风险、价格风险、竞争风险等	
	融资风险：融资周期、担保情况等	
	建设风险：技术风险、施工风险等	
	运营风险：生产风险（安全事故、生产效率等）、供售风险（燃料供应、电力送出及电费回收保证性等）	

5.5　项目建议书

　　境外投资项目在前期开发环节往往需要向东道国政府递交项目建议书,其内容和深度通常与初步可行性研究报告类似。就企业自身而言,项目建议书也是十分必要的,即通过初步研究来初判一个项目是否具有基本的生命力,并通过投资环境分析及项目考察的实际情况,进行初步的技术、经济、环境评价,判断是否值得投入更多的人力、物力、财力来推进该项目的开发工作。

　　项目建议书主要包括以下内容:项目建设的必要性、重要意义、企业自身实力、厂址选择、技术方案、环境评价、项目组织管理、投资估算与资金筹措、经济分析评价、风险分析评估等,内容的覆盖面较为宽泛,但深度不够。

第 6 章 / *Chapter Six*

投资架构的设计

随着企业境外投资业务的不断发展，涉及的项目越来越多，项目分布的国家也越来越广泛。在开展投资业务之初，最先面临的就是投资架构的选择，如何设计投资架构，关系到未来投资收益的分布与实现，其关键在于合作方的选择与税收的合理筹划。

6.1　合作方选择

大型化、综合化、复杂化是目前境外投资项目的常态，因此投资人更倾向于联合合作方共同承揽和实施项目，整合优势以抵御项目风险。

选择合作方的重点是"合心"。在合作的概念里，包括合资与协作，但最为重要的是合心。合作方能够相互信任、互相支撑的黏合剂是共同的理念，即项目实施成功的统一目标。其中包括对项目的认同、对各方权责义务分配的认可、对项目融资模式的认可、对项目建设及运营体系的认可等。

6.1.1 合作原则

优化资源配置，共同提高市场竞争能力，按照"优势互补、资源共享、合作共赢、共谋发展"的原则，建立合作关系。充分发挥各自优势，弥补劣势，取得 1+1>2 的结果，而不是负效果。从实践来看，优化的合作模式往往不是资本和资本的累加，也不是技术与技术的组合，而是资本和知本的联姻。若合作双方结构雷同，貌似一拍即合，实如近亲结婚，并非优势。资本既包括财务经济能力，也包括在一国或一定区域内拥有的自然资源、社会资源、人力资源、土地资源等要素；知本主要包括知识体系、理论水平、实践经验等。众所周知，知识已成为这个时代独立的力量。知本和资本的结合，会使得资本的流向更加合理规范，也会让知本实现其完整的价值，达到双赢或多赢。

6.1.2 合作方的类型

合作方基本有以下几类：

（1）与某些东道国的大型国有企业以及有资源控制权的公司合作，主要依赖它们对市场的了解、与所在国政府的良好关系、丰富的资源及优质的特许开发权。

（2）与境外大型金融组织／基金／财务投资人合作，主要依赖它们对东道国政府的影响力、财务能力及融资能力，例如世界银行、亚洲开发银行、亚洲基础设施投资银行等。

（3）与某些中资企业合作，包括投资人及承包商等，主要依赖它们在东道国丰富的投融资经验、建设经验、与政府间良好的合作关系等。

6.1.3 合作模式

境外投资项目的合作模式多种多样,投资人往往需要摸清东道国法律法规、行业实际情况、当地成熟的经验、合作方实力等,以确定合作模式。通常有以下几种模式。

1. 同股同权、利益均分

此种合作模式下,合作双方或多方分别发挥各自优势,各方根据股权比例分摊费用、享受权益。

2. 资源互换

这种模式通常存在于与东道国政府、政府企业以及一些拥有稀缺资源的大型私有企业合作时,涉及土地、水资源、矿产资源等,可通过由中国政府认可的专业评估机构评估资源价值后,转换为其股权。

3. 保底收益

这种模式通常存在于与财务投资人合作时,大型基金公司由于结构精简,往往无法在公司治理的同时深入项目全产业链的管理,因此更愿意获取固定收益,不参与实际管理。

4. 股权收购

投资人收购目标公司的全部或部分股份。

在投资项目开发前期,投资合作方通常组成非紧密型联合体(consortium)或相对紧密型联合体(joint venture),各自承担前期费用,直至完成股东协议谈判、项目公司注册成立。而在项目公司注册之前,需要进行缜密的规划,完成投资项目架构设计,以期实现投资人利益最大化。

6.2　税收筹划

6.2.1　税收筹划的必要性

随着境外投资业务的日益增长，部分"走出去"的企业在东道国遭遇较为严重的税务困扰和纠纷，甚至受到税务处罚，失去市场信誉。某些企业并未进行正规的税收筹划，而是采用偷税漏税的方法，结果为这些短期行为付出了沉重的代价，不仅需要缴纳应纳税款、罚金和滞纳金，更有甚者，财务人员锒铛入狱。

因此，如何充分利用各国的税收政策和相互之间的税收差异进行国际税收筹划，合理合法地降低境外投资及国际工程的税负，从而达到利润最大化的目的，是我国境外投资企业提高国际竞争力的主要手段之一，受到企业的高度重视。其关键是进行专业的税务筹划咨询，建立多层次的税务管理架构，落实前期税务调查，合理筹划，重视合同条款，做好项目执行中的税务管理工作，有效避免项目税务风险，确保项目盈利目标的实现。

6.2.2　税收筹划的特点

1. 合法性

合法性是税收筹划最基本的特点，是纳税筹划必备的前提条件，也是税收筹划与偷税漏税的根本区别。各国税法是各国政府明确纳税人权利和义务的法律准绳，从事境外投资的企业必须依法纳税，超越或者违反国家现行法律制度的任何税务活动都是不允许的。企业必须在遵守各国税法的前提下，利用各国税法差异做出纳税方案选择，以避免法定纳税义务之外的任何纳税成本的发生，从而保护自身利益。税收筹划是一种合法、合情、合理的纳税行为，而不是利用税法漏洞和措辞上的缺陷来避税，更不是违法的偷税漏税。税收筹划只能在法律规定的范围内，在依法纳税的前提下对纳税义务进行合理规避。如果偏离了合法性，企业将面临违法风险，可能被有关政府制裁，遭受经济和名誉的双重损失。

2. 目的性

税收筹划的最终目的是在国际经营中实现税负合理最低化，从而使企业整体利益最大化。围绕这一目的，不同企业或同一企业在不同时期的具体目标可能有所不同，有所侧重。这些具体目标通常包括：

（1）减轻税负，降低成本。通过策划降低整体税负。

（2）延期纳税，获得税款的时间价值。

（3）实现涉税零风险。保证账目清晰，纳税及时足额，适当履行纳税义务，可以避免与各国税务机关发生税务纠纷而受处罚，从而规避税务风险。

3. 复杂性

海外投资业务涉及设计咨询、投融资、土建施工、成套设备采购及安装、测试、运营等各项工作，具有周期长、金额大、组织实施复杂等特点。与传统的工程承包相比，投资项目的税收筹划更具复杂性，涉及多国多地、多层级多架构。因此，应重点关注每个涉税环节的具体细节，保障税收筹划的整体收益。

4. 整体性

企业进行税收筹划的目的，就是要在法律允许的情况下最大限度地减轻税收负担，降低税务成本，从而增加总体收益。经营、投资、理财活动是多方面的，纳税人和征税对象的性质不同，税收待遇也不同。在进行投资活动时，要从整体上把控，不能仅仅考虑一个环节，要从企业的整体经营出发，选择最佳方案。

5. 前瞻性

前瞻性有事先规划、设计、安排的意思。虽然纳税行为相对于经济行为而言具有滞后性，但是企业只有事先筹划和安排，才能实现税收筹划的目的。如果企业的经营、投资、理财活动已完成，纳税义务已经产生，则为时已晚。

6. 风险性

风险性指税收筹划活动由于各种原因而失败所要付出的代价。在税收筹划过程中，操作风险客观存在。主要包括如下风险：

（1）日常的纳税核算从表面或局部来看是按照纳税规定操作的，但由于对税收政策把握不准，造成事实上的偷税，面临税务处罚的风险。

（2）对有关税收优惠政策的运用和执行不到位，面临税务处罚的风险。

（3）对企业的情况没有进行全面分析比较，导致筹划成本大于筹划成果，或者筹划方向与企业的总体目标不一致。

6.2.3　税收筹划的具体方法

1. 利用纳税主体避税

分析项目所在国到母国的业务流程，审阅其国内法和税收协定。在承揽项目之前，需仔细了解项目所在国的税收法律法规，对于首次涉足的国家，需聘请会计师事务所或者税务师事务所提供专业报告。在项目所在地设立子公司还是分公司，从税收筹划角度出发，应从以下方面加以考虑。

（1）子公司是法人主体，在项目所在国独立承担法律责任。它需要和项目所在国的其他内资企业一样，缴纳各种税款。但它承担的责任也仅限于子公司层面，不会波及总部。当然，总部提供担保责任的除外。分公司不是法人主体，可以视为总部设立在海外的一个业务部，无须以一个独立企业的身份在项目所在国缴纳税款，总部是最终承担责任的法律主体。换言之，分公司的亏损、义务以及其他所有税收和法律责任最终都由总部承担。

（2）一些国家允许境内的企业集团内部公司之间的盈亏互抵，按差额纳税。这样就最好在境外设立子公司，纳入集团范畴后，可以实现整体利益上的纳税筹划。在此类国家之外设立分公司的好处是，在经营的初期，境外企业往往出现亏损，分公司的亏损可以直接冲抵总部的利润，减轻税收负担。更有部分企业在项目初期设立分公司，进入盈利期后再转成子公司。

（3）当项目所在国的适用税率低于居住国时，子公司的累积利润可以得到递延纳税的好处。此外，某些国家的子公司适用的所得税税率比分公司低。

（4）子公司向母公司支付的特许权、利息、其他间接投资等，要比分公司向总部支付更容易得到税务机关的认可。

（5）子公司有时可以享有集团内部转移固定资产增值部分免税的税收优惠；对于分公司而言，因其与总部之间的资本转移不涉及所有权变动，不必负担税收。

（6）子公司利润汇回母公司的方法比分公司灵活得多，资本利得可以保留在子公司，也可以选择税负较轻时汇回，得到额外的税收利益；而分公司交付给总公司的利润通常不必缴纳预提税。

（7）母公司转售境外子公司的股票增值部分，通常可享有免税优惠，而出售分公司资产取得的资本增值必须缴纳税款。

（8）境外分公司资本转让给子公司有时要征税，而子公司之间的转让无须征税。

2. 利用税率差别避税

世界各国的税率差别较大，对于同一个国际工程项目，在税率相对较低的国家缴纳税款，就能起到税收筹划的作用。以企业所得税为例，加拿大为 38%，坦桑尼亚为 35%，中国和巴西均为 25%，德国高达 45%，而黎巴嫩低至 10%。此外，美国、埃塞俄比亚、沙特阿拉伯分别采用不同级别的超额累进税率。仔细比较一下各国的税率表，就会发现税收筹划的潜力巨大。再以关税为例，很多非洲国家原来是欧洲部分国家的殖民地，而今彼此之间经济联系紧密，存在许多关税互免协定，例如，阿尔及利亚和欧盟就有关税互免协定，因此，承包商从欧洲进口工程物资将会节省很多关税。

3. 从税基的角度避税

由于应纳税款 = 税基 × 税率，因此，在进行税收筹划时不能仅仅考虑税率的因素，减少税基同样能起到减少纳税额的作用。以所得税为例，所得税的税基是应税所得，而各国对于应税所得各种扣除项目的规定大相径庭，这就是筹划的空间，即从税基上找出不同国家的差异，筹划不同国家之间的税务。

（1）根据项目不同的分部分项工程分割税基。投资项目的金额都非常大，通常大工程包括多个分部分项工程，由于承包方式不同，对应的税法也不尽相同。例如某交钥匙工程，若是国际工程承包商独立承接，一个法人主体只对应一个税率。若是把工程分割给若干分包商，分别由从事采购、设计、咨询服务、工程施工、现场监理等的法人单位来实施，税收缴纳的结果将会完全不同。各个分包商的性质不同，所适用的税法条款和税率也不同。因此，这种拆分的方法实际上等于调整了税基，而工程总承包商可以把低税率、高利润的这部分项目留给自己。

（2）转移定价安排解决的是由纳税税基确定的利润分配问题。所谓转移定价，是指跨国公司内部，在母公司与子公司之间或各国子公司之间进行转移产品、提供劳务、转让技术和资金借贷等活动所采用的特殊的定价方法。这种特殊的定价方式不是由交易双方按市场供求关系变化和独立竞争原则来确定，而是跨国公司根据整体的战略目标和自身的全球利益最大化原则制定的偏离正常市场价格的内部交易价格。其一般做法是：高税国企业向其低税国关联企业销售货物、提供劳务、转让无形资产时制定低价；低税国企业向其高税国关联企业销售货物、提供劳务、转让无形资产时制定高价。这样，利润就从高税国转移到低税国，从而达到最大限度减轻税负的目的。但需要特别注意的是，目前各国对于转移定价的税务监管较多地关注风险或者资产的转移与利润的获取是否符合法律的要求，而忽略了在经济实质上是否一致，这就给跨国公司转移利润提供了机会。2012年英国国会对星巴克、谷歌等跨国企业的纳税行为进行了调查，路透社的报告显示，星巴克作为全球最大的咖啡连锁店销售额达到31亿英镑，但自2009年起连续三年没有在英国缴纳企业税或所得税，在过去的13年里只在英国缴纳了860万英镑的税收。此外，苹果等大型跨国企业也受到了美国政府对其在全球范围内避税的指责，引起国际社会的广泛关注和热议。

我国境外投资及国际工程企业利用转移定价进行国际税收筹划可使用的方法有：

（1）利用转移定价以减少所得税。境外投资及国际工程企业通过在内部贸易中采取转移定价，将盈利由高税率国家的子公司转移到低税率国家的子公司以减少所得税。

（2）利用转移定价以减少预提税。各国对外国公司或个人在本国境内取得的部分所得，如股息、利息、租金、特许权使用费等，往往征收预提税。当子公司向母公司支付股息、利息、租金、特许权使用费时，往往会被征收预提税，此时子公司可以通过低价向母公司供货或高价向母公司购货的办法来代替所得支付，将股息、利息、租金、特许权使用费含在转让价款之中，以减少属于预提税范畴的收入。

（3）利用转移定价以减少关税。利用转移定价减少关税的具体做法有两种：一种是境外投资及国际工程企业内部公司之间以调低的价格交易，减少缴纳关税的基数；另一种是利用区域性关税同盟或有关协定的优惠规定逃避关税，即降低向自由贸易区内子公司销售半成品的价格，使得半成品加工成成品后的价值有一半以上是在自由贸易区内增值的，成品在自由贸易区内销售可以免交关税。

4. 递延纳税，重视货币的时间价值

递延纳税就是尽量采用延（缓）期缴纳税款的筹划方法。它是纳税人根据税法的有关规定将应纳税款推迟一定期限缴纳。递延纳税虽不能减少应纳税额，但从财务的角度讲，货币是有时间价值的，纳税期的推迟可以使纳税人无偿使用这笔款项而不需要支付利息，可以将资金用于其他可获取投资回报的项目，对纳税人来说等于是降低了税收负担，节省了利息支出。如一些低税国和避税地的税法规定，公司外国投资所得只要留在国外不汇回，就可以暂不纳税，那么设在高税国的母公司就可以通过设在低税国

或避税地的子公司（完全的控股公司），利用其他课税客体移动性转移手段，使利润在该公司得以形成和积累。这些利润可以拖延一段时间后再以股息形式汇回，对纳税人来说就等于获得一笔无息贷款，享受了延期纳税的优惠待遇。因此，递延纳税也是税收筹划的主要内容之一。

狭义的推迟纳税专门指纳税人按照国家有关延期纳税规定进行的延期纳税；广义的推迟纳税还包括纳税人按照国家其他规定可以达到延期纳税目的的财务安排和纳税计划，比如，按照折旧政策、存货计价政策等规定来达到延期纳税目的的财务安排。政府制定推迟纳税规定主要有以下原因：

（1）避免先征后退，节约征税成本。比如，我国规定，境外进入免税区的货物，除国家另有规定外，免征增值税和消费税，如果免税进入保税区的货物运往非保税区，这时才再照章征收增值税和消费税；如果保税区生产的产品运往境外，除国家另有规定外，免征增值税和消费税。这个规定就性质来说是一种延期纳税。

（2）防止纳税人税负畸轻畸重。比如，有的国家规定，农民在某一年度取得特别多的所得，可以将这一年的所得分散到数年之内缴纳税收。

（3）鼓励和促进投资。比如，有些国家允许，只要国外子公司的利润留在国外继续投资经营，不汇回国内，就可以一直延缓至汇回国内时再纳税。

税收递延的途径很多，境外投资及国际工程企业可充分利用税法给予的优惠，积极创造条件，在遵守法律规范的前提下进行税收筹划，享受更多的税收优惠。具体地讲，要争取做到以下两点：

（1）延期纳税项目最多化。在合法和合理的情况下，尽量争取更多的项目延期纳税。在其他条件包括一定时期纳税总额相同的情况下，延期纳税的项目越多，本期缴纳的税收就越少，现金流量也越大，相对节减的税收就越多。使延期纳税项目最多化，可以实现节税的最大化。

（2）延长期最长化。在合法合理的情况下，尽量争取纳税延长期最长化。在其他条件包括一定时期纳税总额相同的情况下，纳税延长期越长，由延期纳税增加的现金流量所产生的收益将越多，相对节减的税收也越多。使纳税延长期最长化，可以实现节税的最大化。比如，税法规定购置的高新技术设备和环保产品设备可以采用加速折旧法，在其他条件相似或利弊基本相抵的条件下，尽管总的折旧额基本相同，但选择加速折旧可以在投资初期缴纳最少的税收，而把税收推迟到以后期间，相当于延期纳税。

5. 利用税收优惠政策筹划

为了发展本国经济，大多数国家对于外国企业在本国承揽工程或投资出台了各种税收优惠政策。特别是发展中国家，为了迅速发展本国经济，完善产业结构，解决普遍存在的资金匮乏和技术、管理水平较为落后的问题，往往对某一地区或某一行业给予减免税的优惠政策。这些政策会明确规定不同的税收扣除，例如允许无限期结转累积亏损去冲减未来利润，直接给予税前扣除；允许扣除基于公平交易下的利息、管理费用等；甚至有一些税收条款专门用于非居民企业。纳税扣除和减免的存在，使得实际税率远低于名义税率，大大减轻了纳税人的税收负担。目前，我国对实施"走出去"战略的企业规定了允许出口退税的项目，包括境外投资项目、对外工程承包项目、境外带料加工装配业务等，这也是税收优惠政策的体现。世界各国或多或少都有税收优惠政策，准确掌握税收优惠政策至关重要，这也是合理合法地进行税收筹划的有效手段。

6. 避免国际双重征税

双重征税是指两个或两个以上的国家对跨国纳税人的同一项跨国所得进行重复课税。按照国际税收规范的规定，国与国之间税收管辖权发生冲突时，在税收权益的分配上，地域管辖权优先。为了解决双重征税问题，各国通常采用抵免法、扣除法、豁免法。

在境外投资业务税收筹划过程中，要考虑项目所在国与中国签订的双边协定或税收安排，同时要考虑项目所在国是不是《多边税收征管互助公约》成员国，根据协定或公约事项对境外投资进行税务筹划。

7. 利用避税港进行税收筹划

国际避税地，也称避税港或避税天堂，是指那些为吸引外国资本流入，繁荣本国或本地区经济，在本国或本地区确定一定范围，允许境外人士在此投资及从事各种经济、贸易和服务活动，获取收入或拥有财产而不对其征直接税，或者实行低直接税税率，或者实行特别税收优惠的国家和地区。避税地既可以是一个国家，也可以是一个国家的某个地区，如港口、岛屿、沿海地区或交通方便的城市。目前国际上总共有350多个避税地，遍及75个国家和地区。国际避税地大致可分为三类：

（1）纯粹或标准的国际避税地。这种类型的避税地没有个人或公司所得税、财产税、遗产税和赠与税。如百慕大群岛、开曼群岛、巴哈马等。

（2）普通或一般的国际避税地。这种类型的避税地一般只征收税率较低的所得税、财产税、遗产税和赠与税等税种。这种避税具体可分为两种情况：①对境内外所得和财产所得等征税，但税负较轻，对外国经营者给予特殊税收优惠。如巴林、中国澳门、瑞士等。②只对境内所得或财产征收较轻税负的间接税，对来自境外的所得不征税。如巴哈马、中国香港等。

（3）不完全或局部的国际避税地。这种类型的避税地一般实行正常的税收制度，但有一些特殊的税收优惠政策或规定，或在国家的某一地区单独实行这些优惠政策或规定。如荷兰、希腊、加拿大等。

避税港的存在为我国境外投资及国际工程企业进行国际税收筹划提供了有利条件，最常见、最一般的做法是，境外投资及国际工程企业在国际避税地设立基地公司，将在避税地境外的财产和所得转移至基地公司，以达到规避所在国高税负的目的。基地公司实际上是在避税地建立的受控于高税国纳税人的虚构的纳税实体，绝大部分基地公司在避税地没有实质性的经营活动，仅租用一间办公用房或一张办公桌，甚至仅挂一个招牌，其全部或主要的经营活动是在避税地境外进行的。基地公司通常以控股公司、信托公司、金融公司、受控保险公司、投资公司、专利持有公司、服务公司等形式存在。

6.2.4　税收筹划注意事项

1. 深入了解项目所在国的税收政策和法律法规

当前世界各国税收制度千差万别，税种、税率、计税方法各式各样，课税关系错综复杂。作为境外投资企业，千万不能依照中国式的税收思维进行税收筹划，一定要准确了解项目所在国的相关信息，必要时可以付费从专业中介机构获取。另外，税收地的政治、军事、科技、文化、民俗等也会影响境外投资企业的经营活动，进而影响财务和税务安排。因此，境外投资企业在进行国际税收筹划时必须充分考虑税收地税务、政治、文化等方面的具体情况，时刻注意外部环境条件的变化，包括未来经济环境的发展趋势、有关国家政策的变动、税法与税率的可能变动趋势等。

2. 选择能力强的会计师或税务师事务所

为了及时了解项目所在国各项税收法律法规，处理好各种涉税事项，聘请合适的、有实力的会计师或税务师事务所是最行之有效的方法。可以选择当地的事务所，也可以选择国际"四大"事务所（安永、毕马威、普华永道、德勤）。从实践经验来看，为降低涉税风险，选择"四大"事务所对境外投资业务的长远发展更为有利。

境外投资企业应充分利用"四大"事务所提供的税务咨询、税务评估和纳税申报等服务。通过税务咨询，不仅可以深入了解项目所在国的各项税收法律法规以及最新的变化，而且可以有针对性地解决项目实施过程中遇到的特定税务问题。通过税务评估，可以及时发现并纠正日常税务申报、计算、缴纳过程中可能存在的问题，避免在税务机关正式审计时遇到麻烦，而且在税务评估过程中，事务所会提供有益的税收筹划建议。

但也不能过分依赖中介机构，在事务所提供的税收筹划方案的基础上，企业要针对自身的实际情况加以判断和调整，不能完全照搬。因为事务所提供的筹划方案都有相关的免责条款，最终的风险要由企业自行承担。

3. 税收筹划要早做准备，未雨绸缪

税收筹划工作应在商务合同签署之前完成，同时筹划方案还要具有前瞻性，不能杀鸡取卵，为追求眼前利益而忽略长远利益。

有的税收筹划方案可能会使纳税人在某一时期税负最低，但不利于其长远的发展。因此，在进行税收筹划方案选择时，不能仅盯着某一时期纳税最少的方案，而是要考虑企业的发展目标，选择有助于企业发展，能增加企业整体收益的税收筹划方案。此外，要从投标及合同谈判开始就考虑并重视相关税务条款。由于各个国家在投资业务方面的税收法律不同，如果没有详细了解项目所在国的相关税收法律与政策就贸然签约，在当今市场竞争残酷的情况下，很可能赔本甚至吃大亏。企业应未雨绸缪，自项目投标和合同谈判时起就考虑并重视项目可能涉及的税务问题。

需注意，一切与项目有关的税种、税率、负担对象等均要在合同中明确规定，并明确期限及责任，对签订合同后其国家颁布的新的税法也应有所约定。

现实中，企业经常是在面临当地税务机关检查时才猛然发现问题，但是木已成舟，更好的税收筹划方案已经没有办法实施，即使能够临时抱佛脚，税收筹划的效果也会大打折扣。因此，在项目承建初期，项目负责人和项目财务人员就要重视税收筹划问题，充分了解当地的税收环境、税收政策、金融环境、法律环境等，根据项目的施工进度、采购方案等有计划地开展税收筹划工作。

4. 要注意控制税收风险

要合理合法进行税收筹划。我国境外投资企业在进行国际税收筹划时，不可逾越这一条界限，必须坚决杜绝那种抱侥幸心理进行非法偷逃税或瞒税的冒险行为，以免得不偿失，给我国海外企业的声誉、利益带来损失，影响到我国境外投资业务的拓展。税收筹划强调的是合理合法地缴纳税款，在减轻税负的同时，应统筹考虑风险和收益，避免事后税务稽查带来的税收惩罚。在东南亚的一些国家，如老挝、柬埔寨，都实行"关门审计"，即在项目整个周期结束后，由所在国的税务机关组织人员专项稽查，一旦稽查通过终身不再翻案。因此，项目公司应在建设期结束后主动要求稽查，以免由于税务官员的更换而引发后患。

5. 树立全局观念

境外投资企业要在全球范围内进行税收筹划，追求的是全球规模的纳税负担最小化，而不是某个子公司的税负最小化。另外，成功的税收筹划应有助于境外投资企业整体发展目标的实现，而不能仅局限于税负的减轻。也就是说，境外投资企业进行税收筹划以降低税负的同时，还要有助于企业总体目标的实现，不能顾此失彼。因此，境外投资企业应从宏观看问题，从全局出发安排税收筹划。

6. 商务合同的法律效力低于所在国的税法

通常来说，项目所在国税法的效力高于商务合同的法律效力。某些企业自认为在与外方签署的商务合同中约定了某些条款，例如某些税收减免、某些税收由业主承担等，在成本核算时未考虑相关税收成本，开工后才发现商务合同的约定与项目所在国的税法相抵触，税法规定某些税收必须由境外投资企业承担，最终只好按照税法缴纳了税款。这是没有国际项目经验的企业常犯的错误。

7. 保存好国外纳税资料和减免税证明

保存国外纳税资料和减免税证明极其重要，却容易被忽视，它有利于在国内计算缴纳所得税时进行税收抵免。例如，国际工程都会涉及设备物资的进口和再出口问题，这就涉及清关文件的管理和保管问题。一个清关合同执行完毕后一般会形成清关合同、提单、清关用商业发票、装箱单、清关费用发票、保险费用发票、保险单、海关完税证明、关税申报声明、保函费用发票、保函文件和免税文件等一系列文件，这些文件如果没有妥善保管，势必影响到今后设备的再出口、保函清退、税务稽查等工作。

8. 提高外账工作质量，做好日常纳税申报、税款缴纳等工作

外账是指根据项目所在国的财务会计制度、税收政策进行的会计核算以及以此为依据编制的会计报表。外账是进行境外税务管理的基础，因此必须提高外账工作的质量。境外工程项目应配备专门的财务人员负责外账处理工作，了解项目所在国会计核算方法和各类税收规定，选用当地允许的、正确合理的会计核算方法和制度。外账核算制度一经确立，不应随意改变，以保持其连续性。

按照项目所在国相关规定进行纳税申报、缴纳税款，是境外工程项目应履行的义务，同时也是降低税务风险、减少税务检查的有效途径。

9. 了解项目所在国的反避税条款

税收筹划尽管是合法的，但在有罪推定的前提下，极有可能和项目所在国的反避税条款发生冲突，使企业处于不利的地位。常用的反避税条款主要有：

（1）关联方之间进行的交易应该与独立各方之间进行的交易相类似。

（2）所有费用必须是全部而且无一例外地为取得应税收入而产生的，从而阻止不恰当的转移定价或者无法律依据的税前扣除。

（3）通过实质重于形式和判定商业目的，确定交易是否违法。

6.3　投资架构设计

投资架构设计的主要考量因素如下：

（1）是否符合投资流经各国的法律法规。

（2）综合考虑股息汇回和投资退出等方面的税收成本。

（3）确保符合企业的未来发展战略，包括项目进行资本运作的便利性以及资本市场的倾向。

（4）确保项目退出机制的灵活性和可操作性。

（5）确保企业内部控制的有效运行。

（6）综合考虑中间控股公司的设立、运营、维护成本。

上述考虑因素中，最关键的是如何有效利用各国税收政策差异，合理设定业务模式，积极进行税收筹划，有效降低公司税收负担。下面将针对投资架构确立中如何有效降低税收负担、规避税务风险进行探讨。

6.3.1 境外投资的主要方式

境外投资有直接投资和间接投资两种方式，直接投资即为母公司直接在项目所在国设立项目公司进行投资，间接投资为通过在母公司与项目公司之间设立中间控股公司进行间接投资。具体模式如图 6 - 1 所示。

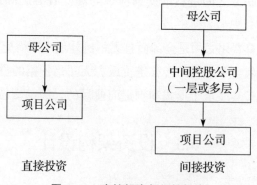

图 6 - 1　直接投资与间接投资

6.3.2　确立境外投资架构主要考虑的税务因素

1. 境外投资架构中涉及的主要税种

分析境外投资架构中涉及的税务因素，需要综合考虑中国、项目所在国、中间控股公司所在国所涉及的各税务事项。

（1）中国相关税务事项。中国企业对外进行投资主要涉及以下事项：企业所得税和境外所得税收抵免政策。

根据我国企业所得税法，从境外取得的利息、股息、红利、资产转让所得要纳入企业所得税征税范围进行缴税。此外，对境外所得，中国企业所得税实行"分国不分项"的境外所得税抵免制度，即来源于同一国家的所得，不区分项目统一进行汇总缴纳，境外实际缴纳的企业所得税可以在按照中国企业所得税法应缴纳的企业所得税限额内进行抵免。

因此，需要综合考虑投资项目在境外的综合企业所得税税率，对比中国企业所得税税率来判断是否需要在中国境内进行所得税抵免或补缴。

（2）项目所在国相关税务事项。项目所在国涉及的税务事项主要包含企业所得税，汇出股息、利息、特许权费等需要承担的预提所得税，资本利得税（即投资者在退出投资时进行股权转让是否需要缴纳资本利得税）。

（3）中间控股公司所在国相关税务事项。中间控股公司既是投资单位又是被投资单位，需要同时关注投资者与被投资者所涉及的各项税收。主要包含收到利息、股息、红利时是否需要缴纳企业所得税，支付股东利息、股息、红利时是否需要缴纳预提所得税，股权转让时是否需要缴纳资本利得税。

2. 控股层级的选择

我国的企业所得税法规定，境外所得可以在国内进行纳税抵免。在计算抵免限额时应该采用"分国不分项"的原则，但只有当居民企业直接或者间接持有外国企业 20% 以上股份时，才可适用股息、红利收入境外税款间接抵免的制度，且间接抵免层级限于控股三层以内的外国企业。因此，从中国企业所得税税收抵免的角度考虑，控股层级应控制在三层以内。

多层中间控股公司架构在引入其他投资者和股权转让方面更具灵活性。未来引入其他投资者或退出时可以通过转让其中一个中间控股公司的股权，将股权转让收益保留在境外上一层的中间控股公司，在满足一定条件的情况下可以递延中国企业所得税的纳税义务。同时，相关的股权变动不会造成项目公司直接股东的变化，有利于降低公司股东变更带来的投资所在国的相关税收及政府审批上的不确定性。

在设计海外间接投资架构时，需要综合考虑税务、审批程序及经营管理等因素，以确定单层或双层中间控股公司投资架构。双层中间控股公司架构的设立、运营和管理成本相对较高。

3. 中间控股公司地点的选择

所谓控股公司，通常是一家企业集团的母公司直接或间接拥有其他公司股权。控股公司本身可以从事经营活动，但在通常情况下，只充当集团其他企业股份所有者的角色。在实际操作中，控股公司通常是以控制为目的，而不是以投资为目的持有其他公司股份。中间控股公司地点的选择需要综合考虑中间控股公司与项目公司和投资母公司之间的税收协定、中间控股公司本身的税收规定，此外还要结合中间控股公司所在国的外汇管理情况、金融商务条件、管理成本等多方面因素进行考虑。

控股公司设置的理想地点应具备以下条件：免除外汇管制；对非本国居民支付股息、利息或特许权使用费免征或只课征低税率的预提税；对于来源于境内的股息、利息或特许权使用费免征或只课征低税率的所得税；资本利得免予课税；对外缔结税收协定含有减征预提税的条款；政府法规对控股公司的业务不加限制；等等。

下面介绍在不同中间国或地区设立中间控股公司的税收政策。

（1）香港投资政策及税收体系。

①投资政策。中国香港拥有公平的投资环境、健全的法律制度和稳健的金融体系，对境内外投资者一视同仁，没有任何歧视政策。投资者只要不违反香港法律，均可从事正常经营活动。

②外汇政策。香港对外汇无任何管制，可以自由兑换和汇出，汇入汇出无限制。

③税收体系。在香港投资设立的企业，税种比较少。香港税制简明，税负非常低，采用地域来源征税的原则，源自香港以外的收入是无须缴纳任何税费的。与中国内地等地区相比，香港没有营业税、增值税等流转税，也没有股息红利税、遗产税等，香港只有三种直接税：利得税、薪俸税、物业税。利得税也就是企业所得税，香港只对各行各业取自或来自香港的利润征收利得税，税率为 16.5%，对于从香港之外取得的收入产生的利润不征收利得税；薪俸税也就是个人所得税，对于在香港受雇取得的收入包括工资、薪金、补贴等均需缴纳薪俸税，香港薪俸税实行全年超额累计制，针对不同纳税人有不同的税前抵扣额，税率从 2% 到 17% 不等，但对于每一名纳税人，全年税率不超过收入总额的 15%，对于内地居民在香港纳税年度累计不超过 183 天，在香港取得的薪酬等免交薪俸税；物业税按照收取的租金扣除维修和保养费免税额 20% 后，按照 15% 税率征收，如果企业为租金缴纳了利得税，则无须缴纳物业税。

中国内地与香港签署有《内地和香港特别行政区关于对所得避免双重征税和防止偷漏税的安排》，香港还与30多个国家签署了避免双重征税协定，在香港设立中间控股公司可与相应国家或地区按照双边协定或安排进行税收抵免。香港的投资政策、外汇政策、税收体系为在香港设立中间控股公司提供了非常好的环境。

（2）BVI投资政策及税收体系。英属维尔京群岛（British virgin islands，BVI）是世界上发展最快的海外离岸投资中心之一。

①投资政策。BVI对境外投资者专门颁布《国际商业公司法》，允许对BVI之外企业和个人提供公司注册业务。对在BVI设立的境外公司的管理非常宽松，在BVI设立的公司可以不对外披露任何信息，除非涉及黑社会贩毒洗钱，每年可以不必向注册管理机构报送经审计的财务报表，故成为国际著名的避税天堂。

②外汇政策。在BVI设立的离岸公司，可在香港等无外汇管制的地区开立银行账户，也可在BVI的银行开立银行账户，因为BVI也无外汇管制。

③税收体系。BVI对按照《国际商业公司法》设立的离岸公司发生在BVI之外的营收活动免除所有税金，公司每年缴纳少量的登记管理费即可。对于发生在BVI的业务征收所得税，税率为15%；对于发生在BVI的业务支付雇员工资时代扣代缴0%～20%的个人所得税；另外，对于发生在BVI的业务还征收房屋税、土地税、关税、印花税、财产税，但不征收资本利得税、资本转移税、股息红利税及其他流转税。

由此可见，在BVI设立中间控股离岸公司，不仅发生在BVI之外的业务可享受免税政策，还无须披露公司信息。

（3）开曼投资政策及税收体系。开曼即开曼群岛，是英国在西加勒比群岛的一块海外属地。开曼群岛与 BVI 均为英属群岛，投资政策基本一致，均是离岸公司避税天堂。开曼的具体投资、外汇、税收政策与 BVI 的政策基本一致，具体参见 BVI 投资政策及税收体系。

（4）迪拜投资政策及税收体系。

①投资政策。在阿联酋投资，51% 以上的股份必须由阿联酋籍公民持有，但对于自由贸易区内的外资企业，国外股东可 100% 持有。为鼓励外国投资，阿联酋设有许多自由贸易区，其中迪拜最多，大约有 30 个自由贸易区，在自由贸易区的企业无最低注册资本限制和持股比例限制。

②外汇政策。迪拜是阿联酋的金融中心，无外汇管制，只要不违反阿联酋的反洗钱规定，外汇可自由汇入汇出，外资企业资本金和利润的汇出无税且无任何限制。

③税收体系。阿联酋是低税负国家，境内无企业所得税、个人所得税、增值税等，税收政策由酋长国自己制定，其中迪拜酋长国仅对自由贸易区以外的石油、石化行业和房屋租赁等征收税金，并且只对年净利润超过 100 万迪拉姆的企业征收。

在迪拜自由贸易区的企业无企业所得税、个人所得税、流转税、资本利得税，资本金、股息、红利可自由汇出。由此可见，迪拜自由贸易区也是非常理想的中间控股公司设立地。

从香港、BVI、开曼、迪拜的投资政策、外汇政策、税收体系可以看出，这四个地区均是设立中间控股公司的理想地点。在实际选择时应同时考虑其他因素，比如，如果控股公司及股东信息保密程度要求高，可选择 BVI 或开曼；如果投资项目所在国在欧洲或非洲，迪拜是中国到投资项目所在国的航空中转中心，考虑未来管理的便利性，可选择迪拜自由贸易区；如果投资项目在亚太地区，可选择香港或 BVI。

6.4 案例分析

这里以 M 国投资为例，介绍境外投资架构税收筹划的基本思路，通过不同投资架构的对比分析，选择适合的税收筹划方案。

6.4.1 M 国税收政策分析

由于选择投资架构时考虑的税种主要为企业所得税、股息预提税、资本利得税，因此主要对上述税种进行分析。

1. 企业所得税

（1）征税对象。居民企业需要就来源于 M 国境内外的所得缴纳企业所得税。

（2）企业所得税税率。目前 M 国企业所得税税率为 24%。

（3）应税所得。应税利润是企业各类经营活动的净利润，包括实现的资本利得、利息收入、租金收入、特许权使用费收入以及开展融资或投资活动（包括不动产投资活动）获得的收入。

在计算应税利润时，应根据法律规定对会计利润进行调整。一般而言，纳税人在纳税年度中为开展经营活动而支付或发生的费用可以在税前扣除。根据税法的规定，与非正常管理活动相关的费用、为满足个人需求而支出的费用、奢侈性消费的费用均不能在所得税前扣除。

2. 股息预提税

M 国居民企业向境外居民企业支付股息时需要缴纳股息预提

税，股息预提税税率为 10%。但是根据 M 国与其他国家的双边税收协定，股息预提税有可能调整，比如：根据中国和 M 国双边税收协定，M 国居民企业支付中国居民公司股东股息预提税税率为 5%；根据 M 国和卢森堡、马来西亚、新加坡的双边税收协定，M 国居民企业支付上述国家股东股息同样适用 5% 的股息预提税优惠税率。

3. 资本利得税

境外企业转让 M 国境内资产需根据不同资产类型缴纳资本利得税，其中转让不动产所得需缴纳 15% 的资本利得税，转让动产所得需缴纳 10% 的资本利得税，转让无形资产（如专利、版权、商标等）需缴纳 5% 的资本利得税。资本利得税采用预提税的方式，由支付方在支付股权转让所得时预扣。

境外企业转让 M 国境内股权需缴纳 10% 的资本利得税。

6.4.2　中间控股公司税收政策分析

考虑投资架构时，中间控股公司涉及的税种也主要是企业所得税、股息预提税、资本利得税。根据 M 国双边税收协定签订情况，考虑设立中间控股公司的地点，即中国香港、马来西亚、新加坡，三地的税制简要分析如下。

1. 中国香港

（1）利得税。

居民纳税人：公司若在香港注册成立或在香港实施管理和控制，则是香港的居民纳税人。

征税原则：通常只有来源于香港的所得会被征收利得税。

应税所得：对在香港开展商业活动且取得来源于香港的利润会被征收利得税。判断利润的来源地时，香港一般采用经营测试法，该测试确定产生利润最重要的活动，以及活动在何处开展。

税率：对在香港开展商业活动且取得来源于香港的利润适用的利得税税率为 16.5%。

根据上述原则，香港公司收到的境外股息红利不属于来源于香港的所得，不需要缴纳利得税。

（2）股息预提税。香港对支付境外股息不征收预提税。

（3）资本利得税。香港公司转让境外子公司股权的资本利得通常无须缴纳资本利得税。

2. 新加坡

（1）企业所得税。新加坡按照属地原则征税，发生于或来源于新加坡的收入，以及汇回新加坡的海外收入，均需在新加坡缴纳所得税。

对来源于新加坡境外的股息收入，如果在汇回或视同汇回新加坡当年在境外已经纳税，且境外纳税地点的所得税税率不低于 15%，则无须在新加坡缴纳所得税。

（2）股息预提税。新加坡对股息不征收预提所得税。

（3）资本利得税。新加坡不对资本利得征税。

3. 马来西亚

（1）企业所得税。马来西亚居民企业仅需就来源于马来西亚境内的收入缴纳企业所得税，对股息红利不征收企业所得税。

（2）股息预提税。马来西亚对股息分配不征收预提所得税。

（3）资本利得税。马来西亚对来源于境外的资本利得不征税。

6.4.3 不同投资架构对比分析

假设中国居民企业 A 公司将在 M 国投资设立 B 公司进行实质性生产经营运作，假设 B 公司股息分配额为 100 万美元，对 B

公司股权进行转让所得总额为 1 000 万美元。现在假设有直接投资、一层中间控股公司两个不同投资架构。

方案 1：直接投资

A 公司直接在 M 国投资 B 公司，即如图 6 - 2 所示的投资结构。

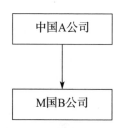

图 6 - 2 直接投资结构

（1）股息分配的税收负担。根据中国和 M 国双边税收协定，B 公司在向 A 公司支付股息时，需缴纳 5% 的股息预提税。B 公司在 M 国境内缴纳 24% 的企业所得税，税后支付 A 公司股息时，需缴纳 5% 的股息预提税，所得税整体税负为 27.8%，高于中国 25% 的企业所得税税率，超出抵免限额的境外所得税及股息预提税部分无法在中国获得抵免。

股息分配的税收负担为：100 × 5%=5（万美元）。

（2）股权转让的税收负担。如果 A 公司要转让 B 公司的股权，需在 M 国缴纳 10% 的预提资本利得税；A 公司转让 B 公司股权所得应纳入企业所得税缴纳范围，境外已缴纳所得税可以进行抵免，低于 25% 企业所得税部分需要在国内进行补缴。

股权转让的税收负担：1 000 × 25%=250（万美元）。

方案 2：一层中间控股公司

A 公司设立中间控股公司 C 公司，C 公司再投资 B 公司，即如图 6 - 3 所示的投资结构。

在上述投资架构下，中间控股公司 C 公司设立地点的选择需要考虑项目公司的企业所得税，股息汇出的预提所得税，对资本利得的所得税或预提所得税，税收协定网络，以及中间控股公司的当地所得税、资本利得税、向境外汇出股息的预提所得税等因素。考虑选择在中国香港、马来西亚、新加坡设立中间控股公司。

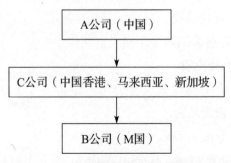

图 6 - 3　一层中间控股公司投资结构

（1）在中国香港设立中间控股公司，即 C（香港）公司。

①股息分配的税收负担。

a. B 公司向 C（香港）公司分配股息：根据 M 国税法的规定，向香港公司汇出的股息需要缴纳 10% 的股息预提税。

b. C（香港）公司收到股息的利得税：香港对于境外股息不征税，因此 C（香港）公司对从 M 国收到的股息无须缴纳利得税。

c. C（香港）公司向 A 公司分配股息：根据香港税法的规定，分配股息无须缴纳预提税。

d. A 公司收到股息：M 国 B 公司在 M 国境内缴纳 24% 的企业所得税，税后支付 C 公司股息时，需缴纳 10% 的股息预提税，整体税收负担高于中国 25% 的企业所得税，在中国无须缴纳企业所得税，但是超出抵免限额的境外所得税及股息预提税部分无法在中国获得抵免。

股息分配的税收负担为：$100 \times 10\% = 10$（万美元）。

②股权转让的税收负担。

在存在中间控股公司的情况下，股权转让可以分为直接转让和间接转让两种方式，直接转让即 C（香港）公司转让 B 公司股权，间接转让即通过转让 C（香港）公司股权实现间接转让 B 公司股权。

a. 直接转让股权。

M 国资本利得税：按照 M 国税法的规定，C（香港）公司就该笔股权转让缴纳 10% 的 M 国资本利得税。

香港资本利得税：香港对符合条件的资本利得通常不征收资本利得税。

股权转让税收负担：1 000 × 10%=100（万美元）。

（在 C（香港）公司股权转让所得未分配回 A 公司之前，该部分所得不需要缴纳中国企业所得税，但是一旦以分红形式分配回中国，则需要在 25% 企业所得税限额内补缴税款。）

b. 间接转让股权。

M 国资本利得税：一般情况下，M 国对间接股权转让不征收资本利得税。

中国企业所得税：A 公司转让 B 公司股权所得应纳入企业所得税缴纳范围，境外已缴纳所得税可以进行抵免，低于 25% 企业所得税部分需要在国内进行补缴。

股权转让税收负担：1 000 × 25%=250（万美元）。

（2）在马来西亚设立中间控股公司，即 C（马来西亚）公司。

①股息分配的税收负担。

a. B 公司向 C（马来西亚）公司分配股息：根据 M 国与马来西亚签订的双边税收协定，在马来西亚控股公司直接持有 M 国公司超过 10% 股权的情况下，该股息分配可适用 5% 的股息预提税优惠税率。

b. C（马来西亚）公司收到股息的所得税：马来西亚居民企业仅需要就来源于马来西亚境内的收入缴纳企业所得税，因此 C（马来西亚）公司来源于 M 国的股息收入不需要在马来西亚缴纳企业所得税。

c. C（马来西亚）公司向 A 公司分配股息：马来西亚对股息分配不征税，因此 C（马来西亚）公司向 A 公司分配股息不需要缴纳马来西亚股息预提税。

d. A 公司收到股息：M 国 B 公司在 M 国境内缴纳 24% 的企业所得税，税后支付 C 公司股息时，须缴纳 5% 的股息预提税，整体税收负担高于中国 25% 的企业所得税，在中国无须缴纳企业所得税，但是超出抵免限额的境外所得税及股息预提税部分无法在中国获得抵免。

股息分配的税收负担为：$100 \times 5\% = 5$（万美元）。

②股权转让的税收负担。

a. 直接转让股权。

M 国资本利得税：M 国与马来西亚签订的双边税收协定对股权转让的税负未进行约定，因此应按照 M 国税法的规定，就该笔股权转让 C（马来西亚）公司缴纳 10% 的 M 国资本利得税。

马来西亚资本利得税：马来西亚对来源于境外的资本利得不征收所得税，因此该笔股权转让交易不需要在马来西亚缴纳资本利得税。

股权转让税收负担：$1\,000 \times 10\% = 100$（万美元）。

（在 C（马来西亚）公司股权转让所得未分配回 A 公司之前，该部分所得不需要缴纳中国企业所得税，但是一旦以分红形式分配回中国，则需要在 25% 企业所得税限额内补缴税款。）

b. 间接转让股权。

M 国资本利得税：一般情况下，M 国对间接股权转让不征收资本利得税。

中国企业所得税：A 公司转让 B 公司股权所得应纳入企业所得税缴纳范围，境外已缴纳所得税可以进行抵免，低于 25% 企业所得税部分需要在国内进行补缴。

股权转让税收负担：1 000×25%=250（万美元）。

（3）在新加坡设立中间控股公司，即C（新加坡）公司。

①股息分配的税收负担。

a. B公司向C（新加坡）公司分配股息：根据M国与新加坡签订的双边税收协定，在新加坡控股公司直接持有M国公司超过10%股权的情况下，该股息分配可适用5%的股息预提税优惠税率。

b. C（新加坡）公司收到股息的所得税：新加坡公司收到的股息已经在境外缴纳了超过15%的所得税，且属于来源国的应税收入，因此不需要在新加坡缴纳企业所得税。因M国所得税税率超过15%，所以C（新加坡）公司收到股息无须在新加坡缴纳所得税。

c. C（新加坡）公司向A公司分配股息：新加坡对股息分配不征税，因此C（新加坡）公司向A公司分配股息不需要缴纳新加坡股息预提税。

d. A公司收到股息：M国B公司在M国境内缴纳24%的企业所得税，税后支付C公司股息时须缴纳5%的股息预提税，整体税收负担高于中国25%的企业所得税，在中国无须缴纳企业所得税，但是超出抵免限额的境外所得税及股息预提税部分无法在中国获得抵免。

股息分配的税收负担为：100×5%=5（万美元）。

②股权转让的税收负担。

a. 直接转让股权。

M国资本利得税：根据M国与新加坡签订的双边税收协定，新加坡公司转让M国公司股权，不需要在M国缴纳资本利得税。

新加坡资本利得税：新加坡对来源于境外的资本利得不征收所得税，因此该笔股权转让交易不需要在新加坡缴纳资本利得税。

股权转让税收负担：0。

（在 C（新加坡）公司股权转让所得未分配回 A 公司之前，该部分所得不需要缴纳中国企业所得税，但是一旦以分红形式分配回中国，则需要在 25% 企业所得税限额内补缴税款。）

b. 间接转让股权。

M 国资本利得税：一般情况下，M 国对间接股权转让不征收资本利得税。

中国企业所得税：A 公司转让 B 公司股权所得应纳入企业所得税缴纳范围，境外已缴纳所得税可以进行抵免，低于 25% 企业所得税部分需要在国内进行补缴。

股权转让税收负担：$1\,000 \times 25\% = 250$（万美元）。

综合方案 1 和方案 2，对比分析如表 6-1 所示。

表 6-1　　　　　　　　　方案 1 与方案 2 对比分析

事项		方案 1	方案 2		
			通过中国香港投资	通过马来西亚投资	通过新加坡投资
股息分配税收负担		5	10	5	5
股权转让税收负担	直接转让	250	100	100	0
	间接转让	—	250	250	250

通过表 6-1 可以看出，通过设立中间控股公司，充分利用投资所在国 M 国与相关国家之间的税收协定，可以有效降低税收负担。尤其在直接转让股权的情况下，通过新加坡进行投资，不仅股息分配时可以按照双边税收协定的优惠税率 5% 缴纳，而且股权转让所得既不需要在 M 国缴纳所得税也不需要在新加坡缴纳所得税，税收负担最轻。

第 7 章 / *Chapter Seven*

投资项目评估与决策

投资项目评估是提供科学决策依据最关键、最重要的部分，是技术经济综合分析论证的过程，对于优化资源配置、降低投资风险具有重要作用。

7.1 可行性研究

可行性研究（feasibility study）是对拟建项目在投资决策前进行全面技术经济分析的一项综合性工作，它是综合多种科学成果和手段对拟建项目技术、经济和财务进行综合分析研究的科学方法，通过对拟建项目有关因素的调查研究、分析计算，论证项目和各种方案的技术经济可行性，选择最优方案，为项目的决策提供科学依据。

7.1.1 任务和内容

1. 任务

投资项目的一般目的是满足市场需要并获得经济效益。影响经济效益的因素错综复杂，因此需要进行深入细致的技术经济指标分析评价。可行性研究的任务定义为，根据国家产业政策、国民经济中长期规划、地区总体规划和行业规划的要求，对公司项目在技术、工程和经济上是否合理可行，进行全面分析论证，为投资决策、编制和审批设计任务书提出可靠的依据。

2. 内容

可行性研究就是通过多方案的比较，论证项目建设规模、工艺技术方案、厂址选择的合理性，原材料、燃料动力、运输、资金等建设条件的可靠性，然后对项目的建设方案进行详细规划，最后通过对生产经营成本、销售收入和一系列指标的计算，评价项目在财务上的盈利能力和经济上的合理性，提出项目可行或不可行的结论，从而回答项目是否有必要建设、是否可能建设和如何建设的问题，为投资者的最终决策提供直接的依据。

可行性研究一般分为机会研究、初步可行性研究、可行性研究、项目评估四个阶段，见图 7 - 1。

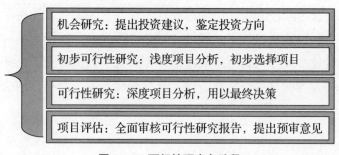

机会研究：提出投资建议，鉴定投资方向

初步可行性研究：浅度项目分析，初步选择项目

可行性研究：深度项目分析，用以最终决策

项目评估：全面审核可行性研究报告，提出预审意见

图 7 - 1　可行性研究各阶段

以上各阶段的研究承上启下、互相联系、逐步深入，后者是前者的继续，前者又为后者提出必须研究的课题。各阶段工作由粗到细、由浅入深，是由粗而精逐步具体化的过程，可供选择的范围越来越小，结论越来越明确，很自然地产生了最终项目的最佳单一方案。

　　（1）机会研究。机会研究是在可行性研究的最初阶段，根据政策规定、市场供需等情况，通过收集大量信息，经分析比较，从错综复杂的信息中识别发展机会，最终形成确切的投资领域方向或确切的项目投资建议。

　　（2）初步可行性研究。初步可行性研究又称预可行性研究，它是介于机会研究和可行性研究之间的研究，是对项目设想进行初步估计。其目的是决定：①机会研究的效益前途是否可信，是否可以在此阶段基础上做出决策；②建设项目是否需要进行可行性研究的详尽分析；③项目中有哪些关键问题，是否需要专题研究；④现有资料是否足以判断项目没有足够的吸引力或不可行。

　　初步可行性研究的内容、结构与可行性研究基本相同，只是主要目的、深度和准确度要求有所不同。有些项目根据初步可行性研究就可以确定是否建设，而有些项目不经过初步可行性研究就可以直接做可行性研究。

　　（3）可行性研究。可行性研究又称技术经济可行性研究。在初步可行性研究认为可行的基础上，对项目进行确定性分析，对市场、生产规模、厂址、技术工艺、生产设备选型、劳动组织及人员配备、实施计划、投资及效益等做出确定性回答。

　　根据国家规定，可行性研究与初步设计的主要区别在于，可行性研究是确定建设方案和主要技术经济问题，解决该不该干的问题，它为初步设计提出明确的骨架，是编制设计任务书和进行设计的依据。初步设计是解决如何干的问题，它要把可行性研究提出的原则、方案和骨架进一步具体化，是进行施工准备、施工图设计和施工建设的依据。

（4）项目评估。进行可行性研究后，要将技术上是否可行和经济上是否合理的情况形成结论，写成报告，并对重点投资项目进行评估。对同一项目的不同投资方案的效益进行对比，择优进行决策。

7.1.2 可行性研究的方法和作用

1. 方法

可行性研究是应用现代科学技术的成果，寻求项目用最少的费用来取得最佳经济效果的有效手段，是每个项目进行合理决策的重要依据。可行性研究是综合多种科学成果和手段的科学方法，在运用上具有普遍性；但内容和深度随行业、项目性质、工程类型、规模大小、复杂程度、设计范围等的不同而不同，随具体研究对象的变化而变化，因而又具有特殊性。因此，不同项目的可行性研究应有所区别，不能千篇一律。

国际上典型的可行性研究的工作程序可以分六个步骤，如表7-1所示。在全过程中，投资方和咨询单位必须紧密合作。

表7-1 可行性研究的工作程序

步骤	阶段	工作内容	成果或交付物
1	开始阶段	讨论研究的范围，限定研究的界限及明确投资目标	目标、范围及界限说明文件

续前表

步骤	阶段	工作内容	成果或交付物
2	实地调查和技术经济研究阶段	研究项目的主要方面：市场机会的影响因素、工艺技术选择的影响因素、技术研究和经济环境研究	各因素的可选清单及分析文件
3	选优阶段	将项目从不同方面设计成可供选择的方案并从中选优	确定最优方案
4	选定方案深化研究阶段	对选定的方案进行更详细的编制，确定具体的范围，估算投资费用、经营费用和收益，并做出项目的经济分析和评价	细化最优方案
5	编制可行性研究报告阶段	编制完整的可行性研究报告	可行性研究报告
6	编制资金筹措计划阶段	补充完善项目资金筹措方案，确定资金来源	最终资金筹措计划

2. 作用

投资项目可行性研究的主要作用表现为：科学投资决策的依据；项目设计的依据；项目实施的依据；项目评估的依据；向当地政府及环保部门申请允许建设和施工的依据；建设单位与有关部门签订协议或合同的依据；制定拟采用的新技术、新设备研制计划的依据；企业组织机构、劳动人事等工作安排的依据。

7.1.3 可行性研究机构

可行性研究机构必须是具有法人资格的咨询单位或设计单位。

（1）必须经过国家有关机关的资质审定，取得承担可行性研究的资格；（2）必须对可行性研究报告的质量负责；（3）未经资质审定确认的单位或个人不得承担可行性研究工作；（4）如果有多个单位共同完成一项可行性研究工作，须有一个单位负总责。

投资人在可行性研究中的工作主要包括以下内容：（1）提供依据。在可行性研究中，投资人要准备或提供已有的各项基础资料，并协助购买、收集可行性研究咨询单位所需的其他资料。（2）委托有资格的设计或咨询单位进行可行性研究工作并签订有关合同。（3）合同签订后，应协助监督可行性研究工作的进度和质量。

7.1.4 可研报告

1. 可研报告的主要内容

可行性研究报告（以下简称可研报告）是反映可行性研究工作的全部工作成果的文件。其内容没有统一界定，主要包括三个方面的内容：

（1）进行市场研究，论证项目建设必要性问题。

（2）进行工艺技术方案比选、研究，论证项目建设的技术可能性问题。

（3）进行财务和经济分析，论证项目建设的合理性问题。

2. 可研报告的主要依据

编制可研报告主要依据以下方面：

（1）东道国政治经济环境、市场发展中期及长期规划、区域政策方针、投资政策、法律法规等。

（2）项目投资方与东道国政府间的意向性协议。

（3）东道国批准的资源报告，土地规划、电网规划、区域规划、工业基地规划等，交通运输项目建设要有相关的江河流域规划与路网规划等。

（4）东道国进出口贸易和关税政策、税收优惠政策。

（5）拟选厂址的自然、经济、社会、环境等条件的基础资料。

（6）有关国家、地区和行业的工程技术、经济方面的法令、法规、标准定额资料。

（7）东道国颁布的项目经济评价方法与参数，如折现率、行业基准收益率等。

（8）各类市场尽职调查报告。

7.1.5 可行性研究审查

可行性研究的审查应由独立第三方来完成，针对不同的项目类型，选择不同的专业机构。例如，水电项目的权威审查单位有水利水电规划设计总院、中国国际工程咨询有限公司等，火电项目的权威审查单位有中国国际工程咨询有限公司、电力规划设计总院等。

可行性研究审查这一环节十分关键，一方面，可避免某个单独的可行性研究咨询机构或单位的经验不足、资历尚浅等问题给投资项目决策带来的不良影响；另一方面，为后期项目融资过程中金融机构的技术评估打下了坚实的基础。可研报告在编制完成后，在不断取得支持性文件的过程中会持续进行相应的修改，直至可研报告收口。

7.2 经济分析评价

7.2.1 投资估算

1. 投资估算的内容

投资是一种特定的经济行为，即为了将来获得收益或规避风险而进行的资金投放活动，投入的资本可以是资金，也可以是人力、技术、设备、房屋、土地等。它既包括生产性投资，也包括非生产性投资。投入资本后，项目形成两种资产，即流动资产和非流动资产。

投资估算应能够满足相关行业可研报告及限额设计的要求，起到控制概算的作用。估算的内容和费用构成齐全，要做到不重复计列费用、不漏项、不提高和降低估算标准。对于受设计深度限制、在可行性研究阶段尚不能明确的技术方案，可利用初步技术经济分析比较的结果，按投资较高的方案计入总估算。

投资估算是在对项目的建设规模、厂址、技术方案、设备方案、工程建设方案及项目计划进度等进行研究并基本确定的基础上，对建设项目总投资及各分项投资额进行估算。投资估算是确定融资方案、筹措资金的重要依据，也是进行项目经济评价以及编制初步设计概算的基础。

（1）投资估算是投资决策的依据。投资估算可以明确项目建设及运营所需的资金量，是投资者进行投资决策的依据之一。投资者要根据自身的财务能力和信用情况做出是否投资的决策。

（2）投资估算是项目融资方案的依据。投资估算是制定融资方案、进行资金筹措的重要依据，投资估算准确与否，将直接影响融资方案的可靠性，直接影响各类资金在币种、数量及时间要求上能否满足项目建设的需要。

（3）投资估算是进行项目经济评价的基础。投资估算准确与否，将直接影响经济评价测算的可靠性。

（4）投资估算是编制初步设计概算的依据。根据流程，项目将在可行性研究报告被审定或批准后进行初步设计，投资估算对项目工程造价起着一定的控制作用。

以建设项目为例，投资估算表如表7-2所示。

表 7 - 2　　　　　　　　　建设项目投资估算表

可行性研究阶段	费用组成				初步设计阶段
建设项目投资估算总投资	非流动资产投资	固定资产费用		建筑工程费	第一部分工程费用	建设项目投资概算总投资
				设备购置费		
				安装工程费		
			固定资产其他费用	建设管理费	第二部分工程建设其他费用	
				可行性研究费		
				研究试验费		
				勘察设计费		
				环境影响评价费		
				劳动安全卫生评价费		
				场地准备及临时设施费		
				工程保险费		
				联合试运转费		
				特殊设备安全监督检验费		
				市政公用设施建设及绿化费		
		无形资产费用专利及专有技术使用费	建设用地费			
		其他资产费用（递延资产）	生产准备及开办费			
		预备费涨价预备费	基本预备费		第三部分预备费	
	建设期贷款利息				第四部分专项费用	
	流动资金（项目报批总投资和概算总投资中只列铺底流动资金）					

项目总投资是指建设项目在项目建设期所花费的全部费用，主要包括非流动资产投资、建设期贷款利息和流动资金三个部分。

投资估算需根据工程量和各专业条件，在能采用工程量法的情况下，采用工程量法估算；在不能采用工程量法估算时，应结合已建工程的数据，采用类比法。

2. 总投资估算的依据与要求

（1）依据。项目总投资估算的依据主要包括：行业机构发布的有关投资估算编制办法或规定，国家、行业及项目所在地政府有关部门的政策规定，价格和取费参考的有关资料，税法相关规定，物价指数等。

（2）要求。投资项目前期工作由于不同阶段工作的深入程度不同、掌握的资料不同，投资估算的准确度也就不同，因此在前期各工作阶段，投资估算的深度和精确度不同。随着工作的推进，项目条件逐步明确和细化，投资估算的准确度会逐步提高，从而对项目投资起到有效的控制作用。项目前期的不同阶段对投资估算的允许误差如表 7-3 所示。

表 7-3   投资项目前期各阶段对投资估算误差的要求

投资项目前期阶段	投资估算的误差率
机会研究阶段	±30% 以内
初步可行性研究阶段	±20% 以内
可行性研究阶段	±10% 以内
项目评估阶段	±10% 以内

表 7-4 为国外项目投资估算的阶段划分与精度要求。

表 7 - 4　　　国外项目投资估算的阶段划分与精度要求

阶段划分		允许误差
投资设想阶段	又称毛估阶段或比照估算	大于 ±30%
投资机会研究阶段	又称粗估阶段或因素估算	控制在 ±30% 以内
初步可行性研究阶段	又称初步估算阶段或认可估算	控制在 ±20% 以内
详细可行性研究阶段	又称确定估算或控制估算	控制在 ±10% 以内
工程设计阶段	又称详细估算或投标估算	控制在 ±5% 以内

尽管允许有一定的误差，但是投资估算必须满足三个要求：一是工程内容和费用构成齐全，计算合理，不重复计算，不提高或者降低估算标准，不高估冒算或漏项少算；二是选用指标与具体工程之间存在标准或者条件差异时，应进行必要的换算或者调整；三是投资估算精度应能满足投资项目前期不同阶段的要求。

3. 具体步骤

基础数据与参数选取是否合理直接影响投资估算的结论，在计算前应充分落实以下各项工作。

（1）分别估算各单项工程所需要的建筑工程费、设备及工器具购置费、安装工程费等。

（2）在汇总各单项工程费用的基础上，估算工程建设及其他费用和基本预备费用。

（3）估算涨价预备费和建设期贷款利息。

（4）估算无形资产投资和开办费支出。

（5）汇总各项估算，计算总投资额。

7.2.2　成本估算

成本费用是项目生产运营中所支出的各种费用的总称。其中，费用是指企业为销售产品、提供劳务等日常活动所发生的经济利益的流出；成本是指企业为生产产品、提供劳务而发生的各种损耗。费用和成本是两个并行使用的概念，两者既有联系又有区别。成本是按一定对象所归集的费用，生产成本是相对于一定的产品所发生的费用。费用是资产的耗费，它与一定的会计期间相联系，而与生产哪一种产品无关；成本则与一定的种类和数量的产品或商品相联系，而不论发生在哪一个会计期间。

1. 总成本费用构成

总成本费用是指项目在一定时期内为生产和销售产品而花费的全部成本和费用。其中，费用是指企业在生产经营过程中发生的各项耗费，成本是指工业企业为生产各种产品和提供劳务所发生的直接人工、直接材料消耗和有关的制造费用的总称。

总成本费用的计算公式如下：

$$总成本费用 = 生产成本 + 管理费用 + 财务费用 + 销售费用$$

式中，生产成本又称为制造成本，是指为生产产品而发生的各种费用；管理费用为期间费用的一种，主要是指项目管理部门为组织和管理生产经营活动而发生的各种费用；财务费用是指项目为筹集生产经营所需资金等而发生的费用，包括利息支出、汇兑损失以及相关的手续费等；销售费用是指销售产品、提供劳务过程中发生的各种费用。

2. 总成本费用估算示例（见表 7 - 5）

表 7 - 5 总成本费用估算表示例（生产要素法）

序号	项目	合计	计算期				
			1	2	3	…	n
1	外购原材料费						
2	外购燃料及动力费						
3	工资及福利费						
4	修理费						
5	其他费用						
6	经营成本（1+2+3+4+5）						
7	折旧费						
8	摊销费						
9	利息支出						
10	总成本费用合计（6+7+8+9）						
	其中：可变成本						
	固定成本						

7.2.3 销售收入估算

1. 销售收入

销售收入也称营业收入，是指企业在生产经营活动中，销售产品、提供劳务等取得的收入。年销售收入的公式如下：

年销售收入 = 年产品产量 × 产品单价

式中，产品单价是按出售的市场价格计算的。

例如，电力项目销售的产品是电量，每年的销售收入为电费收入，销售收入＝电量 × 电价；公路项目的销售收入＝车流量 × 过路费。

2. 利润

利润是反映企业在一定时期内生产经营活动的最终成果。利润的实现表明企业生产耗费得到了补偿并取得了盈利。其公式如下：

$$利润总额＝销售利润＋投资净收益$$
$$＋（营业外收入－营业外支出）$$

式中，　　销售利润＝产品销售利润＋其他销售利润
$$－管理费用－财务费用$$

$$产品销售利润＝产品销售收入－产品销售成本$$
$$－产品销售费用－产品销售税金及附加$$

$$其他销售利润＝其他销售收入－其他销售成本$$
$$－其他销售税金及附加$$

企业实现利润的一部分以缴纳所得税的方式交给东道国，作为国家的财政收入。企业缴纳所得税后的利润一般按照一定顺序分配：支付各项税收的滞纳金和罚款；弥补企业以前年度的亏损；提取法定盈余公积金；同时满足贷款行就利润分配的各项规定后，向投资者分配利润。

7.2.4 经济评价

项目经济评价是对工程项目的经济合理性进行计算、分析、论证，并提出结论性意见的全过程。它是工程项目可行性研究工作的一项重要内容。建设项目经济评价包括财务评价和国民经

济评价。财务评价是在东道国现行财税制度和价格体系的前提下，从项目的角度出发，计算项目范围内的财务效益和费用，分析项目的盈利能力和清偿能力，评价项目在财务上的可行性；国民经济评价是在合理配置社会资源的前提下，从东道国经济整体利益的角度出发，计算项目对国民经济的贡献，分析项目的经济效率、效果和对社会的影响，评价项目在宏观经济上的合理性。下面主要讨论财务评价相关内容。

1. 财务评价

财务评价是在现行财税制度和市场价格体系下，分析预测项目的财务效益与费用，计算财务评价指标，考察拟建项目的盈利能力、偿债能力、财务生存能力，据以判断项目的财务可行性。财务评价是在确定的建设方案、投资估算和融资方案的基础上进行财务可行性研究，主要选取财务评价基础数据与参数，包括燃料价格、其他投入品价格、电价、税费、汇率、利用小时数、工程建设期、项目生产期、资产折旧率、无形资产和其他资产摊销年限、基准收益率、目标收益率等评价参数，并进行不确定性分析，包括敏感性分析和盈亏平衡分析。

案例：D 国某燃煤电站投资项目财务评价体系如下，具体数值需根据不同项目的实际情况确定。

（1）基础数据与参数（见表 7 - 6）。

表 7 - 6　　　　　　　　　　　基础数据与参数

I. 技术类	单位	数值
总装机	MW	
净装机	MW	
平均年利用率	%	

续前表

I.技术类	单位	数值
平均年发电小时数	小时	
年供电量	kW·h	
COD 时全厂净效率（高位）	%	
燃煤高位热值	kcal/kg	
	kJ/kg	
COD 时热耗	kcal/kW·h	
燃煤运输损耗率	%	
热耗增长率	%	
初始年耗煤量	吨/年	
燃煤价格	美元/吨	
II.商务类		
年可变运维成本	美元	
年固定运维成本	美元	
年运维总成本	美元	
建设期	月	
运营期	年	
资本金比例	%	
贷款比例	%	
还款方式	—	
贷款利率	%	
COD 后宽限期	月	
还款期	年	
前端费率	%	
承诺费率	%	

续前表

Ⅱ. 商务类	单位	数值
保险预提税率	%	
保险增值税率	%	
运营期财产险费率	%	
海外投资保险费率	%	
折旧年限	年	
残值比例	%	
折旧率	%	
企业所得税税率	%	
所得税免税期（COD 后）	年	
投资人股比	—	

（2）主要经济指标（见表 7 - 7）。

表 7 - 7　　　　　　　　　　　　主要经济指标

指标	结果
上网电价	
总投资	
资本金比例	
工期	
项目资本金内部收益率	
项目净现值	
投资回收期	

（3）敏感性分析。

①针对总投资水平（见表 7 - 8）。

表7-8　　　　　　　总投资水平敏感性分析

变动比例	总投资（美元）	内部收益率
−20%		
−10%		
−5%		
0%		
5%		
10%		
20%		

②针对贷款利率（见表7-9）。

表7-9　　　　　　　贷款利率敏感性分析

利率水平	内部收益率
5.50%	
6.00%	
6.50%	
7.00%	
7.50%	
8.00%	

③针对建设工期（见表7-10）。

表7-10　　　　　　建设工期敏感性分析

建设工期（月）	内部收益率
39	
42	
45	
48	

敏感性分析（sensitivity analysis）主要是针对总投资、利率、

工期、成本、债股比、收入、运维成本等重要因素按比例调整，测算项目指标。指标越差，说明项目的抗风险能力越弱，需考虑重新调整工程方案。

盈亏平衡分析是通过盈亏平衡点（break even point，BEP）分析项目成本与收益的平衡关系的一种方法。各种不确定因素（如投资、成本、销售量、产品价格、项目寿命期等）的变化会影响投资方案的经济效果，当这些因素的变化达到某一临界值时，就会影响方案的取舍。盈亏平衡分析的目的就是找出这个临界值，即盈亏平衡点，判断投资方案对不确定因素变化的承受能力，为决策提供依据。

以某电力项目为例，当规定了资本金内部收益率时（如8%，10%，13%），反算项目电价，若项目电价低于现行电价，则项目经济性较好；若高于现行上网电价，则项目经济性存在问题，需修改方案，以取得较好的经济效益。按现行市场上网电价，可计算项目总投资和资本金内部收益率。

2. 基础数据与参数的选取

财务评价的基础数据与参数主要包括销售价格、可利用率、燃料价格、其他投入品价格、税费、汇率、工程建设期、项目生产期、资产折旧率、无形资产和其他资产摊销年限、基准收益率、目标收益率等评价参数。财务评价的基础数据与参数选取是否合理，直接影响财务评价的结论，在计算前应落实各项工作。

财务评价应采用以市场价格体系为基础的预测价格。在建设期内，一般应考虑投入的相对价格变动及价格总水平变动。在运营期内，若能合理判断未来的市场价格变动趋势，投入与产出可采用相对变动价格；若难以确定投入与产出的价格变动，一般可采用项目运营期初的价格。

7.3 环境评价

随着全球可持续发展理念日趋成熟完善，各国政府对项目开发中的环境影响越来越重视，环境评价从最初的辅助手段变为强制性工作，并逐步发展为一种法律要求。

建设项目的实施一般会对环境产生影响，有时后果会较为严重。对工程建设项目而言，所产生的环境影响应与该项目产生的效益相匹配，只有这样，才能实现环境与发展的协调统一。环境影响评价（以下简称环评）便是在项目实施之前充分调查涉及的各种环境因素，识别、预测和评价该项目可能对环境带来的影响，并按照东道国相关的环境法律法规，遵从社会经济发展与环境保护相协调的原则提出治理和保护环境的措施，比选和优化环境保护方案。

7.3.1 环境影响评价的目的

项目环境影响评价的目的是通过评价、查清项目拟在地区的环境质量现状，针对项目的工程特性和污染特征，预测项目建成后对当地环境可能造成的不良影响及影响范围和程度，制定避免污染、减少污染和防止破坏的对策，为项目选址、合理布局、最终设计提供科学依据。

工程项目环境影响评价的结果和工程设计方案之间始终有相互反馈，环境影响评价可用在检验被选项目设计方案的早期阶段，有助于选择效益最大、有害影响最小的设计方案。工程项目的环境影响评价不仅可用来考察和避免有害影响，还可增加效益，减少工程费用和工程设计时间。如果在工程设计的早期发现潜在的环境问题，就可以在设计阶段进行修正，在工程的建设和实施阶段减少环保方面的费用和时间。在某一工程项目有多个地址和多种替代方案的情况下，环境影响评价是提供决策的基础之一，它有助于确定哪些地区对不利因素最敏感，从而指导选定收益最大影响最小的合适地址。

7.3.2 环境影响评价的基本要求

项目环境影响评价应符合项目所在国家环境保护法律法规和环境功能规划的要求。项目工艺设计应积极采用无毒无害或低毒低害的原料，采用不产生或少产生污染的新技术、新工艺、新设备，最大限度地提高资源、能源利用率，尽可能减少生产过程中的污染物，坚持污染物排放总量控制，符合达标排放的要求。采取各种有效措施，避免或抵制污染物的无组织排放。环保工程设计应因地制宜地采用行之有效的治理和综合利用技术。环境治理设施与项目建设的主体工程应同时设计、同时实施、同时投产使用，力求环境效益与经济效益相统一。

7.3.3 环境保护措施与达标排放

环境保护措施的制定应考虑环境影响评价所在的设计阶段（可行性研究）的设计深度及特点，不能一概要求详尽准确。对环境保护措施的基本要求是：首先应满足达标排放要求，使其环境影响符合环境功能标准要求；其次要贯彻清洁生产、节约用水、总量控制的原则，措施合理；最后必须有针对性，具体且可操作。经审批的环境影响报告书是法定的设计、建设、运行及竣工验收依据。

环保措施应适当考虑环境保护要求的发展及超前性，但环境影响评价不应追求不切实际的高指标，总体上应该在满足标准的前提下留有一定的裕度，并考虑运行中燃料可能的变化。对于比较特殊的项目或新的环保措施，应进行技术经济及环境比选论证甚至专题论证，并适当注意国内外设计、运行业绩等。

7.3.4　环评工作的广义内容

不同国家针对不同类型环评的项目，工作的主要内容和范围也不同，广义上主要包括：环境影响评价（environmental impact assessment，EIA）、社会影响评价（social impact assessment，SIA）、健康影响评价（health impact assessment，HIA）、环境管理和监测计划（environmental management and monitoring programme，EMMP）、社会管理和监测计划（social management and monitoring programme，SMMP）、公众参与（public hearing）、移民安置（resettlement action plan，RAP）等。

7.3.5　实施要点

环评实施要点主要有环评法律法规梳理、标准选定、咨询顾问聘请、现场调查、初评、公开听证、报告编写、审查报批、环评执行等。项目种类、项目规模、影响范围不同，环评的深度要求有所不同。一般大型项目均需要完成环境和社会影响评价及移民安置等十余种专题报告。主要关注点如下。

1. 前期准备

环评工作的特殊性及属地性很强，不同于投资开发的其他工作。应选择经验丰富的环评机构及顾问，选聘咨询顾问前，应借助东道国环评咨询企业摸底性考察，掌握市场行情及黑白名单，同时针对政府认可背景、项目经验、环评资质、技术实力、市场信誉、价格水平、配合程度、人员配置等多个方面进行多维度比较筛选。

应全面收集东道国环保法律政策、执行准则等，了解并熟悉东道国环评方法、内容要求、实施程序以及东道国环评审批的程序和要求，掌握内外部协调和进度控制的主动性。

2. 过程管控

环评过程并非独立开展，而应贯穿项目开发的全过程。环评工作并不能完全依赖环评顾问，而应由项目投资人派驻专员，协同环评顾问全程介入、引导、管控整体工作进展，关注现场环评开展与公开听证进度，环评报告编写、修改和送审进度，环评批复进度等。投资人应全面了解环评进展和难点，并做好宣传、公关以及协调工作。

3. 持续执行

多数人认为，拿到环评许可/批复便意味着完成了项目环评工作，实则不然，环评许可/批复的颁发并不是环评工作的终点，而是起点。项目公司在建设期乃至后续的运营期，均应严格遵守环评批复中的各项条件、规定，同时应做好相关的安置、移民等工作，确保项目全生命周期的可持续发展。

7.3.6 案例：老挝 N 水电项目的环评工作

基本情况：老挝是一个发展相对落后的国家，国内几乎没有工业，且多数基础设施建设由国际援助。表面上看该国发展相对缓慢，技术相对落后，但在环评方面，不论是政策、标准还是理念、要求，都受到世界银行、国际金融公司等国际组织的影响，要求较高。

其与环评相关的法律政策就有八种，相互独立，覆盖全面，均以国际金融公司的环境和社会准则为参考而制定。这些法律政策包括《环境评估草案》《水资源法》《水健康、环境流量、水库管理导则》《水电站库区清理环境导则实施步骤》《水电站库区清理环境导则》《环境保护法》《开发项目移民安置法令》《开发项目移民安置执行条例》。

要点：

（1）按照该国法律要求，开展环境影响评价工作须由在自然资源与环境部注册且具备专业资质的环评公司承担。项目开发商可根据项目规模及项目特点选择适宜的咨询公司承担环评工作。

（2）该国的环评公司技术能力相对较弱，经验不足，为保证环境和社会影响评价研究的深度、准确性及编制合理的预算，在环评调研阶段，项目设计方应积极配合业主与外委的环评公司，与其保持沟通，配合、指导环评公司掌握并了解项目设计思路、标准、电站运行模式、占地范围及库区淹没范围等资料。

（3）环评阶段开展现场实物指标调查时，项目业主应协助外委环评公司测量单位在库区测设的临时桩或简易永久桩，明确淹没范围，辅助环评公司现场调查人员开展实物指标调查工作。由于政府尚未出台水电站库区淹没标准及相关规范，库区淹没范围的确定可参考中国规范执行，但建议库区淹没采用正常蓄水位或正常蓄水位加固定安全超高的方式处理。

（4）根据项目对地区环境及建设用地移民的影响程度，结合投资项目的融资方式及标准，合理地编制项目建设征地移民、环保等工程预算，综合考虑地区经济发展及人口自然增长等因素在未来项目开工时对预算的影响与变化，为可行性研究阶段项目内部收益的计算及项目可行性研究工作奠定基础。

7.3.7 案例：孟加拉国 B 火电项目的环评工作

1. 开展初始环境审查

根据孟加拉国《工业 EIA 指导意见》的要求，开展项目现场实地勘察测量，召开当地居民参与的公开听证会，并向各政府职能部门了解并收集项目现场环境资料数据。根据指南要求，以实地考察数据为基础，完成初始环境审查（IEE）研究报告。

2. 提交 IEE 报告及其他申请资料

完成 IEE 研究报告后，要向环境部提交 IEE 报告和其他申请材料，支付环评相关费用。要在线上申请，并向环境部递交申请。提交的申请材料包括：环境影响评估任务大纲（TOR）、IEE 检查表格（环境部预制表格）、项目选址政府部门的无异议证明（环境部预制表格）、项目选址位置图、项目厂区布置图（包含主厂房、辅助建筑、储煤场、码头位置、污水处理等设施位置信息）、环评边界线、厂址照片、项目工艺流程图、工业废水处理设施设计图、污水排放处理设施图、排水设计图、土地文件、IEE 报告、项目公司法律证明材料等。

3. 获得场地许可证

项目开发商按照项目所需文件规定，向当地环保官员提交申请并缴纳相关费用后即可获得场地许可证。只有获得了场地许可证，才可以实施土地开发和基建工程。开发商之后还应向环境部提交 EIA 报告并申请批准该报告。

4. 提交 EIA 报告及相关材料

根据孟加拉国《工业 EIA 指导意见》的要求，开展项目现场实地详细勘察，召开当地居民参与的环评公开听证会。根据指南要求，以实地考察数据和公开听证会结果为基础，完成环境影响评价（EIA）研究报告。

5. EIA 报告审核

当项目开发商按照要求提交 EIA 报告后，有关部门完成 EIA 报告审核，批准或以适当理由驳回申请。EIA 获得批准后，项目开发商可以开始以下工作：开具包括工业废水处理设备在内的进口机械设备信用证；完成废水处理设备安装后，应该提交环境许可证申请。

在未获得环境许可证前，项目不应开始试验性生产或者运行设备。

6. 获得环境许可证

按照申请场地许可证的要求提交环境许可证申请，若符合要求，环境许可证应在一定时间内颁发给项目开发商。

7. 环境部门审核流程

向环境部当地环保官员提交 IEE 申请后，当地环境部门派出现场勘查小组，对项目现场情况做实地勘查确认，待完成现场考察后向环境部递交确认后的所有 IEE 申请材料，环境部对项目材料进行审查，并在最近一次环境许可委员会会议中讨论是否发放场地许可证。环境许可委员会会议每月举行一次。

提交 EIA 报告后，由环境部核实申请和相关材料。

要注意的是，许可证需要定期更新。所有等级的环境许可证均需在到期 30 天前提交环境许可证更新申请，要根据环境部预制模板填写申请表。

7.4　项目评估与决策

7.4.1　含义

项目评估是在可行性研究的基础上，由投资人或特定的评价机构从项目技术、经济、财务、社会、环评、风险等角度，对拟建项目进行全面的论证和评价，从而预测项目的发展前景。主要

包括技术评估、经济评估和社会评估三个方面。前两个评估侧重
于定量分析，后一个评估侧重于定性分析。

7.4.2　与可行性研究的异同点

项目评估是对可行性研究的检查和研究，是特定的评价机构
或者评价人员从长远和客观的角度，判明可行性研究的准确程
度，对项目可行还是不可行做出最后决策，其评价对象是可行性
研究报告及项目本身。可行性研究和项目评估的异同点如表 7 – 11
所示。

表 7 – 11　　　可行性研究和项目评估的联系与不同

异同点		可行性研究	项目评估
内在联系		理论基础、基本内容和要求基本一致；可行性研究是项目评估的基础，项目评估是可行性研究的升华	
不同点	实施单位	设计和咨询单位	投资人、相关政府部门、主管部门、金融机构、专业的评价机构
	立足点	从项目本身的角度考虑	一般都是从投资人、银行的角度考虑
	侧重点	侧重于项目技术经济方面的论证	侧重于项目的全方位效益，作为可行性研究的质量和可靠性审查和评估
	作用	为项目评估提供依据	为项目决策提供依据，是投资人决策投资与否的关键步骤，是银行决策是否提供融资的重要依据

项目评估是对最终可行性研究的审查和研究，以求项目规划
更加合理与完善，正确决定项目的命运。可行性研究是从宏观到
微观逐步深入研究的过程，而项目评估是将微观问题再拿到宏观

中去权衡的过程，因此项目评估是可行性研究的延伸，是比可行性研究更高级的阶段。

7.4.3 项目评估的基本内容

不同机构项目评估的基本内容和要求不尽相同，但大体可归类如下。

1. 建设的必要性

必要性评估主要有市场、资源和技术三个因素。内容包括：项目是否符合产业政策和规划要求，项目是否适应市场需求，项目在国民经济和社会发展中的作用，拟建项目是否符合经济规模的要求。

2. 建设条件

建设条件包括原材料、能源动力和建设资金等投入物的供需平衡，厂址选择和协作配套项目等。一般需把握以下要点：资源是否落实，工程地质、水文地质是否清楚；原材料、燃料、动力等供应是否有可靠来源，是否有供货合同；建设资金是否有可靠来源；交通运输是否有保证，厂址选择是否合理；是否有环境保护问题的解决方案；相关配套项目是否有同步建设方案。

3. 技术评估

技术评估是对建设项目所采用的技术工艺和设备的先进性、经济合理性和实用性进行综合性分析。技术评估的内容有：建设项目采用的工艺、技术、设备在经济合理条件下是否先进、适用；是否符合东道国技术发展政策；是否注意节约原材料和能源以获得最大效益；是否经过多方案比较；是否配套以及引进技术后有无消化吸收的能力；建设项目所采用的新工艺、新技术、新设备是否安全可靠；是否经过试验和鉴定；产品方案和资源利用是否合理；技术方案的综合评价。

4. 财务评估

按照东道国的财会、税收制度和有关财务规定，对项目的成本费用、效益进行计算和分析，据以确定财务盈利的可能性。财务评估的主要内容有：投资估算、产品成本估算、销售收入及税金估算、利润预测、投资贷款偿还估算等。

5. 经济评估

经济评估主要指国民经济评估，一般是定性的，从国家整体利益出发，分析论证项目给东道国的国民经济带来的经济、社会影响和效益。

6. 投资方案的比较分析

在项目评估过程中，应根据项目特点，对可行性研究报告中阐述的多个方案的各项主要经济技术决策进行对比论证和筛选，鉴定所选方案是否最优。投资方案的比较分析主要采取财务评估的方法。

7. 风险评估

从评估方的角度，针对项目所面临的国别风险、市场风险、法律风险、技术经济风险、环境生态风险、社会文化风险等，全面分析风险要素，并拟定风险规避及缓释的措施。

8. 总评估

在上述单项评估的基础上对项目进行综合分析，提出结论性意见，主要包括：建设项目是否必要，宜建多大规模；建设条件和生产条件是否具备；项目实施方案的财务效益、国民经济效益状况；技术、设备是否先进、实用、安全可靠；相关配套项目是否同步建设；投资资金来源和筹资方式的建议；项目实施后对环境保护和生态平衡的影响；项目建成后对发展地区经济、部门经济的影响；关于方案选择、项目决策的建议。

投资协议架构

以 IPP 项目为例,境外投资项目的主体投资协议通常包括特许经营协议 / 执行协议、购电协议及土地协议,政府担保函 / 支持函往往作为特许经营协议 / 执行协议的附件,由东道国政府单独签发,协议均独立签署,但又相互引用,成为不可分割的整体。上述协议作为确立投资人法律地位的重要组成部分,是融资机构和信用保险机构评估项目可行性的重要依据。

8.1　特许经营协议 / 执行协议

特许经营协议 / 执行协议一般由项目公司与东道国政府或者代表东道国政府的机构签署,主要用于获得项目的特许经营权,明确政府为项目提供的各项保障,具体如下。

(1)协议期限:明确协议生效日期和期限,并预定不同情况下的延期。

（2）许可及支持：规定项目公司应依据相关规定获得特许经营权利，并约定政府应为公司提供的各项支持种类。

（3）施工、运营、维护及雇佣：规定施工、运营、维护及雇佣的相关权限、批准机制。

（4）责任：明确各方责任分配，对责任限制、赔偿、处罚相关内容有详细规定。

（5）保险：约定保险购买的相关要求、是否豁免等。

（6）税收：约定税费收取、减免政策及进出口政策。

（7）外汇兑换及资金划拨：对项目公司的外汇交易、外币账户设置等相关内容进行约定。

（8）转让及抵押：明确项目公司各项权益的转让及抵押权限，尤其是项目融资中的各类安排。

（9）不可抗力：对不可抗力事件进行详述，包括政治不可抗力、法律变更、其他不可抗力（如地震、火灾、罢工等），并对不可抗力事件发生后协议双方的责任和义务进行规定。

（10）终止事项及赔偿条款：分别对项目公司违约和政府违约导致的协议终止进行详细阐释，明确协议终止后各方的权利和责任，包括由各种原因导致协议终止的赔偿措施、赔偿金额、项目转让等。

（11）争议解决：列明协议双方发生争议后可能采取的措施，一般包括友好协商、专家意见、仲裁等。

（12）杂项：对协议杂项进行规定，包括联系方式、协议修订、保密等方面。

8.2　购电协议

购电协议一般由项目公司与东道国的国家电力公司、输配电公司等签署，主要用于规范售电方及购电方双方的电力买售的相关权利义务。在某些国家项目公司也可与一些信用等级较好的工业用电大户等签署购电协议。购电协议的主要内容如下。

（1）生效日期和期限：对协议生效前提条件、协议生效日、期限等内容进行约定。

（2）购电及售电：规定项目公司和购电方的售电义务和购电义务，明确电价构成和电费支付方式，列明不同时期计费范围、电费计算公式、假定条件、调差公式等，对售电方的申报时间、申报规则等做出详细约定。

（3）技术条款：规定项目的建设和运营要求，对应急方案、互联设施、计量系统、测试标准、支付标准等做出规定。

（4）商务条款：与特许经营协议/执行协议相互关联，对双方权责义务、保险、承诺事项、税费等内容做出规定。

（5）法律条款：对不可抗力事件的含义、类型及其法律后果，各方违约事项，争议解决，协议的终止条件和终止后各方的权利义务等内容做出详细约定。

8.3　土地协议

土地事宜是境外投资开发的重中之重，根据东道国的法律政策及土地属性，土地使用的方式灵活多变，主要模式有以下两种。

1. 土地购买

若项目所在地为私人用地，往往可以通过购买的方式获取。

多数国家的绝大部分土地归私人所有，土地价格因所在地区、交通便利程度、地势高低、水电气供应情况不同而存在较大差异。通过当地合作伙伴、征地顾问等，可以逐一落实土地所有者情况，通过签署土地转让协议出资购买，在办完东道国的相关税费缴纳、注册备案等手续后，合法合规地转至项目公司名下。

2. 土地租赁

当项目所在地为政府用地／公共用地时，往往通过租赁的方式获取。通过与相关机构的沟通洽谈，明确土地占用费、年租金等，一次性签署年限较长（通常 49 年，有的国家可达 99 年）的土地租赁合同，从而获取土地的使用权。

若项目用地能够无瑕疵地购买转让至项目公司名下，则会给以后的项目建设、运营带来极大的保障。但由于土地资源稀缺，征地往往是项目推进过程中耗时最长、最易产生纠纷的环节，因此，在某些国家由政府力推的项目若能一次性租赁政府用地，则能极大地节省项目开发时间，减少后期的土地纠纷。

8.4　政府担保函／支持函

一般来说，境外投资项目均采用项目融资的方式来获取资金，项目自身能否产生稳定的现金流是项目融资的关键所在。目前除某些高端发达市场的并购投资项目外，多数境外投资目的国仍为发展中国家及一些欠发达国家，其购电方的资金实力、信用评级等往往不足以实现无附加追索的项目融资架构，因此，为更好地借用国外资本，东道国政府往往愿意发挥重要作用，在信用架构方面给予大力支持。各国政治框架和法律体系不同，政府的支持形式也各有不同。主要有以下几种。

（1）东道国政府担保购电协议项下的支付义务。在国别风险相对较大、购电方资信能力较弱的情况下，为使项目具备可融资性，东道国政府出具担保函，担保购电协议项下购电方的支付义务，并明确放弃主权豁免权利，如巴基斯坦、孟加拉国、柬埔寨、老挝等国。

（2）东道国政府出具具有约束力和执行力的支持函（letter of support，LoS），担保政府违约项下的支付救济义务。例如，受制于法律要求，肯尼亚政府无法为独立发电公司（IPP）项目提供主权担保，但可出具政府支持函，主要包括政治事件的补救责任以及由政府原因导致项目终止后的回购责任。

（3）东道国政府依赖多边金融机构提供的部分风险担保（partial risk guarantee，PRG），通过商业银行出具循环信用证（letter of credit，LoC）（见图8-1），金额覆盖一定期限的电费。

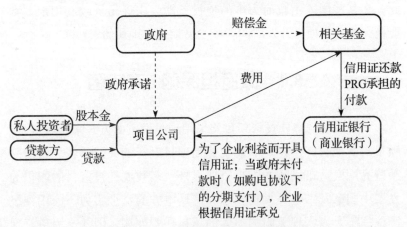

图8-1　商业银行循环信用证

（4）东道国政府签署出售/回购期权协议（put/call option agreement，PCOA），此协议为项目所在国政府的回购承诺，主要内容为 IPP 项目在有效期内提前终止的情况下，根据不同的终止原因，政府有权或有义务将电站回购，来保证投资者、债权人等项目相关方的权益。

上述几种模式并非完全独立，某些国家为了增强项目的可融资性，采用一到两种模式组合来进行增信。例如，肯尼亚政府提供 LoS，同时由非洲开发银行／世界银行出具 PRG；尼日利亚政府可签署 PCOA，同时由非洲开发银行／世界银行出具 PRG。

8.5 结 语

东道国政府通常都会出具投资协议的标准文本，关键条款均需由相关立法委员会审批通过，因此，投资协议的谈判过程往往是投资开发进程中最艰难、最耗时的环节。很多国家很早就针对 IPP 项目出台了相关法律规定和合同架构体系，但随着 IPP 较为快速的发展，其法律规定和合同内容并未适时更新，且很多条款是单方面保护东道国利益的，对于应当给予投资人的一些必要的特许经营权和法律保护，未列入其标准合同。如果不突破所谓"标准"的合同协议文本，投资人将承担极大的投资风险；但是，如果要修订协议，就必须促使东道国政府充分理解投资人合理的诉求，启动修订相关政策的程序，这一过程无疑极漫长。

投资人应积极主动地与谈判方沟通，敢于破除陈规，争取有所突破，保障核心权益。

第 9 章 / *Chapter Nine*

政府审批

9.1　东道国政府审批

在投资项目开发过程中，应深入研究东道国的投资政策法规，在国家的法律体制规范下推进项目开发。不同国家、不同类型的投资项目，审批流程不同，需要获得的许可批复种类也不同。以电力项目为例，东道国政府审批事项如表 9 – 1 所示。

表 9 – 1　　　　　　　　　东道国政府审批项目

类别	内容	备注
可研报告	东道国行业主管部门技术评审	
电价批复	东道国电力监管委员会	
项目公司注册	向当地投资主管部门或行业主管部门申请注册项目公司许可	

续前表

类别	内容	备注
土地许可	签订土地购买／租赁协议 缴纳各项税费 在土地登记注册主管部门完成注册手续	
发电许可	向东道国行业主管部门申请发电许可	
接入许可	向东道国国家电网／公路局／铁路局等部门申请（涉及主管部门协调技术、商务对接工作，如国家电网要增加或完善连接点之外的线路，以保证电力送出）	
环境／社会影响评价许可	根据东道国的法律和政策的规定和要求，编制符合要求的环境和社会影响评价报告，提交主管部门审批（重点工作是专业公司完成的报告、各级听证会以及与政府谈判商定环境和社会责任范围、费用预算）	

即使在同一国家，项目的推进模式不同也会导致项目的审批许可流程不同。在有些情况下，不同国家对某项许可的法定流程不同；在有些情况下，同一国家对不同类型、不同等级项目的投资及审批流程也不相同。下面举例说明。

案例 1：巴基斯坦电价申请模式分为两种，一种是"一般性成本＋收益"的电价申请模式。投资人可根据项目自身情况，以项目测算出的成本和预期收益为依据向巴方递交电价申请。如果该电价通过巴方批准，则巴方将按照投资人申请的电价签发电价批复。反之，如果巴方认为项目在电价申请中的预估成本过高或者不符合要求，则巴方将不对电价进行批复或者核减电价。

另一种模式是"标杆电价"政策。标杆电价政策由巴基斯坦国家电力监管局制定和颁布，旨在对电价审批开启绿色通道。该政策在参考多个电站的投资建设和运营成本的基础上，对不同规模、不同种类的电厂造价分别进行核准并制定相关电价政策。如果投资人选择申请"标杆电价"，将大幅缩短审批流程。

案例 2：孟加拉国的投资项目无须审核投资人委托咨询机构编制的可研报告，而是直接通过与投资人谈判来确定电价；但是在老挝、柬埔寨、坦桑尼亚、印度尼西亚等国，东道国政府均需要对可研报告进行严格的审核后才能确定电价。

案例 3：在巴基斯坦，无须进行环评预评估，直接进入 EIA 环节，但是针对同一项目的不同部分，例如某个电厂包含的电站、码头，需要分类别获取相应的环评批复；在孟加拉国，环评工作需要分阶段进行，先期需要完成初始环境审查并获取场地许可证，开始土地及基建的相关工作，然后开展项目现场实地详细勘察，召开当地居民参与的环评公开听证会，并以实地考察数据和公开听证会结果为基础，完成环境评估研究报告，报批并获取最终的环评批复。

案例 4：在巴基斯坦等国，环评许可作为项目开工的必要条件，一经发放，项目全周期均有效。但是在孟加拉国，环评许可并非终身有效，而是需要按照年度更新，不同类别的项目的更新年限不同。例如，红色等级工业项目，如燃煤电站等，更新年限为 1 年；绿色等级的工业项目，如新能源项目等，更新年限为 3 年。

由上述案例可见，不能千篇一律地对待不同国家、不同项目的投资流程及审批流程。深入东道国，摸清法律法规、体制机制，按法律办事，按流程办事，才是顺利完成项目所需全部政府审批程序的制胜法宝。

9.2　中国政府审批

改革开放以来，中国对外投资管理体制经历了一个逐步放松的过程（见表 9 - 2）。改革开放初期至 20 世纪 90 年代，中国外汇资金短缺严重，企业缺乏国际经营经验，对外投资实行审批制。从 90 年代末期开始，随着中国经济实力的不断增强和外汇储备的快速增长，对企业开展对外投资的管理不断简化。2004 年 7 月，《国务院关于投资体制改革的决定》发布，标志着中国开始正式实施以核准制为主的对外投资管理体制，发展改革部门负责境外投资项目的管理，商务部门负责境外设立企业的管理。2008 年 8 月，修订后的《中华人民共和国外汇管理条例》公布，放弃强制结售汇制度，实行自愿结售汇的外汇管理新体制。2014 年，国家发展和改革委员会发布《境外投资项目核准和备案管理办法》，商务部发布《境外投资管理办法》，标志着中国对外投资管理由"核准为主"转变为"备案为主，核准为辅"，大大简化了审核手续，并将更多的权限下放。

表 9 - 2 　　　　　　　境外投资项目管理简政放权历程

时间	方式	管理权限
2004 年以前	审批制	中方投资额在 100 万美元以上的项目需报国家发展改革委审批
2004 年 7 月	核准制	1 000 万美元以上的非资源开发类项目、3 000 万美元以上的资源开发类项目由国家发展改革委核准或报国务院核准
2011 年 2 月	核准制	1 亿美元以上的非资源开发类项目、3 亿美元以上的资源开发类项目由国家发展改革委核准或报国务院核准

续前表

时间	方式	管理权限
2014 年 4 月	备案 + 核准	10 亿美元以上的项目和敏感类项目由国家发展改革委核准或报国务院核准，其他项目实行备案制
2014 年 12 月	备案 + 核准	除敏感类项目需国家发展改革委核准外，其他项目一律实行备案制

2013 年以来，各相关管理部门通过大力推进"简政放权、放管结合、优化服务"的改革，对外投资便利化取得实质性进展。目前中国对外投资管理总体上已实现从核准制向备案制的转变，投资便利化程度大幅提高。主要表现在以下方面。

1. 明确企业主体地位

2013 年 3 月发布的《国务院机构改革和职能转变方案》，明确规定要真正落实企业和个人投资自主权，要求最大限度地缩小审批、核准、备案范围。为充分体现"谁投资、谁决策、谁收益、谁承担风险"的原则，现行对外投资管理制度规定，除涉及敏感国家和地区、敏感行业等特殊情况外，企业境外投资一律实行备案制。政府只进行真实性、合规性审核，企业自主决策，自负盈亏，这对于鼓励企业"走出去"、促进对外投资发展起到了积极作用。

2. 简化审核管理程序

现行对外投资管理制度对于备案、核准的时间和流程都做了明确规定，体现出时间短、流程少的特点。例如，大幅简化了境外投资备案内容，企业仅需填报备案申请表；地方企业可直接向省级相应主管部门申请备案，无须层层上报；相关主管部门在规定工作时限内予以备案，并提供书面证书，对于被否决的申请，要说明理由，而投资主体享有依法申请行政复议或者提起行政诉讼的权利。

3. 全面实现网上备案

发展改革部门和商务部门均通过电子政务系统进行备案管理，显著提升了对外投资备案的工作效率。目前 98% 以上的境外投资项目已实现网上备案，企业可直接登录项目备案网络系统填报项目备案电子表格，并可实时查询备案办理进度，对外投资管理透明化、便利化水平进一步提升。

目前，对外投资管理主要涉及发展改革部门、商务主管部门、国资委和国家外汇主管部门。

9.2.1 发展改革部门

1. 最新政策

根据国家发展和改革委员会颁布的 2017 年第 11 号令，2018 年 3 月 1 日开始实施最新《企业境外投资管理办法》（详见本书附录 1）。

管理办法规定，投资主体直接或通过其控制的境外企业开展敏感类项目，包括涉及敏感国家和地区的项目以及涉及敏感行业的项目，需实行核准管理；投资主体直接开展的非敏感类项目，即涉及投资主体直接投入资产、权益或提供融资、担保的非敏感类项目，实行备案管理。

实行备案管理的项目中，投资主体是中央管理企业（含中央管理金融企业、国务院或国务院所属机构直接管理的企业）的，备案机关是国家发改委；投资主体是地方企业，且中方投资额 3 亿美元及以上的，备案机关是国家发改委；投资主体是地方企业，且中方投资额 3 亿美元以下的，备案机关是投资主体注册地的省级发改委。

2. 实际操作

企业向发改委申请备案/核准项目的时点为：项目协议已完成，谈判定稿待签或小签；企业根据公司章程履行完毕决策所需全部流程；可由企业（中央管理企业或地方企业）向国家发改委/省级发改委提出申请。

需递交的主要附件为：投资主体注册登记证明文件、追溯至最终实际控制人的投资主体股权架构图、最新经审计的投资主体财务报表、投资主体投资决策文件、具有法律约束力的投资协议或类似文件、证明投资资金来源真实合规的支持性文件、境外投资真实性承诺书。

9.2.2　商务主管部门

1. 政策

根据商务部令 2014 年第 3 号《境外投资管理办法》（详见本书附录 2），企业境外投资涉及敏感国家和地区、敏感行业的，实行核准管理。企业其他情形的境外投资，实行备案管理。

商务部和省级商务主管部门通过境外投资管理系统对企业境外投资进行管理，并向获得备案或核准的企业颁发《企业境外投资证书》。该证书由商务部和省级商务主管部门分别印制并盖章，实行统一编码管理。该证书是企业境外投资获得备案或核准的凭证，按照境外投资最终目的地颁发。

企业投资的境外企业开展境外再投资，在完成境外法律手续后，企业应当向商务主管部门报告。涉及中央企业的，中央企业通过管理系统填报相关信息，打印《境外中资企业再投资报告表》，并加盖印章后报商务部；涉及地方企业的，地方企业通过管理系统填报相关信息，打印《境外中资企业再投资报告表》并加盖印章后报省级商务主管部门。

2. 实际操作

企业向商务主管部门申请备案 / 核准的时点为：企业根据公司章程履行完毕决策所需全部流程。

9.2.3 国资委

1. 境外投资政策

根据国务院国有资产监督管理委员会 2017 年 1 月 7 日颁布的第 35 号令《中央企业境外投资监督管理办法》（详见本书附录 3），中央企业应当根据本办法规定，结合本企业实际，建立健全境外投资管理制度。企业境外投资管理制度应经董事会审议通过后报送国资委。

国资委根据国家有关规定和监管要求，建立并发布中央企业境外投资项目负面清单，设定禁止类和特别监管类境外投资项目，实行分类监管。列入负面清单禁止类的境外投资项目，中央企业一律不得投资；列入负面清单特别监管类的境外投资项目，中央企业应当报送国资委履行出资人审核把关程序；负面清单之外的境外投资项目，由中央企业按照企业发展战略和规划自主决策。中央企业境外投资项目负面清单的内容保持相对稳定，并适时动态调整。

2. 产权登记政策

根据国务院国有资产监督管理委员会 2011 年 7 月 1 日颁布的第 27 号令《中央企业境外国有产权管理暂行办法》（详见本书附录 4），中央企业及其各级子企业发生以下事项时，应当由中央企业统一向国资委申办产权登记：（1）以投资、分立、合并等方式新设境外企业，或者以收购、投资入股等方式首次取得境外企业产权的。（2）境外企业名称、注册地、注册资本、主营业务范围等企业基本信息发生改变，或者因企业出资人、出资额、出资比例等变化导致境外企业产权状况发生改变的。（3）境外企业解散、破产，或者因产权转让、减资等原因不再保留国有产权的。（4）其他需要办理产权登记的情形。

中央企业及其各级子企业独资或者控股的境外企业在境外发生转让或者受让产权、以非货币资产出资、非上市公司国有股东股权比例变动、合并分立、解散清算等经济行为时，应当聘请具有相应资质、专业经验和良好信誉的专业机构对标的物进行评估或者估值，评估项目或者估值情况应当由中央企业备案；涉及中央企业重要子企业由国有独资转为绝对控股、绝对控股转为相对控股或者失去控股地位等经济行为的，评估项目或者估值情况应当报国资委备案或者核准。中央企业及其各级子企业独资或者控股的境外企业在进行与评估或者估值相应的经济行为时，其交易对价应当以经备案的评估或者估值结果为基准。

9.2.4　国家外汇主管部门

根据国家外汇管理局 2015 年 2 月发布的《关于进一步简化和改进直接投资外汇管理政策的通知》，自 2015 年 6 月 1 日起，取消境内企业境外直接投资的外汇登记核准，改为"银行办理、外管监督"的模式。具体包括：第一，取消直接投资项下外汇登记核准，境外投资主体可直接到银行办理境外直接投资项下相关外汇登记。第二，取消境外再投资外汇备案。境内投资主体设立或控制的境外企业在境外再投资设立或控制新的境外企业时，无须办理外汇备案手续。第三，取消直接投资外汇年检，改为境外直接投资存量权益登记，放宽登记时间，允许企业通过多种渠道报送相关数据。第四，加强事中事后监管。改革后，主要由银行通过外汇局资本项目信息系统办理和完成企业境外直接投资的相关外汇登记手续，而国家外汇主管部门的职能逐步转变为事后监管。

9.3 中国政策导向

中国实施互利共赢的开放战略。中国开放的大门不会关闭，只会越开越大。近年来，中国政府以"一带一路"建设为引领，秉持"共商、共建、共享"原则，积极稳妥地推进对外投资合作。一方面，中国政府采取了一系列推进境外投资便利化的政策和措施，不断完善"走出去"公共服务平台，积极构建对外投资合作机制，释放了企业对外投资的活力。另一方面，中国政府加快完善对外投资风险防范体系，引导和规范企业对外投资方向，加强事前、事中、事后全过程监管，积极应对跨国投资面临的政治、安全、经济、金融和社会等风险，促进对外投资持续健康发展。

9.3.1 对外投资的政策导向

对外投资服务于国民经济和社会发展全局。中国对外投资将贯彻习近平新时代中国特色社会主义思想，按照统筹推进"五位一体"总体布局和协调推进"四个全面"战略布局的要求，牢固树立和贯彻落实新发展理念，坚定奉行互利共赢的开放战略，坚持稳中求进的工作总基调，以供给侧结构性改革为主线，以"一带一路"建设为重点，进一步引导和规范企业对外投资方向，促进企业合理有序开展对外投资活动，防范和应对对外投资风险，推动对外投资持续健康发展，实现与东道国互利共赢、共同发展。

中国政府相关部门按照"企业主体、市场导向、商业原则、国际惯例、互利共赢、防范风险"的原则，支持企业开展对外投资活动。

1. 企业主体

企业是对外投资的主体，应明确自身定位，发挥自身优势，结合自身发展战略和客观条件开展对外投资活动。企业在其对外投资项目中自主决策、自负盈亏、自担风险。

2. 市场导向

充分发挥市场在资源配置中的决定性作用，更好地发挥政府作用，促进要素有序自由流动、资源全球高效配置、国际国内市场深度融合，实行资本项下有管理的市场化运行机制。

3. 商业原则

企业在对外投资活动中要注重商业可持续性，做好国际化经营规划和投资项目价值评估，在科学分析项目技术经济可行性的基础上，稳妥有序地开展对外投资。

4. 国际惯例

企业在对外投资活动中要遵循国际惯例和通行投资规则，遵守合作国法律法规和监管制度，尊重国别文化差异和宗教习俗，提高境外经营水平。

5. 互利共赢

引导企业充分考虑东道国国情和实际需求，注重与当地政府和企业开展互利合作，注重承担企业社会责任，创造良好的经济社会效益，促进互惠互利、合作共赢。

6. 防范风险

坚持稳中求进的工作总基调，坚持依法合规，合理把握境外投资重点和节奏，积极做好对外投资事前、事中、事后监管，切实防范各类风险。

9.3.2 对外投资的政策体系

中国政府相关部门致力于对外投资促进体系的建设，通过加强规划引导、政策支持、综合服务等手段，鼓励有条件的各类企业积极开展对外投资合作。目前，中国已形成较完善、多层次的对外投资政策体系。

1. 宏观政策引导体系

为促进国内企业协调、有序和高效地"走出去"，国家发展改革委等有关部门推动出台了多项对外投资合作发展规划和政策。2015 年 3 月，国家发展改革委、外交部、商务部联合发布了《推动共建丝绸之路经济带和 21 世纪海上丝绸之路的愿景与行动》，明确了共建"一带一路"的主要内涵，支持有条件的企业按商业原则开展对外投资。2017 年 8 月，国务院办公厅转发了国家发展改革委、商务部、人民银行、外交部《关于进一步引导和规范境外投资方向的指导意见》，按"鼓励发展＋负面清单"模式引导和规范企业境外投资方向，明确了鼓励、限制、禁止开展的境外投资活动：

（1）支持境内有能力、有条件的企业积极稳妥开展境外投资活动，推进"一带一路"建设，深化国际产能合作，带动国内优势产能、优质装备、适用技术输出，提升我国技术研发和生产制造能力，弥补我国能源资源短缺，推动我国相关产业提质升级。

（2）限制境内企业开展与国家和平发展外交方针、互利共赢开放战略以及宏观调控政策不符的境外投资。

（3）禁止境内企业参与危害或可能危害国家利益和国家安全等的境外投资。

2. 多层次对外投资促进体系

经过多年发展，中国已初步建立了覆盖全国范围的多层次对外投资促进体系。主要包括：

（1）政府间签署的双边或多边产能与投资合作机制。

（2）中国国际贸易促进会、中国海外产业发展协会等全国性和综合性的对外投资促进机构。

（3）从省级到基层的相关地方对外投资促进机构。

（4）各行业协会成立的国际产能合作企业联盟。

各层次间互为补充，共同服务中国企业对外投资。

3. 金融财税支持体系

截至 2016 年底，中国设立了中非合作基金、中拉产能合作基金、中非产能合作基金、中阿（联酋）投资合作基金等十余个对外投资合作基金，支持企业降低对外投融资成本。为支持企业获取境外低成本资金，优化债务结构，为"走出去"开辟稳定的境外融资渠道，2015 年 9 月进行了外债备案登记制改革，2016 年全年备案登记企业境外发债规模超过 1 900 亿美元。此外，国家开发银行、中国进出口银行以及中国出口信用保险公司等开发性、政策性金融机构，以及各商业性金融机构均通过多种方式加强对企业"走出去"的金融支持。截至 2016 年底，中国与 54 个国家签署了避免双重征税协定，着力为企业创造良好的税务环境。

4. 对外投资综合服务体系

加强境外投资合作信息平台建设。国家发展改革委、商务部、中国出口信用保险公司、中国社会科学院等政府部门、金融机构和智库定期发布对外投资领域的年度报告，如《对外投资合作国别（地区）指南》《中国对外投资合作发展报告》《中国对外直接投资统计公报》《国别投资经营便利化状况报告》等。机制化地举办各类对外投资和国际产能合作论坛和展会，如中国—东盟博览会国际产能合作专题论坛、中部国际产能合作论坛、西部国际产能合作论坛、国际产能合作论坛暨企业对外投资洽谈会等，为"走出去"的企业搭建合作平台，积极促成其与各国企业开展投资合作。

5. 对外投资风险防范体系

中国政府正在不断改进境外企业和对外投资安全工作，在国家安全体系建设总体框架下，完善统计监测，加强监督管理，健全法律保护，加强国际安全合作。研究制定企业海外经营行为规范。鼓励企业设立海外投资风险评估部门，加强与国际机构、跨国公司、东道国企业和中介组织的合作，对投资地区或国家的政治动向、监管政策、安全形势、各利益相关方诉求等方面进行综合分析，科学评估投资项目收益和风险。加强政府各部门、驻外机构和使领馆的沟通协调，在中国海外投资利益受到损害时，协同运作，互相配合，支持中国企业维护海外权益。

第 10 章 / *Chapter Ten*

融 资

10.1 概 念

从狭义上讲，融资（financing）是一个企业筹集资金的行为与过程，也就是说，公司根据自身的生产经营状况、资金拥有状况，以及公司未来经营发展的需要，通过科学的预测和决策，采用一定的方式，从一定的渠道向公司的投资者和债权人筹集资金，组织资金的供应，以保证公司正常生产需要、经营管理活动需要。从广义上讲，融资也叫金融，就是货币资金的融通，是当事人通过各种方式到金融市场上筹措或贷放资金的行为。

10.2 "一带一路"融资现状

系统性的国家倡议离不开全方位、多元化的金融支持，"一带一路"建设的实施蕴含着大量的金融服务需求，为我国金融业的国际化发展提供了历史性机遇。融资作为撬动各国共建"一带一路"宏伟蓝图的支点，在"一带一路"建设中主要起支持、引导和服务作用，通过促进货币流通，拓展金融市场和金融机构服务的深度和广度，为"一带一路"建设提供强有力的支撑。

10.2.1 多边金融机构为"一带一路"建设筹集专项资金

在充分利用以世界银行和亚洲开发银行为代表的传统世界多边金融机构资金的基础上，成立亚洲基础设施投资银行、金砖国家开发银行和上海合作组织开发银行等新兴多边开发性金融机构，并设立丝路基金作为"一带一路"专项长期开发投资基金。其中，亚洲基础设施投资银行仅 2016 年就为 7 个国家共 9 个能源和基建项目贷出 17.3 亿美元，撬动公共和私营部门资金 125 亿美元；丝路基金的投资目前主要集中在水电、天然气等能源领域，实际投资额截至 2016 年 12 月 29 日达到约 40 亿美元。

10.2.2 国内政策性及商业性金融机构发挥各自优势，为"一带一路"提供多样化融资渠道

政策性金融机构通过商业贷款、优惠买方信贷、出口信用保险、设立产业基金等方式为"一带一路"的大型建设项目提供低成本融资支持。截至 2016 年 7 月末，国家开发银行在"一带一路"沿线 64 个国家累计发放贷款 1 621 亿美元；2014—2016 年，中国进出口银行支持"一带一路"沿线基础设施互联互通项目近 70 个，带动了 300 多亿美元的投资，投资集中在公路、铁路、机场、水运等交通领域；中国出口信用保险公司承保我国面向"一带一路"沿线国家出口、投资、承包工程的规

模累计达到 5 705.6 亿美元，为金融机构和企业"走出去"保驾护航。

商业银行凭借海外分支机构广泛、金融牌照相对齐备、综合化金融服务能力较强的优势，以银行授信、国际银团贷款、境外发行债券等方式融资，为企业"走出去"提供投资银行、财务咨询、国际结算、风险管理等多元化跨境金融服务，其中，国有四大商业银行在"一带一路"投融资中占主导地位。截至 2016 年底，共有 9 家中资银行在 26 个"一带一路"沿线国家设立了 62 家一级机构。

以保险、融资租赁、信托等为代表的非银行金融机构也充分发挥各自优势，为"一带一路"提供个性化金融支持。但无论从投入的资金规模来看还是从合作的项目数量来看，都还处于起步阶段，未来发展空间较大。

10.2.3 扩大沿线国家双边本币互换、结算范围，丰富并推广人民币业务，使"一带一路"成为人民币国际化的重要载体

在本币互换、结算协定等推动人民币国际化方面，中国已与 28 家央行签署互换协议，涉及"一带一路"国家和地区 18 个，规模达到 1.4 万亿元。截至 2016 年 6 月，中国与"一带一路"沿线国家和地区经常项下跨境人民币结算金额已超过 2.63 万亿元。

在丰富人民币相关业务、推动人民币国际化方面有以下进展：一是离岸人民币国际债券业务不断拓展，如香港点心债、新加坡狮城债等发展迅速；二是人民银行积极采取措施推动人民币直接交易市场发展，截至 2016 年第三季度，在银行间货币市场，人民

币已经可以和 17 种货币开展直接交易，其中包括"一带一路"沿线国家的新加坡元、俄罗斯卢布、马来西亚林吉特等；三是人民币资本项目可兑换驶入快车道，直接投资、人民币境外放款和对外担保等资本项目跨境人民币业务发展迅速，人民币开始在大宗商品贸易中计价结算。

自"一带一路"倡议提出以来，中国与沿线国家加强经济对话，开展金融交流合作、新交易平台建设，从实体经济的合作到金融领域的携手，进行双向多方位的合作。我国参与搭建了与"一带一路"沿线国家不同层次和范围的区域金融合作平台，例如中印财金对话机制、孟中印缅地区合作论坛、中亚区域经济合作（CAREC）机制等。中国人民银行参与了东亚及太平洋中央银行行长会议组织（EMEAP）、东南亚中央银行组织（SEACEN）、上海合作组织财长和中央银行行长会议等区域合作机制等。

10.3 融资方式及结构

10.3.1 境外发行美元债券

美元发债首先要在香港注册公司，发债准备周期 4～6 个月，需要有实力的母公司提供担保，发债获得的资金不允许转到国内。境外发行美元债券通常需要国际评级，在担保结构下，债券评级将与担保人评级相同。发行前提是从国家外汇管理局获得境外担保额度，根据国家外汇管理局现行规定，应向国家外汇管理局提交"境内机构提供对外担保核准申请"。境内母公司在向国家外汇管理局提出申请之前，其境外资金用途须获得国家发改委的项目审批，方可对境外债务进行担保。境外发行美元债券的主要执

行程序、发行结构及定价过程如图 10-1、图 10-2、图 10-3
所示。

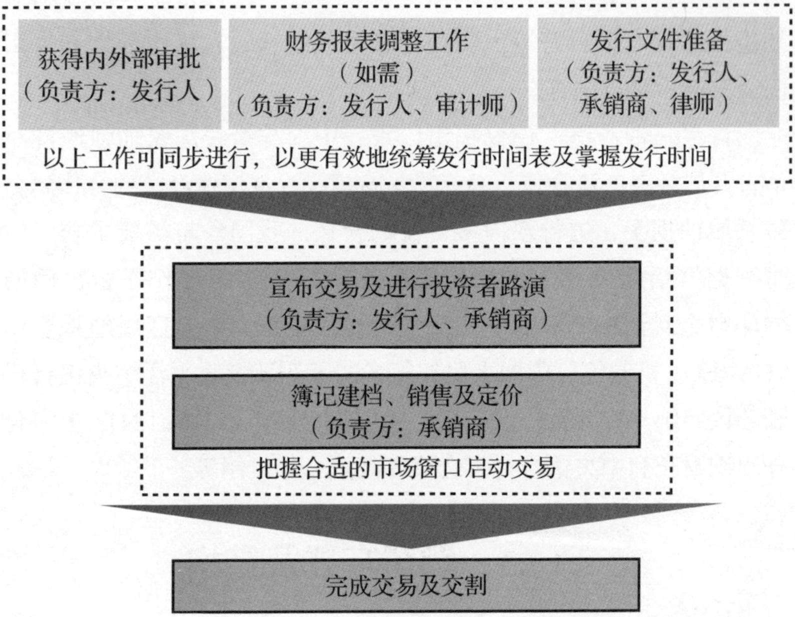

获得内外部审批 （负责方：发行人）	财务报表调整工作 （如需） （负责方：发行人、审计师）	发行文件准备 （负责方：发行人、 承销商、律师）

以上工作可同步进行，以更有效地统筹发行时间表及掌握发行时间

宣布交易及进行投资者路演
（负责方：发行人、承销商）

簿记建档、销售及定价
（负责方：承销商）

把握合适的市场窗口启动交易

完成交易及交割

图 10-1　境外发行美元债券的主要执行程序

10.3.2　内保外贷

内保外贷指由企业内部的总公司给银行提供担保，银行在外
部给企业解决贷款问题的一种融资方式。担保形式为：在额度内，
由境内的银行开出保函或备用信用证为境内企业的境外公司提供
融资担保，无须逐笔审批，和以往的融资性担保相比，大大缩短
了业务流程。内保就是境内企业向境内分行申请开立担保函，由
境内分行出具融资性担保函给离岸中心；外贷即离岸中心凭收到
的担保函向境外企业发放贷款。

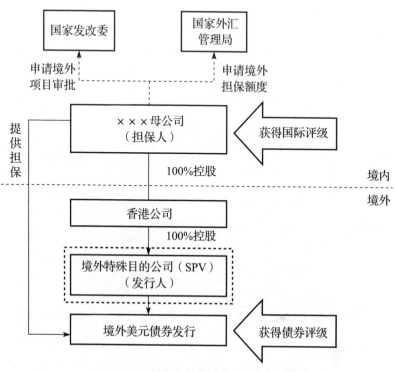

图 10 - 2 境外发行美元债券的发行结构

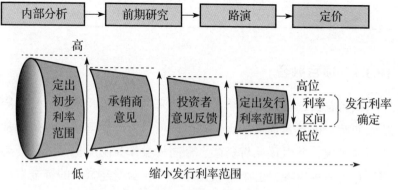

图 10 - 3 境外发行美元债券的定价过程

10.3.3　内保外债

内保外债指借助银行自身的评级为企业提供融资，其特点是资金到位快，成本相对高。

表 10-1 就上述几种融资方式列表进行比较。

表 10-1　　　　　　　　　　三类融资方式的比较

信用结构	优点	缺点
发行债券	拓宽融资渠道； 建立海外投资基础； 获取国际评级，有利于海外业务的拓展； 融资规模较大。	首次发行须进行评级； 须支付评级成本及 4～6 个月的时间成本； 需要母公司对外担保支持。
内保外贷	适合已有项目短期融资； 在综合授信的框架下审批时间短； 操作灵活。	规模有限； 需要银行对外担保额度支持； 融资成本相对较高。
内保外债	借助银行评级，通常银行评级高于企业评级； 无须对企业进行评级，省时省力。	受限于银行授信额度及银行对外担保额度； 总体融资成本相对较高； 无法树立企业国际信用形象。

10.3.4　项目融资

顾名思义，项目融资是通过项目来融资，进一步讲，是指贷款人向特定的项目提供融资，对于该项目所产生的现金流量享有偿债请求权，并以该项目资产、合同权益作为附属担保的融资类型。它是一种以项目的未来收益和资产作为偿还贷款的资金来源的融资方式。此部分将在 10.6 节详细阐述。

10.4　信用保险

出口信用保险出现在第一次世界大战之后，世界上第一家官办出口信用保险机构是英国出口信用担保局，成立于 1919 年。我国的信用保险始于 20 世纪 80 年代，最早由中国人民保险公司和中国进出口银行办理，中国加入世界贸易组织后，中国出口信用保险公司在北京正式成立，成为唯一一家在中国国内办理出口信用保险的专门公司。2013 年，经财政部批准，中国人民财产保险股份有限公司也可以开展短期出口信用保险业务。

多边投资担保机构（multilateral investment guarantee agency，MIGA）成立于 1988 年，旨在向外国私人投资者提供政治风险担保，包括征收、货币转移限制、违约、战争和内乱风险担保，并向成员国政府提供投资促进服务，加强成员国吸引外资的能力，从而推动外商直接投资流入发展中国家。作为担保业务的一部分，多边投资担保机构也帮助投资者和政府解决可能对其担保的投资项目造成不利影响的争端，防止潜在索赔要求升级，使项目得以继续。

中国出口信用保险公司（以下简称中国信保）是中国唯一承办出口信用保险业务的政策性保险公司，2001 年 12 月 18 日正式揭牌运营，现有 15 个职能部门，营业机构包括总公司营业部、18 个分公司和 6 个营业管理部，已形成覆盖全国的服务网络，并在英国伦敦设有代表处，向俄罗斯、巴西、南非和迪拜派驻了工作组。业务范围包括：中长期出口信用保险业务；海外投资保险业务；短期出口信用保险业务；国内信用保险业务；与出口信用保险相关的信用担保业务和再保险业务；应收账款管理、商账追收等出口信用保险服务及信息咨询业务；进口信用保险业务；保险资金运用业务；经批准的其他业务。

自中国信保成立以来，出口信用保险对我国企业"走出去"的支持作用日益凸显。尤其在国际金融危机期间，出口信用保险充分发挥了稳定外需、促进出口成交的杠杆作用，帮助广大外经贸企业破解了"有单不敢接""有单无力接"的难题，在"抢订单，保市场"方面发挥了重要作用。截至2017年底，中国信保为上万家出口企业提供了出口信用保险服务，为数百个中长期项目提供了保险支持，包括大型境外投资项目、国际工程承包项目、高科技出口项目、大型机电产品和成套设备出口项目等。

中国信保的主要任务是积极配合国家外交、外经贸、产业、财政和金融等政策，通过政策性出口信用保险手段支持货物、技术和服务等出口，特别是高科技、高附加值的机电产品等资本性货物出口，支持中国企业向海外投资，为企业开拓海外市场提供收汇风险保障。

出口信用保险的险种很多，因各国的出口需要不同而有差别。目前，我国的出口信用保险机构为境外投资提供的产品主要有两大类：海外投资保险及中长期出口买方信贷保险。

10.4.1　海外投资保险

海外投资保险是一种政府提供的保证保险，实质上是一种对海外投资者的"国家保证"，由国家特设机构或委托特设机构执行，国家充当经济后盾，针对的是源于国家权力的国家危险，而这种危险通常是在商业保险的承保范围之外。海外投资保险是非营利性的政策性险种，旨在鼓励企业对外投资，为境外投资企业由于政治风险和信用风险所产生的各种不确定性损失提供保障。

海外投资保险可以分为股权投资保险和债权投资保险两大类，两者的比较分析如图 10-4 所示。

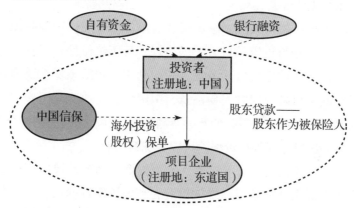

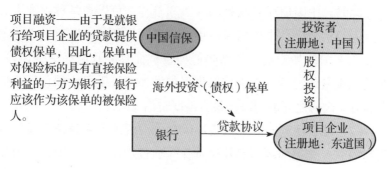

图 10-4 股权投资保险和债权投资保险比较分析

1. 海外投资保险的承保范围

（1）征收。东道国采取国有化、没收、征用等方式，剥夺投资项目的所有权和经营权或投资项目资金、资产的使用权和控制权。

（2）汇兑限制。东道国阻碍、限制投资者换汇自由，或抬高换汇成本，以及阻止货币汇出该国。

（3）战争及政治暴乱。东道国发生革命、骚乱、政变、内战、叛乱、恐怖活动以及其他类似战争的行为，导致投资企业资产损失或永久无法经营。

（4）附加违约风险。东道国政府或经保险人认可的其他主体违反或不履行与投资项目有关的协议，且拒绝赔偿。原则上可以通过在协议中约定政府义务的方式，利用违约险承保东道国政府的任何政治风险。同时需要注意，中国信保违约险项下构成东道国政府违约的前提是需有仲裁的有利判决，并有明确的赔付金额。

2. 通过投保海外投资保险可以实现的功能

（1）补偿损失。海外投资保险为投资者因政治风险而产生的投资损失提供经济补偿，维护投资者和融资银行的权益，避免因投融资损失而导致坏账等财务危机。

同时，中国信保对项目的介入和参与，可以在某种程度上有效规避政治风险。中国信保以中国政府为依托，可以通过承保项目对东道国施加影响，从而降低项目被征收和政府违约等风险。在出现投资纠纷后，中国信保可以借助外交等手段协助化解投资者和有关政府之间的纠纷，最大限度防范风险发生。

（2）融资便利。海外投资风险高、融资难度大是跨境投资者面临的一个普遍问题。海外投资保险通过承保政治风险，在为投资者提供融资便利的同时降低了其融资成本，帮助投资者获得较为优惠的信贷支持。

中国信保积极参与国际资本市场的运作，与众多国际性投资银行和商业银行等金融机构建立了紧密联系，为投资者提供多渠道、多样化的融资支持服务。

（3）市场开拓。在海外投资保险保障的基础上，配合中国信保专业化的投融资风险管理服务，投资者可以更有信心地开拓新市场，投资新项目，从而分散投资风险，增强企业的国际竞争力。

中国信保定期发布并更新 190 个主权国家的《国家风险分析报告》，为政府部门和投资者提供国别风险分析服务。

中国信保还对重点国别进行考察研究，了解当地投资环境，收集项目信息，并与有关国家的政府签订合作协议，不断增强风险防范能力。

（4）提升信用等级。海外投资保险通过承保特定风险，降低投资者和融资银行承担的风险，提升投资者和被保险债权的信用评级，增加债券和股票的投资吸引力，为投资者赢得更具竞争力的发展空间。

（5）风险管理。作为政策性金融机构，中国信保与国家有关部委、金融机构保持着密切联系，能及时获取各国政治经济最新动态和投资环境状况的信息；作为专业的政治和信用风险管理机构，中国信保与国际多家资信调查和评估机构建立了联系；作为伯尔尼协会的正式成员，中国信保与各成员国机构实现了信息共享和业务合作；作为国内唯一的政策性出口信用保险机构，中国信保拥有丰富的项目承保经验和先进的承保技术，可以帮助投资者提升风险管理水平，提高项目抵御风险的能力，及时化解投资风险，适当防止和控制损失发生。

10.4.2　中长期出口买方信贷保险

出口买方信贷保险是在买方信贷融资方式下，出口信用保险机构向贷款银行提供还款风险保障的一种政策性保险产品。在买方信贷保险中，贷款银行是被保险人。投保人可以是出口商或贷款银行。

1. 承保风险

出口买方信贷保险的承保范围主要包括政治风险和商业风险，即在买方信贷保险中，被保险人按贷款协议的规定履行了义务后，由于政治风险或商业风险，借款人未履行其在贷款协议项下的还本付息义务且担保人未履行其在担保合同项下的担保义务而引起的直接损失，保险人根据保单的规定承担赔偿责任。

（1）商业风险。比如，债务人宣告破产、倒闭、解散或拖欠商务合同或贷款协议项下应付款项。一般情况下，商业风险只能保障 50% 的风险，若海外投资项目被纳入"一带一路"项目清单或有更高级别的政治意义，商业风险的承保比例可适当上浮至 75% 左右。

（2）政治风险。比如，债务人所在地政府或还款必经的第三国（或地区）政府禁止或限制债务人以约定货币或其他可自由兑换货币偿还债务；债务人所在地政府或还款必经的第三国（或地区）政府颁布延期付款令，致使债务人无法还款；债务人所在地政府发生战争、革命、暴乱或保险人认定的其他政治事件。政治风险的赔偿比例在 95% 左右。

如果项目有东道国政府担保，中长期出口买方信贷保险也可附加违约险。由于中长期出口信用保险的设计初衷是针对成套设备出口以及工程承包业务，因此目前该险种未直接覆盖征收风险，这是与海外投资保险较大的区别。征收风险是境外投资过程中应重点防控的政治风险之一。中长期出口买方信贷保险可以附加违约险，若投资主体选择适用本保险，可以将征收风险作为东道国政府的承诺保证，并通过政府担保协议或其他核心协议的方式规定由东道国政府承担相关责任，通过违约保险，间接承保征收风险。通过违约险间接承保征收风险与海外投资保险直接承保征收风险是有区别的，核心区别在于违约风险项下构成违约的前提需有列明赔偿金额的仲裁裁决，因此风险的转移附加了前置条件，海外投资主体应充分考量，根据不同项目情况灵活运用。

2. 出口买方信贷保险各方的合同关系（见图 10－5）

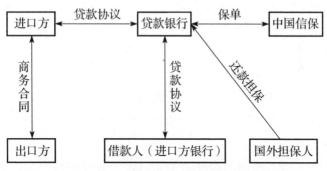

图 10－5　出口买方信贷保险合同关系

10.4.3　注意事项

1. 投保出口信用保险的重要性

就海外投资而言，除政府优惠贷款以外，其他融资项目基本都要投保出口信用保险，大多数情况下，只有投保了出口信用保险，才有可能得到银行的融资。

只要投资企业在中国信保投保并在国外履约完毕，拿到东道国的验收证明，外方由于保单所承保的各项原因拒付账款，中国信保都会对逾期账款的 90%～95% 予以赔付（特殊约定项目除外），因此可以规避企业血本无归的风险。尤其是对央企而言，避免重大项目的应收账款逾期，避免国有资产流失，对央企业绩考核和风险管理具有重要作用，因此，投保已成为境外投资一个不可或缺的环节。

2. 询保

企业在项目跟踪的初期应及时与中国信保沟通，询问项目所在国别是否还有额度，国外业主提供的担保方式是否可行，保险费率大致是多少。项目进展到一定程度时，如果有可能，尽量请中国信保的工作人员随同考察，直接与国外业主商谈保险事宜。中国信保承保的项目原则上需要国外主权担保，但也不是一概而论，如果业主的实力较强，或用项目本身的还款来源足以覆盖风险，中国信保也可以提供保险。在这种情况下，如果中国信保的工作人员能在国外与业主面对面地沟通，及时寻找符合中国信保要求的担保方式，则会大大节约项目推进的时间。

3. 审批

一般来说，当中国信保有初步意向承保某个项目时，会出具项目承保兴趣函，该兴趣函仅供推进项目使用，并不表示中国信保一定对该项目承保，最终要以签订保险合同并支付保险费作为保单生效条件。目前信用保险的审批权限如下：1 亿美元以下的项目由中国信保公司业审会审批；1 亿～3 亿美元的项目由中国信保公司董事会审批；大于 3 亿美元的项目均由财政部审批通过后，上报国务院决策。

由于如今的境外投资项目大部分都在 3 亿美元以上，因此审批流程相对较长，需要企业及早与中国信保沟通，并采用中国信保审批与融资审批同时进行的方式，以节省融资时间。例如，银行可以在企业未拿到保单的情况下先行审批，只要在银行的批贷条件上注明需要中国信保的保险即可。否则，保单生效后再去谈融资，会延误项目融资的进度。

4. 保费

出口信用保险费率是由财政部根据不同的国别风险制定的，业主所在国的政治经济风险越大，收汇期限越长，则保费费率越高。不同险种的保费费率不尽相同，例如，海外投资保险的费率一般为 0.6% ～ 1%，按年缴纳，每年续期；中长期出口买方信贷保险的费率为 5% ～ 7.5%，一次性趸交（可通过保费融资降低资金压力）或保费分期（最多分三期）。因此，两种不同的保险形式可能对总投资以及项目收益产生一定影响，投资主体应在项目前期进行财务模型设计、费用核算时充分考虑不同的保费缴纳形式，避免后续项目超概算。

5. 保单生效

保单生效后，企业需认真阅读保单，涉及自身的义务要落实到相关部门或责任人。例如，投资人应定期向中国信保以书面形式通报项目执行进展，如出现逾期应收账款，应及时以书面形式说明情况。如拟提出赔偿，还要提出申请。绝不能认为投了保就万事大吉，对项目相关情况不闻不问，导致中国信保错过追偿的最佳时机。保单明确规定，如企业不履行其义务，中国信保是有权拒赔的。

6. 赔付

企业履约完毕，拿到项目验收证明后，进入还款期，一般每半年还款一次，等额偿还。在由于保单承保原因导致未能实现到期收汇的情况下，企业有权向中国信保提出赔偿。需要注意的是，企业在收到赔付后仍有义务协助中国信保进行追偿及债务重组等工作。因为一旦中国信保赔付了项目款项，就会启动理赔追偿手续，企业要积极地与中国信保合作，配合中国信保追回账款，这一方面可以维护国家利益，另一方面可以使企业在中国信保树立良好的形象，便于将来继续得到中国信保在其他项目上的支持。

7. 其他

（1）市场布局合理，符合国家政策导向。我国境外投资项目多数位于发展中国家，这些国家经济实力不强，国别限额不大，而中国的企业往往喜欢"扎堆"，一旦一个企业成功进入某个国家市场，其他企业就会蜂拥而至。之所以出现这种现象，是因为让某个国家了解中国的信保、贷款、审批程序，认可中国的保险条款、信贷文本等法律文件并非易事。一旦某个企业运作成功，其他企业的后续项目自然容易得多。但是，这就会出现有的国家限额不够用，有的国家限额又有富余的情况。

因此，企业在确立市场导向和战略布局时，一方面要考虑本企业的实际情况和优劣势；另一方面要与中国信保充分沟通，及时了解中国信保每年重点支持的国别和领域。由于中国信保是政策性保险公司，在很大程度上代表了国家的政策导向，因此，只有与国家的政策导向一致，项目才容易获批，才能最大限度地得到国家的政策支持。

（2）要注重创新。几年前，中国信保承保的大部分是国外主权担保的项目。而今，随着市场的变化，尤其是在拉美地区，由于受当地法律的限制，得到国家主权担保的可能性很小，因此，必须探求其他担保方式，既要使风险降到最低，又要使国际工程承包项目可行。近几年，中国信保也在寻找新的担保方式。例如，利用项目本身的购电协议（PPA）担保，利用资质较好的业主提供担保，利用国际排名相对靠前的银行提供担保，利用资源抵押担保，等等。企业也要配合中国信保，与时俱进，不断地探索和尝试新的担保和融资模式，只有这样，才能在竞争激烈的国际工程承包市场上立于不败之地。

（3）企业要随时关注中国信保的动态，及时掌握相关的政策信息。中国信保有定期出版的刊物，企业相关人员应仔细阅读。企业日常接触的主要是中国信保的前台业务部门，与其后台管理及评审部门接触较少，通过这些刊物不仅可以了解中国信保的管理思路、国家政策导向，指导企业的市场布局，还可以看到其他企业的先进案例分析、创新模式分析，为融资创新开拓思路。更重要的是，可以了解中国信保出险案例分析，避免重蹈覆辙。

（4）建议大型企业集团与中国信保签署战略合作协议。签署战略协议能使双方互惠互利。企业在有限的资源平台上可以得到比其他小企业更多的支持，大企业集团长期稳定的投保需求可以为中国信保带来稳定的保费收益。

综上所述，中国信保是国际工程企业在"走出去"过程中不可或缺的有力支持，企业要充分利用这个政策平台，及时了解中国信保的创新品种，为企业所用，助力国际市场竞争。

10.5 金融机构

目前国内可以为境外投资业务提供贷款的银行很多，每家银行各有特点，如何最大限度地利用各家银行的优势，是影响项目成功的主要因素之一。下面就各家银行与境外投资相关的业务特点及优劣势分别进行简要分析。

10.5.1 中国进出口银行

1. 银行简介

中国进出口银行是由国家出资设立、直属国务院领导、支持中国对外经济贸易投资发展与国际经济合作、具有独立法人地位的国有政策性银行。中国进出口银行依托国家信用支持，积极发挥在稳增长、调结构、支持外贸发展、实施"走出去"战略等方面的重要作用，加大对重点领域和薄弱环节的支持力度，促进经济社会持续健康发展。截至 2016 年末，在国内设有 29 家营业性分支机构和香港代表处；在海外设有巴黎分行、东南非代表处、圣彼得堡代表处、西北非代表处。

中国进出口银行的经营宗旨是紧紧围绕服务国家战略，建设定位明确、业务清晰、功能突出、资本充足、治理规范、内控严密、运营安全、服务良好、具备可持续发展能力的政策性银行。中国进出口银行支持的领域主要包括外经贸发展和跨境投资，"一带一路"建设，国际产能和装备制造合作，科技、文化以及中小企业"走出去"和开放型经济建设等。

2. 支持境外投资业务与"一带一路"建设

中国进出口银行作为支持中国对外经济贸易投资发展与国际经济合作的政策性银行，在推进"一带一路"建设上发挥了重要作用。它紧扣重点领域和国别，深度参与多边和双边工作机制，加快推进同沿线国家和地区多领域务实合作，推动一批重大标志性工程实质性落地。目前，中国进出口银行已支持"一带一路"

项目 1 500 多个，贷款余额超过 8 000 亿元，覆盖 56 个沿线国家，涉及经贸合作、能源资源合作、基础设施互联互通、产业投资等重要领域，特别是融资支持建设了一大批"一带一路"重大标志性项目。在 2017 年"一带一路"国际合作高峰论坛成果清单中，中国进出口银行成果数量占整个清单的 1/9，位居金融机构之首。

中国进出口银行是中国政府援外优惠贷款和优惠出口买方信贷（简称"两优"贷款）的唯一承办行。近年来，"两优"贷款业务保持了贷款规模的平稳增长，实现了资产质量的明显提升，为进一步巩固和发展我国与广大发展中国家互信互利和共同发展的战略合作伙伴关系奠定了坚实基础。中国进出口银行全面推进落实"一带一路"、非洲"三网一化"和国际产能合作等国家重大发展战略的融资工作。业务覆盖东盟、南亚、中亚、西亚、非洲、拉美、南太地区 90 多个国家。主要支持电力、电信、交通、水利等基础设施建设和大型成套设备出口，重点帮助发展中国家改善投资环境，服务当地民生，加强互联互通，提高经济自主发展能力。

2018 年 6 月，中国进出口银行成立"一带一路"金融研究院（上海），紧密围绕"一带一路"建设、国际经济合作等相关领域，立足政策性金融理论与实践，重点加强对国别、行业和政策的研究，为进出口银行改革发展和国家战略实施提供政策建议和决策支持。研究院将为进出口银行融资融智并举、助力"一带一路"建设增添一个有力的抓手，进一步提升进出口银行综合服务能力和水平。

3. 优势

（1）政策优势。作为国家政策性银行，中国进出口银行不是仅享受国家给予的各种优惠政策，更重要的是肩负起国家赋予的政治、外交的使命。中国进出口银行与商业银行不同，不是以追求利润最大化为主要目标，会对一些难度大的项目给予支持。

（2）国际业务谈判的话语权相对较大。中国进出口银行在必要时可以与商务部、外交部沟通，联合所在国的使馆、商务处共同推进项目。例如在厄瓜多尔的水电站项目中，中国进出口银行积极与各方协调，发挥了重要作用。

（3）"两优"贷款的唯一指定银行。中国进出口银行是国家指定的唯一可以发放"两优"贷款的政策性银行，其他商业银行不能发放"两优"贷款。

（4）融资成本低。中国进出口银行低于融资成本放贷的利差由国家财政予以补贴，因此中国进出口银行的报价会比其他银行更有吸引力。

（5）优惠贷款与商业贷款组合。在政府优惠贷款的额度不能满足项目需要的情况下，中国进出口银行可以采用政府优惠贷款与优惠买方信贷相结合的方式，或政府优惠贷款与商业贷款相结合的方式。由于中国进出口银行的公司业务部也可以从事商业贷款业务，因此，通过优惠贷款拉动商业贷款就比其他银行更具优势。若将中国进出口银行的政府优惠贷款与其他银行的商业贷款相结合，由于跨两家银行，审批会更加复杂，选择中国进出口银行更方便。

（6）与多国有一揽子项目框架。中国进出口银行从国家的战略出发，与许多资源丰富的国家签有一揽子框架协议，即用该国的资源作为项目未来的还款保证，支持我国企业"走出去"。该行目前与安哥拉、赤道几内亚、苏丹、乍得、埃塞俄比亚、刚果

（布）等国都签有框架协议。企业如果有框架协议内的国家的项目，可优先采用此种融资方式。当然，需要外方政府认可并愿意纳入盘子的，一般都是与国计民生息息相关的国家重点项目。对于没有签署一揽子框架协议的国家，如果项目所在国的资源储量丰富，企业也可以推动一揽子框架协议的签署，只要符合以下条件即可：第一，该资源是我国所需要的；第二，该资源是在政府控制下的；第三，该资源正在生产中，仅仅是探明储量的不行。在符合上述条件的前提下，企业就可以协助中国进出口银行去考察并向我国政府汇报，一旦签署了一揽子框架协议，对企业的项目推进将会大有帮助。

（7）外币头寸充足。中国进出口银行得到中国政府的支持，即便在金融危机时期，也有足够的外币头寸可以满足项目的需要。

（8）人才优势。中国进出口银行自成立以来一直从事国际业务，培养了一批国际化人才，带出了一支国际化团队，拥有丰富的国际业务经营经验以及完善的管控风险的措施。

（9）勇于创新。大多数商业银行控制风险的措施往往是要求中国信保担保，而中国进出口银行创新了优惠买方信贷、资源换项目等一系列无须中国信保担保的融资模式，并且可以控制贷款风险。在推动人民币国际化方面，中国进出口银行稳步开展跨境人民币结算和境外人民币贷款业务，在缅甸、蒙古国实现突破。

（10）特色产品。优惠贷款是中国进出口银行区别于其他商业银行的特殊产品，正是这种优惠产品使得中国进出口银行在国际工程项目中具有一定优势。

10.5.2 国家开发银行

1. 银行简介

国家开发银行成立于 1994 年，是国家出资设立、直属国务院领导、支持中国经济重点领域和薄弱环节发展、具有独立法人地位的国有开发性金融机构。国家开发银行以"增强国力、改善民生"为使命，紧紧围绕服务国家经济重大中长期发展战略，发挥中长期投融资和综合金融服务优势，筹集、引导和配置社会资金。支持的领域主要包括：（1）基础设施、基础产业、支柱产业、公共服务和管理等经济社会发展的领域；（2）新型城镇化、城乡一体化及区域协调发展的领域；（3）传统产业转型升级和结构调整，以及节能环保、高端装备制造等提升国家竞争力的领域；（4）保障性安居工程、扶贫开发、助学贷款、普惠金融等增进人民福祉的领域；（5）科技、文化、人文交流等国家战略需要的领域；（6）"一带一路"建设、国际产能和装备制造合作、基础设施互联互通、能源资源、中资企业"走出去"等国际合作领域；（7）配合国家发展需要和国家经济金融改革的相关领域；（8）符合国家发展战略和政策导向的其他领域。

国家开发银行坚持改革创新，充分运用服务国家战略，依托信用支持、市场运作、保本微利的开发性金融功能，不断增强自身活力、影响力和抗风险能力，致力于建设成为国际一流开发性金融机构，为经济社会发展提供永续支持。

2. 支持境外投资业务与"一带一路"建设

国家开发银行配合首届"一带一路"国际合作高峰论坛，推动 5 大项 25 项具体成果纳入高峰论坛成果清单。积极落实 2 500 亿元等值人民币专项贷款，已完成 991 亿元等值人民币评审承诺。国家开发银行创新"一带一路"投融资模式，加大对重点区域、重点领域和重点行业的融资支持力度。2017 年共发放"一带一路"相关贷款 176 亿美元，融资支持沿线国家基础设施互联互通、产能和装备制造合作、金融合作和境外产业园区建设等。发起成立中国—中东欧银联体，稳步推动与上合银联体、中国—东盟银联体、金砖国家银行合作机制等多双边金融合作，扩大金融合作"朋友圈"。国家开发银行积极支持具有国际竞争力的中国企业"走出去"，2017 年向央企集团客户发放外币贷款 134 亿美元。通过私募形式在香港发行 3.5 亿美元"一带一路"专项债，创新内地与香港市场互联互通、支持"一带一路"建设融资新模式。牵头主承销马来西亚马来亚银行有限公司 10 亿元"债券通"人民币熊猫债，专项用于支持境内外"一带一路"项目建设，是东盟国家首笔、中国债券市场首单"债券通"熊猫债。国家开发银行还大力开展跨境人民币授信合作，助力人民币国际化发展。截至 2017 年末，国家开发银行外币贷款余额折合 2 617 亿美元，跨境人民币贷款余额 834 亿元，保持了中国对外投融资主力银行的地位。

国家开发银行发挥"融资＋规划＋智库"三轮驱动作用，积极为"一带一路"建设提供中国智慧。有序推进重大国际合作规划的研究和编制，包括塔吉克斯坦、老挝、科威特等 9 项双边合作规划，中蒙俄等 3 项经济走廊合作规划，以及中越陆上基础设施合作等专项规划。主动发挥智库作用，与联合国开发计划署、北京大学共同编写《"一带一路"经济发展报告》，联合中国国际经济交流中心、丝路规划研究中心发布《"一带一路"贸易投资指数报告》，联合世界银行发布《创新推动非洲跨越式发展报告》，并以四种文字发布《金砖国家可持续发展报告（2017）》。开展非洲重点国家产能合作、中国—巴西 PPP 合作、中国—秘鲁 PPP 合作等规划研究。

3. 优势

（1）从所在国国家战略发展入手，规划先行。国家开发银行不是以项目为主体，而是以国家为主体，即先由专门的规划局负责为某国制定国家规划，获批后，实施该规划的全部贷款均由国家开发银行提供。最成功的案例就是委内瑞拉，由于委内瑞拉盛产石油，国家开发银行的工作组很早就进入委内瑞拉，并为该国设计了包括石油开采在内的一整套国家开发战略，获得总统的批准后，委内瑞拉以石油作抵押，中国政府向其提供了近 400 亿美元的贷款，用于建设紧急电站、住宅以及开发石油区块等一系列项目，大大改善了基础设施，受到了该国国民的好评。而这 400 亿美元的项目全部由中国承包商承揽，带动了中国企业"走出去"，同时银行也获得了相应的利润。目前这种方式在国家开发银行被大力推广，并迅速被其他国家复制。

（2）互利共赢。国家开发银行提高合作意识，为更广泛深入的合作创造条件，实现双边、多边自主发展。国家开发银行在许多国家，如加纳、安哥拉、津巴布韦等开发出一揽子框架，企业如有项目也可纳入框架。由于框架内的项目都是在中国企业中有限招标，不像国际竞标项目那样竞争激烈，项目的利润相对有保证。

（3）工作组遍及世界各地。国家开发银行将世界各国（地区）分给其各个省分行，由各省分行抽调力量组成工作组奔赴世界的各个角落。正因如此，中国企业无论走到哪个国家，都可以看到国家开发银行的身影。有银行在一线支持，贷款协议更容易达成一致，企业只需专注于商务谈判即可。

（4）外币头寸充足。国家开发银行国内业务庞大、资金雄厚、外币头寸充足，一般几亿美元的项目无须组建银团。

（5）多方协调。国家开发银行注重发挥金融的桥梁作用，把政府、企业和金融合作的优势结合起来，构建市场化企业合作平台，拓展合作空间。

（6）市场化运作。国家开发银行以市场化运作开发、选择和管理项目，有助于提高项目建设、运营、管理和资金使用的效率。

（7）人才优势。国家开发银行不同于其他银行，其业务部门的主要领导和骨干力量大多具有专业背景，对于项目的理解比金融专业的人才更到位。

10.5.3 中国工商银行

1. 银行简介

中国工商银行成立于 1984 年，2005 年 10 月整体改制为股份有限公司。经过持续努力和稳健发展，工行迈入世界领先大银行行列，拥有优质的客户基础、多元的业务结构、强劲的创新能力和市场竞争力。工行将服务作为立行之本，积极建设"客户首选的银行"，向全球 627.1 万公司客户和 5.67 亿个人客户提供全面的金融产品和服务。工行自觉将社会责任融入发展战略和经营管理活动，在发展普惠金融、支持精准扶贫、保护环境资源、支持公益事业等方面受到广泛赞誉。工行始终聚焦主业，坚持服务实体经济的本源，与实体经济共荣共存、共担风雨、共同成长；坚持风险为本，牢牢守住底线，将控制和化解风险作为不二铁律；坚持对商业银行经营规律的把握与遵循，致力于打造"百年老店";坚持稳中求进、创新求进,持续深化大零售、大资管、大投行以及国际化和综合化战略,积极拥抱互联网;坚持专业专注,开拓专业化经营模式,锻造"大行工匠"。近年来,工行国际化、综合化经营格局不断完善,境外网络扩展至45个国家和地区,盈利贡献进一步提升。2017年,多项核心指标继续保持全球第一。

2. 支持境外投资业务与"一带一路"建设

工行在"一带一路"沿线20个国家和地区拥有129家分支机构。它紧紧围绕国家重大战略规划,结合宏观经济政策、产业政策导向和行业运行特征,不断优化调整信贷政策体系。以绿色信贷理念为引领,强化信贷政策对信贷布局和信贷结构调整的引导作用。积极支持重点领域、重点城市及优质客户信贷投放,有效管控"去产能"重点领域融资风险。引导各境外机构把握"一带一路"倡议和"走出去"战略实施机遇,充分发挥各境外机构的优势和特点,优化信贷资源配置,推进境外信贷业务转型升级。工行按照商业化、市场化原则,携手各方推动建立沿线银行常态化合作机制,推动多渠道资金参与"一带一路"建设,不断提升金融服务"一带一路"的效率,共同为"一带一路"提供更好的金融支持。

"一带一路"倡议提出以来,工行通过资金融通等途径为"一带一路"建设提供了有力的金融支持。在国家有关部门的指导下,工行建立了"一带一路"银行的圆桌会议平台,积极探索如何进一步发挥好资金融通的功能,抓住机遇更好地促进发展,如何解决银行业在合作中面临的问题,提高服务的效率。工行还推动建立沿线银行的常态化合作机制,并与国际金融同业一道,在投融资、资产负债跨币种的风险规避、国际结算清算等方面进一步加强合作，加快提升整个银行业服务"一带一路"的效率，更好地推动"一带一路"倡议的落实。工行围绕资金融通等方面进行积极的探索，为"一带一路"建设提供全方位的金融服务支持。工行已为"一带一路"项目累计承贷 674 亿美元，整体风险控制处于优良水平。同时，工行还加强与政策性金融机构、非银行机构以及国际同业的合作，通过筹组银团贷款、承销发行债券等多种方式为"一带一路"建设拓展多元化的资金来源。

3. 特色业务

（1）全球电力融资。

①业务简述：为中资客户全球电力投资、工程承包、设备出口等提供金融服务。

②适用范围：具有行业内较高知名度和综合实力的企业，财务状况良好、流动性及盈利能力较强的企业。

③特色优势：在全球各大洲均有成功案例，有经验丰富的多结构、多品种金融服务团队；全球电力团队为客户在跨境电力投融资过程中提供解决方案；针对客户不同需求提供"个性化"的金融服务方案；专属项目财务顾问服务，包括交易撮合、交互式财务模型、项目关键路径优化、风险矩阵分析、辅助商务谈判等。

（2）全球资源融资。

①业务简述：境外借款人与国内企业签订资源产品长期购销合同，以购销合同项下资源销售收入作为主要还款来源，向借款人提供结构性融资。

②适用范围：借款人或其母公司是资源储量丰富、销售量较大的国际资源、能源生产商，国内主要资源采购商是其销售合同

境外交易对手，借款人或其下属相关企业的工程承包项目授予中国企业为佳。

③特色优势：可满足借款人中短期大额资金需求；以对华长期资源销售协议相关权益为主要担保；贷款扣除本息后剩余部分流回出口商，不影响企业日常资金运作；可帮助境内企业获得资源或承揽工程；贷款用途灵活，可用于公司一般用途或中资企业承建项目的建设；利用工行全球网点布局，合理安排与贷款相关的税务、法律、商业交易等事宜；可与境外投资类项目融资、境外投资股本金贷款结合使用；广泛适用于油、气、煤及各类金属、资源等领域。

（3）跨境并购融资。

①业务简述：满足并购方在跨境并购交易中用于支付并购交易价款的需要，以并购后企业产生的现金流、并购方综合收益或其他合法收入为还款来源进行的融资。

②适用范围：中国企业在境外进行产业相关的战略性并购，包括企业整合与资源整合；主业突出、经营稳健、在行业或一定区域内具有明显竞争优势和良好发展潜力的企业；与目标企业之间具有较高的产业相关度或战略相关性，并购方通过并购能够获得目标企业研发能力、关键技术与工艺、商标、特许权、供应或分销网络等战略性资源以提高其核心竞争力；并购交易依法合规，涉及国家产业政策、行业准入、反垄断、国有资产转让等事项的，应按适用法律法规和政策要求，取得或即将取得有关方面的批准。

（4）国际银团贷款。

①业务简述：由获准经营贷款业务的一家或数家银行牵头，多家银行与非银行金融机构参加而组成的银行集团，采用

同一贷款协议，按商定的期限和条件向同一借款人提供融资的方式。

②适用范围：并购融资、资源项目融资、基础建设项目融资、公司融资等，具有较高的行业内知名度和综合实力的公司，财务状况良好、流动性及盈利能力较强的公司，有长期、大额贷款资金需求的公司。

③特色优势：贷款金额大、期限长，一般用于交通、石化、电信、电力等行业；融资所花费的时间和精力较少，不同阶段工作由牵头行和代理行负责安排完成；银团贷款形式多样；有利于借款人树立良好的市场形象。

（5）基础设施项目融资。

①业务简述：在有限追索或无追索权基础上就境外项目提供的信贷支持，以项目本身的收益作为信用基础，并结合保险、第三方担保等工具和信用增级措施进行融资的方式。

②适用范围：用于电力、水利、城市供水及污水处理厂和路桥、隧道、铁路、机场等投资规模大、具有长期稳定收入的大型基建项目。

10.5.4　中国银行

1. 银行简介

中国银行成立于 1912 年，是中国国际化和多元化程度最高的银行，也是中国最早开始从事国际业务的银行，在中国及 54 个国家和地区设有机构，拥有比较完善的全球服务网络，形成了公司金融、个人金融和金融市场等商业银行业务为主体，涵盖投资银行、直接投资、证券、保险、基金、飞机租赁等多个领域的综合服务平台，为客户提供全面的金融服务。中国银行始终秉承追求卓越的精神，将爱国爱民作为办行之魂，将诚信至上作为立行之本，将改革创新作为强行之路，将以人为本作为兴行之基，树立了卓越的品牌形象。面对大有可为的历史机遇期，中国银行作为国有大型商业银行，将以习近平新时代中国特色社会主义思想为指导，坚持科技引领、创新驱动、转型求实、变革图强，努力建设成为新时代全球一流银行，为建设现代化经济体系、实现中华民族伟大复兴的中国梦、实现人民对美好生活的向往做出新的更大贡献。

2. 支持境外投资业务与"一带一路"建设

中行紧紧围绕实体经济需求，坚决贯彻国家宏观政策，合理安排投放节奏，贷款规模保持平稳适度增长。持续优化信贷结构，支持重点投资领域，促进区域经济协调发展，服务供给侧结构性改革，支持"一带一路"金融大动脉建设和新兴产业、高端制造业、生产性服务业发展，严格限制高污染、高能耗行业和严重产能过剩行业贷款投放，发展绿色金融。中行在国际市场上成功发行了36亿美元等值"一带一路"主题债券、15亿美元等值气候债券，筹集中长期资金支持"一带一路"和绿色项目。

中行在"一带一路"沿线23个国家设有机构，是中资银行中最多的。中行不断优化"一带一路"海外机构布局，持续推进东南亚地区机构整合，提升综合金融服务能力，助力东南亚地区"一带一路"建设。截至2017年末，中行共跟进"一带一路"重大项目逾500个。2015—2017年，对"一带一路"沿线国家提供约1 000亿美元的授信支持。

3. 特色业务

针对境外投资型企业在业务启动、后续经营阶段可能面临的评估国别风险、提高自身信用、获取信用额度、取得融资支持、获取便捷的专业结算等金融服务需求，中行推出个性化的一揽子产品与服务。

（1）项目融资。

①业务简述：项目融资即项目的发起人为经营项目成立一家项目公司，以该项目公司作为借款人筹借贷款，以项目公司本身的现金流量和全部收益作为还款来源，并以项目公司的资产作为贷款的担保物。该融资方式一般应用于发电设施、高等级公路、桥梁、隧道、铁路、机场、城市供水以及污水处理厂等大型基础建设项目，以及其他投资规模大、具有长期稳定预期收入的建设项目。

②适用范围：凡是能够取得可靠的现金流并且对银行有吸引力的项目，都可以通过项目融资方式筹集资金。使用项目融资产品的企业通常处于行业垄断地位，并且有一定的政府背景。

③业务功能：a.实现融资的无追索或有限追索。通常情况下，在设计项目融资产品时，项目发起人除了向项目公司注入一定股本外，不以自身的资产来保证贷款的清偿，因此，发起人将有更大的空间和更多的资源去投资其他项目。b.实现表外融资。如果项目发起人直接从银行贷款，则会增加负债比率，恶化部分财务指标，从而增大未来的融资成本。相比之下，成立具有法人资格的项目公司，由项目公司负责项目的融资与建设，只要项目发起人在项目公司中的股份不超过一定比例，项目公司的融资就不会反映在项目发起人的合并资产负债表上。c.享受税务优惠的好处。项目融资允许高水平的负债结构，贷款利息的抵税作用在某种程度上意味着资本结构的优化和资本成本的降低。

（2）为境外投资企业提供的融资性对外担保。

①业务简述：中行应企业国内母公司的申请，为其境外全资附属企业或参股企业向当地金融机构融资或取得授信额度而出具的担保，保证境外企业履行贷款本息偿还义务或授信额度协议规定的资金偿还义务。

②适用范围：中行重点支持的工商客户。

③业务功能与特点：解决境外投资企业资金不足、授信困难的问题，为"走出去"企业的海外业务发展提供融资服务。境外投资企业可以借助国内母公司的实力通过银行担保获得在当地金融机构的授信支持。

④业务优势：a.国家外汇管理局为中行核定了用于"为境外投资企业提供融资性对外担保"的专项额度，在该额度指标内，中行可以为符合条件的企业自行出具担保而无须国家外汇管理局审批。b.中行在全球29个国家和地区拥有超过600家海外分行、子公司和代表处，是中国国际化程度最高的银行，为"走出去"企业提供了良好的海外融资平台。

（3）付款保函。

①业务简述：中行应合同买方申请向卖方出具的，保证买方履行因购买商品、技术、专利或劳务合同项下的付款义务的书面文件。

②业务功能和特点：a.解决交易双方互不信任的问题。银行凭借其自身良好的信誉介入交易充当担保人，为当事人提供担保，促进交易的顺利执行。b.合同义务履行的保证。保证合同的正常履行。c.合同价款的支付保证作用。保证货款的及时支付，在商品贸易中与信用证作用相似。d.使用范围广。不仅可以用于商品贸易，还可以用于工程项目等。

③适用客户：买卖合同中的买方、工程承包合同中的业主（招标方）等。

10.5.5 中国建设银行

1. 银行简介

中国建设银行是一家中国领先的大型股份制商业银行，2017年末，建行市值约为 2 328.98 亿美元，居全球上市银行第五位。建行在 29 个国家和地区设有商业银行类分支机构及子公司，与中国经济战略性行业的主导企业和大量高端客户保持密切合作关系。

建行的主要业务范围包括公司和个人银行业务、资金业务，并提供资产管理、信托、金融租赁、投资银行、保险及其他金融服务。

2. 支持境外投资业务与"一带一路"建设

作为曾经的基础设施贷款专业银行，人民币业务综合实力领先的银行，国内经营牌照较为齐全的银行，全球化机构网络布局较为完善的银行，建行服务"一带一路"具有转型发展先发、基础设施建设融资、人民币业务大行、综合金融服务、全球化网络布局等独特优势。为了应对新变化、新要求，建行迎难而上，稳步推进，采取了以下工作措施：不断完善经营网络，提高机构覆盖面，先后在沙特阿拉伯、俄罗斯、印度尼西亚和马来西亚等国开设分支机构，构成完善的"一带一路"服务网络；加大对"一带一路"建设重点项目的信贷支持，研究制定差异化授信政策，安排专项信贷资源，优化审贷流程；加大针对"一带一路"相关金融服务需求的创新，整合境内外资源，积极开展跨境贸易及投资并购、全球授信、投资银行、现金管理等产品创新；加强风险管理，提高合规经营能力，为中国企业"走出去"保驾护航。

2015 年建行实施国际化转型战略，截至 2017 年第一季度末，累计为俄罗斯、巴基斯坦、新加坡、阿联酋、越南、沙特阿拉伯、马来西亚等 18 个"一带一路"沿线国家的 50 个海外重大项目提供金融支持，签约金额约 98 亿美元。其中，涉及基础设施建设领域的重大项目有 25 个，投资金额约 470 亿美元，建行签约金额为 65 亿美元。累计储备重大项目 200 多个，融资需求约 1 100 亿美元，涉及 40 个国家和地区，半数以上项目集中在铁路、公路、航运、能源、电力等基础设施建设领域。从服务对象来看，涉及中央企业、地方国企、民营企业、外资当地企业等多类型客户群体；从服务领域来看，涉及企业投资并购、工程施工、境外发债、境外上市、设备出口等主要跨境经营活动；从服务产品来看，涉及出口信贷、跨境并购、项目融资、国际债券、国际银团、金融租赁等多元化结构性融资产品。

3. 优势

（1）强大的客户基础。建行与世界 500 强跨国公司中的 85% 有融资业务往来，与中国百强企业中的 98 家有融资业务往来。

（2）植根本土，全球拓展。建行的营业网络覆盖全国的主要地区。它拥有健全的机构体系，特别是在服务网点的建设中，坚持高起点、高科技、高效率的原则，利用有人、无人、无形三位一体的服务网点，建成了全天候、全方位、多功能、多层面的服务网络。建行在中国内地拥有一万多个分支机构，在香港、新加坡、法兰克福、约翰内斯堡、东京、首尔、纽约、胡志明市及悉尼等地设有分行，拥有建行亚洲、建信租赁、建银国际、建信信托、中德住房储蓄银行、建行伦敦、建信基金等多家子公司。

（3）核心优势。基础建设是建行的融资中坚项目。建行拥有外汇资金风险管理专家及国际结构融资业务的专业化团队，因此，凡是涉及基础建设类的项目，建行颇有优势。建行经过长期的发展，逐步形成了以服务大型基础设施项目为主体、多种金融服务全面发展的经营特色。随着中国企业"走出去"步伐的加快及建行与国外企业和银行的接触不断深入，建行在不断完善现有金融产品的同时陆续推出了适应当前资本市场的产品，除了传统的出口信贷业务，还推出了境外/境内筹资转贷款、飞机融资、船舶融资和自营现汇贷款等业务品种。

10.5.6　外资银行

中国加入世界贸易组织以来，中国人民银行、银监会和国家外汇管理局等相关管理机构认真履行对外开放承诺，为外资银行在中国发展创造了良好条件，持续增长的经济体系也为外资银行发展提供了稳定的基础。截至 2017 年底，外资银行在华营业性机构总数达到 1 013 家，增长约 5 倍，年均增速达 13%。在华外资银行总资产已从加入世贸组织初期的 3 000 多亿元增加到 2017 年末的 3.24 万亿元，增长逾 9 倍。2017 年，在华外资银行累计实现净利润相当于 2002 年的 10 倍。外资银行在华经营取得积极进展，经营规模、客户对象和服务能力均得到良好发展。在过去的几十年里，外资银行一直以其强大的融资能力和丰富的融资经验垄断着境外投资市场。随着中国的崛起，中国的银行业也越来越强大，中国企业更愿意与内资银行合作，相应地，外资银行的优势也就日益减弱。外资银行的特点包括以下几方面：

（1）国际融资经验丰富。

（2）某些银行在某些地区优势明显。某些私人业主在这些外资银行拥有综合授信，这样就可以利用该授信，由这些银行为项目提供担保，这样的融资无须中国出口信用保险公司予以担保，效率会更高。例如，南非标准银行在非洲的优势就很突出。

（3）外资银行长期形成的风险意识文化显著影响在华机构的经营方式，使其在华业务的发展受到风险管控水平和能力的有效约束，这体现在其对目标客户的甄选较为严格，对在华机构授权较少。

（4）外资银行和中资银行开展合作是一大趋势，合作集中在银团贷款、项目融资、收购兼并、不良贷款处理以及为外资银行母公司所在国企业发展提供金融咨询服务等投行业务上。

（5）受金融危机的影响，相当一部分外资银行受到头寸的限制，只能有限地开展融资业务。

（6）境外投资企业可以利用外资银行的国际融资经验，聘请它们为融资顾问，对复杂的融资模式进行设计。

总之，对于境外投资企业来说，认真分析、及时掌握各家银行的信息尤为重要，从项目立项的初期就选择最具优势的银行，最大限度地发挥该银行在市场上的优势，这对于降低融资成本、提高融资效率不无裨益。

10.5.7 国际金融机构

1. 亚洲基础设施投资银行

亚洲基础设施投资银行（Asian Infrastructure Investment Bank，AIIB，简称亚投行）是一个政府间性质的亚洲区域多边开发机构，重点支持基础设施建设。亚投行是首个由中国倡议设立的多边金融机构，总部设在北京，法定资本 1 000 亿美元。截至 2018 年 12 月底，亚投行成员总数达到 93 个。亚投行旨在通过在基础设施及其他生产性领域的投资，促进亚洲经济可持续发展、创造财富并改善基础设施互联互通，与其他多边和双边开发机构紧密合作，推进区域合作和伙伴关系，应对发展挑战。

为履行其宗旨，亚投行主要具备以下职能：

（1）推动区域内发展领域的公共和私营资本投资，尤其是基础设施和其他生产性领域。

（2）利用其可支配资金为本区域发展事业提供融资支持，包括能最有效支持本区域整体经济和谐发展的项目和规划，并特别关注本区域欠发达成员的需求。

（3）鼓励私营资本参与投资，有利于区域经济发展，尤其是当基础设施和其他生产性领域发展的项目、企业和活动无法以合理条件获取私营资本融资时，对私营投资进行补充。

（4）为强化这些职能开展的其他活动和提供的其他服务。

亚投行将为"一带一路"建设调动可用资金，推动储蓄向实体投资转化。亚投行意向创始成员大致可以分为两类。一类是以中国为主的资金来源国。中国希望通过建立亚投行，加大对有需要的成员国家基础设施项目的投资力度，扩大在这些国家的经济参与度和影响力。另一类是资金需求国，期待通过基础设施建设推动经济发展。在亚投行融资框架下将实现真正的合作共赢，不论是投资方还是借贷方，都能从中获益。在这样的基础上，进行长线投资更具良好前景，据预测，亚太区域平均每年基础设施投资需求达 8 000 亿美元，亚投行可以结合丝路基金，通过金融创新方式发挥金融的最大潜力。

2. 丝路基金

丝路基金由中国外汇储备、中国投资有限责任公司、国家开发银行、中国进出口银行共同出资，于 2014 年 12 月 29 日在北京注册成立。秉承"开放包容，互利共赢"的理念，丝路基金重点致力于为"一带一路"框架内的经贸合作和双边多边互联互通提供投融资支持，与境内外企业、金融机构一道，促进中国与"一带一路"沿线国家和地区实现共同发展、共同繁荣。

丝路基金是中长期开发投资基金，通过以股权为主的多种投融资方式，重点围绕"一带一路"建设推进与相关国家和地区的基础设施、资源开发、产能合作和金融合作等项目，确保中长期财务可持续和合理的投资回报。公司投资方式多样化，按照市场化、国际化、专业化的原则开展投资业务，可以运用股权、债权、基金、贷款等多种方式提供投融资服务，也可与国际开发机构、境内外金融机构等发起设立共同投资基金，进行资产受托管理、对外委托投资。

丝路基金自成立以来，积极拓展合作空间，已与众多国内外政府部门、大型企业、金融机构及有关国际组织等建立了联系，积极探索合作模式，大力开展业务合作。丝路基金与国际金融公司、欧洲投资银行、欧洲复兴开发银行等国际多边机构和平台探索开展多种形式的合作，与30多个国家（地区）政府部门和20多个国家驻华使领馆、代表处建立工作联络，并与国内外金融机构和重点行业中的领先企业建立了稳固的合作伙伴关系。截至2017年3月，丝路基金已签约15个项目，承诺投资金额累计约60亿美元，投资覆盖俄蒙、中亚、南亚、东南亚、西亚北非及欧洲等地区的基础设施、资源开发、产业合作、金融合作等领域。此外，丝路基金出资20亿美元设立了中哈产能合作基金。

3. 世界银行

世界银行是世界银行集团（WBG）的简称，世界银行集团成立于1945年，其成员必须是国际货币基金组织的会员国。世界银行集团目前由国际复兴开发银行（IBRD）、国际开发协会（IDA）、国际金融公司（IFC）、多边投资担保机构（MIGA）和国际投资争端解决中心（ICSID）五个成员机构组成。世界银行与国际货币基金组织以及世界贸易组织为国际经济体制中最重要的三大支柱。

向成员国尤其是发展中国家提供贷款是世界银行最主要的任务，世界银行贷款从项目确定到贷款归还有一套严格的条件和程序。其贷款种类主要包括项目贷款、非项目贷款、技术援助贷款、联合贷款、第三窗口贷款、调整贷款等，其中项目贷款为该行传统的贷款业务，世界银行贷款中90%属于此种贷款，主要用于成员国的基础设施建设。

4. 亚洲开发银行

亚洲开发银行（Asian Development Bank，ADB，简称亚行）可以通过直接融资、信用增级和风险缓释工具帮助企业解决融资难题。在直接融资方面，主要是通过贷款和股权投资直接提供资金援助。亚行提供硬通货贷款，包括高级、次级以及夹层融资。亚行根据具体情况向某些市场提供本地货币贷款，还要求提供与贷款和融资类型相匹配的抵押品。

在贷款利率方面，亚行考虑了相关国家和地区的当前市场利率水平，以及国家和交易风险因素。亚行提供在伦敦银行同业拆借利率或欧元银行同业拆借利率基础上有一定幅度上浮的浮动利率贷款，具体以哪种利率为基础，视贷款货币而定。亚行还提供固定利率掉期下的固定利率贷款。

亚行可在一定的限额下向企业直接进行投资。它通过股权投资提供资金，包括以普通股、优先股或可转换债券的形式提供直接股权投资。

在信用增级方面，亚行提供政治风险担保（政府不履行合同风险、货币兑换和汇出风险、影响项目的罢工和内乱风险、对项目资产的征用或国有化风险、其他政治风险）和部分信用担保，目的在于优化交易的风险特性，以吸引和鼓励外国及本地的商业贷款人为发展中成员体的项目提供资助。亚行通过联合融资和担保，支持本地投资者、银行和其他金融机构以适当的条件为亚行资助的项目提供资金。亚行还通过 B 类贷款安排来为项目筹集更多资金。

在贷款条件方面，亚行有以下要求：

（1）总额限制。来自普通资金的股本投资不得超过当时亚行未动用的实缴股本加上普通储备总和的 20%。

（2）单个项目援助。亚行对一个项目提供援助的总额（包括贷款、股本投资）一般不超过项目总投资的 25%，亚行对私营企业提供的项目贷款限额一般保持在 3 000 万美元左右，最大额度不超过 5 000 万美元。

（3）股本限额。亚行的股本投资通常不超过一个企业发行或认购资本的 25%。

5. 美洲开发银行

美洲开发银行（Inter-American Development Bank，IADB）也称泛美开发银行，成立于 1959 年，是世界上成立最早和最大的区域性多边开发银行，总行设在华盛顿。该行是美洲国家组织的专门机构，其他地区的国家也可加入，但非拉美国家不能利用该行资金，只可参加该行组织的项目投标。其宗旨是集中各成员国的力量，对拉丁美洲国家的经济、社会发展计划提供资金和技术援助，并协助它们单独地和集体地为加速经济发展和社会进步做出贡献。

该行主要向成员国提供贷款以促进拉美地区的经济发展，帮助成员国发展贸易，为各种开发计划和项目的筹备和执行提供技术合作。

银行的一般资金主要用于向拉美国家公、私企业提供贷款，年息通常为 8%，贷款期 10 ～ 25 年；特别业务基金主要用于拉美国家的经济发展项目，年息 1% ～ 4%，贷款期 20 ～ 40 年。在贷款金额方面，该行对每个项目的参与限制已经从 7 500 万美元增至 2 亿美元。对于高度招标的项目，参与限制可高达 4 亿美元，而且美洲开发银行有灵活的投资工具提供本地货币融资，包括本地货币的担保和贷款解决方案。

美洲开发银行还掌管美国、加拿大、德国、英国、挪威、瑞典、瑞士和委内瑞拉等国政府及梵蒂冈提供的"拉美开发基金"。20 世纪六七十年代，该行主要为卫生和教育等公共项目提供资金，90 年代起逐渐加大了对私人产业的投资。

美洲开发银行能在所有经济领域进行运作，包括农业、采矿业和制造业等，能为各种形式的公司提供融资，不仅包括私人公司，还包括国有企业、金融机构和公私合作制组织。

6. 非洲开发银行

非洲开发银行（African Development Bank，ADB）是 1964 年成立的地区性国际开发银行。非洲开发银行是非洲最大的地区性政府间开发金融机构，成立的宗旨在于促进非洲的社会及经济发展。它于 1966 年 7 月 1 日开业，总部设在科特迪瓦的经济中心阿比让，2002 年因科特迪瓦政局不稳，临时搬迁至突尼斯。

资金主要来自成员国的认缴，其中非洲国家的资本额占 2/3，这是使领导权掌握在非洲国家手中所做的必要限制。

普通贷款业务是用该行普通资本基金提供的贷款和担保贷款业务；特别贷款业务是用该行规定专门用途的特别基金开展的贷款业务。后一类贷款的条件非常优惠，不计利息，贷款期限最长可达 50 年，主要用于大型工程项目的建设。此外，银行还为开发规划或项目建设的筹资和实施提供技术援助。

此外，为满足非洲开发银行贷款资金的需要，先后设立了以下合办机构。

（1）非洲开发基金。1972 年在经济合作与发展组织的援助下设立，由该行和 22 个非洲以外的工业发达国家出资。其宗旨与职能是协助非洲开发银行向非洲 29 个最贫穷的国家贷款，重点领域是农业、乡村开发、卫生、教育事业等。此项基金向非洲国家提供长达 50 年的无息贷款（包括 10 年宽限期），只收取少量手续费。其业务由非洲开发银行管理，资金来源于各成员国认缴的股本。

（2）尼日利亚信托基金。成立于 1976 年，由该行和尼日利亚政府共同建立。其宗旨是与其他基金合作，向成员国有关项目提供贷款。期限 25 年，包括最长为 5 年的宽限期。

（3）非洲投资与开发国际金融公司。1970 年 11 月成立，总公司设在瑞士日内瓦。其宗旨是促进非洲企业生产力的发展。股东是国际金融公司以及美国和欧洲、亚洲各国约 100 家金融和工商业机构。法定资本 5 000 万美元，认缴资本 1 259 万美元。

（4）非洲再保险公司。1976 年 2 月成立，1977 年 1 月开始营业。其宗旨是加速发展非洲保险业。总公司设在拉各斯。法定资本 1 500 万美元，该行出资 10%。

该行还同非洲及非洲以外的机构开展金融方面的合作，与亚洲开发银行、美洲开发银行的业务联系广泛，与阿拉伯的一些金融机构和基金组织设立融资项目，并在一些地区性金融机构中参股。

该行贷款的对象是非洲地区成员国，主要用于农业、运输、通信、供水、公用事业等。

中国自 1985 年 5 月加入非洲开发银行集团以来，与非洲开发银行的合作关系不断发展。中国积极参与非洲开发银行股本增资认缴和非洲开发基金集资活动，为扶持非洲国家的建设项目做出了积极的贡献。中国与非洲开发银行关系的发展为中国加强与非洲国家的经济合作开辟了一条新渠道。许多中国公司积极参与非洲开发银行集团贷款项目的投标，中标合同金额可观。

7. 欧洲投资银行

欧洲投资银行（European Investment Bank，EIB）是欧洲经济共同体各国政府间的一个金融机构，成立于 1958 年 1 月，总行设在卢森堡。该行的宗旨是利用国际资本市场和共同体内部资金，促进共同体的平衡和稳定发展。该行的主要贷款对象是成员国不发达地区的经济开发项目。从 1964 年起，贷款对象扩大到与共同体有较密切联系或有合作协定的共同体外的国家。

（1）业务活动主要范围。

①对在工业、能源和基础设施等方面促进地区平衡发展的投资项目提供贷款或贷款担保；

②促进成员国或共同体感兴趣的事业的发展；

③促进企业现代化。

（2）提供贷款是该行的主要业务。

①普通贷款，即运用法定资本和借入资金办理的贷款，主要向共同体成员国政府（州）、私人企业发放，贷款期限可达 20 年；

②特别贷款，即向欧共体以外的国家和地区提供的优惠贷款，主要根据共同体的援助计划，向同欧洲保持较密切联系的非洲国家及其他发展中国家提供，贷款收取较低利息或不计利息。

欧洲投资银行成立之初有 6 个成员，之后不断增加。随着欧洲经济共同体的发展，欧盟的成立，欧洲投资银行的资金来源和投资范围都发生了变化。

10.6 项目融资流程

10.6.1 概述

1. 项目融资的主要特征

从广义上讲，针对某项目而实施的一切融资活动都可称为项目融资，一般包括银行贷款、发行债券、融资租赁、特定模式项目融资等方式。从狭义上讲，也就是通常所说的项目融资是指以发起人所成立的项目公司作为借款主体，以项目自身现金流、项目本身资产或（和）股东增信作为偿债保障的一种融资方式，一般包括BOT（建设—经营—移交）项目融资、IPP（独立发电公司）项目融资、ABS（资产收益证券化）项目融资、TOT（移交—经营—移交）项目融资等。目前，公司主要采用BOT项目融资和IPP项目融资两种方式。

项目融资分为完全无追索和有限追索两种方式。完全无追索即项目完全依靠自身能力作为偿债保障措施，无须项目股东或发起人提供额外增信；有限追索即项目股东或发起人需要提供增信措施，以保障项目偿债能力，但与传统的公司融资不同，债权方对股东或发起人在时间或（和）金额的追索上有一定限制。

与传统的公司融资模式相比，项目融资大致有以下特点：

（1）融资主体的唯一性。传统公司融资以母公司或其他子公司作为融资主体，而项目融资通常以母公司成立的项目公司作为融资主体。

（2）追索的有限性。在传统的融资中，母公司对债权人有全程全额的偿还义务；在项目融资中，母公司作为股东或发起人对债权人的责任义务有限。

（3）融资架构的多样性。相较传统公司融资，项目融资的架构搭建更为灵活多样，主要体现在股东多形式的增信、限制指标的设定等多维度的方案设计上。

（4）融资流程的复杂性。因项目融资风险较高，债权人对风险把控更加严格，项目融资流程时间跨度大、融资文件体系复杂、涉及面广、执行难度大。

2. 项目融资的流程

项目融资应随着项目开发的推进不断深入，其流程如图 10－6所示。

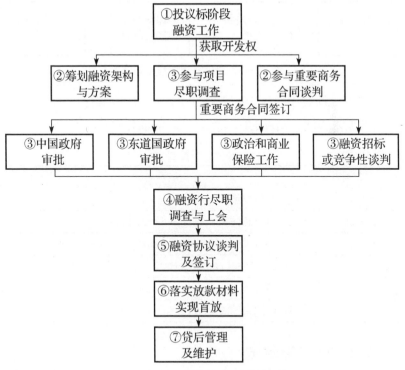

图 10－6　项目融资全流程示意图

10.6.2 项目融资准备工作

1. 投议标阶段工作

（1）办理流程。在项目投议标阶段，通常需要融资工作团队按业主招标或投资开发相关法规的要求，配合公司业务部出具一系列函件，常见函件的开立流程分为 8 个步骤，如图 10 - 7 所示。

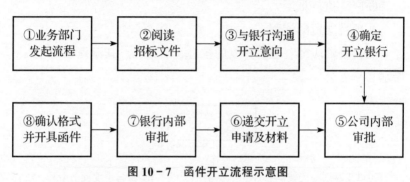

图 10 - 7　函件开立流程示意图

（2）函件类型。表 10 - 2 列出了函件的主要类型。不同项目业主的要求不同，函件的内容及要求通常也有差异。

表 10 - 2　　　　　　　　　　函件主要类型

序号	函件名称
1	银行承贷兴趣函（letter of interest）
2	银行融资意向函（terms and conditions）
3	资信证明（account certificate）
4	投标保函（proposal security）
5	银行确认函（lender acknowledgement letter）
6	融资咨询兴趣函（expression of interest）

2. 参与项目尽职调查

项目尽职调查的范围较广，包括市场环境、法律法规、标准规范、税收、电力市场情况、优惠政策、融资、进出口清关、道路等基础设施、项目技术条件、合作方背景、股权架构等。

（1）财务方面。

①主要关注问题：合作方资信能力、信用评级、出资能力、风险承担能力等。

②关注原因：若项目合作方出资能力和担保能力不足，需提前考虑并制定应对措施。

（2）税务方面。在税务尽职调查中涉及的相关税种包括企业所得税、预提所得税、增值税、关税、印花税、不动产相关税收等。重点关注利息、管理费、承诺费等涉及的预提所得税的规定，确认是否可以减免，以及实际操作中办理减免手续的流程。

10.6.3 融资竞争性谈判

考虑到不同融资行的特点及不同项目的时间要求，为推进重大项目融资方案落地，保障重大项目顺利实施，进一步降低融资成本，优化融资方案，在项目融资中可通过招标或竞争性谈判方式引入融资行。

10.6.4 融资行尽职调查与信贷审批

1. 聘用尽职调查顾问

尽职调查又称谨慎性调查，是指投资人在与目标企业达成初步合作意向后，经协商一致，投资人对目标企业一切与本次投资有关的事项进行现场调查、资料分析的一系列活动。尽职调查通常包括四类：法律尽职调查、财务尽职调查、业务尽职调查、其他尽职调查。

依据融资行的要求，项目融资一般安排有技术、法律、市场、保险、财务、税务等方面非常全面的尽职调查。其中顾问聘用关系如图 10-8 所示。

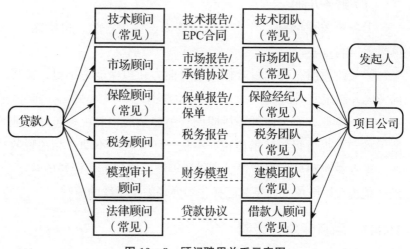

图 10-8　顾问聘用关系示意图

2. 尽职调查内容概述

一般来讲，融资行要求提供的尽职调查资料有三大类：项目行政许可文件和有关部门的批复文件（如发改委和商务部的批复文件、项目所在国政府的批复文件等）；借款人、股东及项目关联方资料（如营业执照、公司章程、财务报表、资本金到位的验资证明等）；项目资料（如可行性研究报告、核心商务合同、财务模型等）。当然，后续还要根据各调查机构的审阅要求进一步提供资料（见表 10-3）。

（1）对于购电方的尽职调查。一般需要向融资行提供购电方近三年的审计报告和历史违约记录说明，用于融资行评估购电方信用等级。如果项目的电费支付无政府担保，购电方的信用级别便显得非常重要。需要关注项目所在国的相关政府部门对于购电

表 10 - 3 尽职调查所需资料

序号	资料
1	借款人各级股东财务情况
2	项目发起人对外提供担保的明细
3	发改委、商务部、外管局对本项目投资、融资的有关意见和批复
4	项目公司成立文件，如营业执照、公司章程等
5	项目征地，海水使用（火电站），环评、消防，劳工等许可
6	大件运输评估报告
7	项目可研报告及可研报告审计意见
8	项目财务模型
9	项目核心商务文件（EPC 合同、购电协议、股东协议等）
10	购电方近三年审计报告、基本情况及有无违约历史等情况说明
11	EPC 承包商基本情况，经验介绍
12	项目设计方情况介绍
13	项目运营商情况介绍
14	项目机组供应商情况介绍

方是否有支持性政策以及相应财政补助。

（2）对于项目合作方的尽职调查。依据与中资银行的合作经验，融资行通常会要求股东为项目提供资本金出资、完工担保等。对于项目合作方的资信能力，融资行会通过财务报表进行评估或辅以现场尽职调查。

（3）对项目关联方的尽职调查。在融资阶段可能无法确定项目其他具体参与方，如 EPC 承包商、运维商、供应商等，此时可折中向融资行提供候选企业名单及标准合同模板以供开展尽职调查。

3. 尽职调查中融资行关注的风险点

（1）土地问题。土地落实情况是融资行在整个项目融资过程中一直关注的风险点，在项目融资实际操作中，土地协议牵涉的事务比较多，例如它不仅是保险审批、其他融资协议签订、贷款发放、东道国政府批复的前置条件之一，还直接关系到项目能否顺利开发、建设、运营。

（2）电力消纳问题。电力消纳通常是银行决定是否参贷项目的重要考虑因素之一，原因在于电力消纳与电费收入在一定程度上存有关联性，若东道国电力消纳饱和，银行会担心后续的电费不能按预期收取，影响借款人贷款本息的归还。

4. 融资行的信贷审批

若采用独家融资行模式，融资行只需要将承贷方案报行内贷委会审批；若采用银团模式，各参与行上会前首先需要确定统一的承贷方案，然后由牵头行率先报批过会，最后参与行在获得牵头行审批意见书后，分别安排各自行内的报批过会。

银行上会的"会"即贷委会，全称为贷款审查委员会，成员包括业务（风险）、稽核等方面的人员，成立的目的是对大额贷款进行审查，控制风险，维护银行利益。

10.6.5 准备及签订融资协议

在项目通过融资行贷委会审批后，接下来就是一揽子融资协议的准备、谈判和签署工作。

1. 项目融资相关方介绍

如图 10-9 所示，一般在项目融资中常见的有九大关联方，其相关关系如下。

①表示项目公司与购电方签署购电协议 PPA，作为项目开发

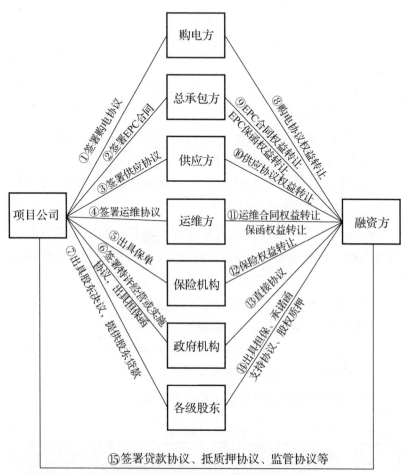

图 10 - 9 项目融资相关方关系图

的基础条件。

②③④表示项目公司与总承包商、供应方、运维方签订一系列商务合同。

⑤表示商业保险和出口信用保险公司为项目公司出具商业保单和政治风险保单。

⑥表示东道国政府机构为项目出具担保函或与项目公司签订特许经营协议、实施协议，作为项目自身信用结构中最重要的组成部分。

⑦表示股东通过决议的形式批准或授权项目相关事务，此外股东也在必要时为项目公司提供股东贷款。

⑧⑨⑩⑪表示融资方通过签署权益转让协议的形式获取项目公司商务合同及其相关保函项下的相关权益。

⑫表示项目公司在商业保险保单（除第三方责任险）和出口信用保单项下的权益全部转让给融资方。

⑬表示融资方通过与政府机构签订直接协议的形式享有项目介入权，并在必要时获取项目公司在政府项下的相关权益及义务。

⑭表示各级股东为项目向融资方提供担保、承诺函、支持协议、股权质押等多元化的增信措施。

⑮表示项目公司（作为借款人）与融资方（作为贷款人）签订贷款协议、抵质押协议、监管协议等一系列融资文件。

2. 常见项目融资协议简述（见表 10 - 4）

表 10 - 4　　　　　　　　　融资协议简述表

序号	融资协议	内容概述
1	贷款协议	一般由借贷双方签订，是整个融资协议的核心文件，目前常用的蓝本中，ALPMA 多用于亚太地区，LMA 多用于欧洲地区。贷款协议大致可分为五大类，一般信息（general information）、陈述与保证（representations and warrenties）、账户设置（accounts）、违约事件（defaults）和放款审查（examination），简称 GRADE

续前表

序号	融资协议	内容概述
2	补充协议（如有）	作为对主贷款协议内容的补充，通常适用于贷款协议正式签订后，如有条款变更，需签订补充协议
3	保证合同	一般约定股东为项目提供连带责任担保，以此作为项目最有力的增信措施
4	完工担保	一般约定股东在一定时间（满足完工担保解除条件后释放，通常在 COD 后一段时间内解除）内为项目提供担保
5	承诺函	由股东向融资行出具相关承诺，一般包括控制力承诺、超概承诺、流动性支持承诺、完工承诺等
6	安慰函	由股东向融资行出具安慰性质函件，一般对借款人还本付息义务有较弱承诺性质的兜底保障
7	监管协议	一般用于约定项目开立账户的资金来源和使用途径，借款人使用资金的操作步骤
9	抵质押协议	一般资产和权益抵质押范围包括不动产、动产、账户、股权等，协议中通常约定资产和权益抵质押价值、协议相关注册流程、抵质押执行程序及借款人相关义务
10	权益转让协议	一般的权益转让包括但不限于：商务合同如 EPC，PPA，CSA，O&M，LLA 等合同权益，相关保函权益，保险权益；在项目发生执行事件时，融资行可代为享有合同权利
11	股东支持协议	由股东和融资行签订，支持内容与承诺函类似，一般为出资支持、完成支持、超概支持、不放弃项目等

续前表

序号	融资协议	内容概述
12	费用函	一般用于约定安排费、代理费等相关融资费用的金额、支付时间要求

10.6.6　首笔贷款资金发放

1. 贷款发放落实流程

贷款发放落实的流程有 9 个步骤，如图 10 - 10 所示。

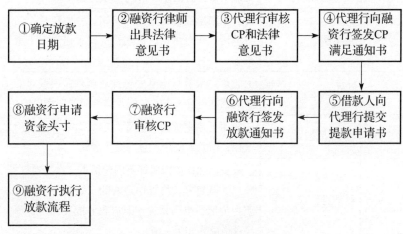

图 10 - 10　放款流程示意图

①当首次放款材料在预期的时间内能够完成时，各方协商确定具体的放款日期。

②借款人提交首次放款要求的材料后，由代理行、融资行律师、融资行保险顾问、融资行技术顾问等就各自负责的首次放款材料进行审核，意见统一由融资行律师汇总。在所有材料满足要

求后，融资行律师为本项目向融资行出具法律意见书和放款前提条件（conditions precedent，CP）满足情况专项意见书。

③代理行在收到借款人的首次放款材料和两份律师意见书后，做进一步审查。

④依据贷款协议规定，代理行向融资行签发 CP 已满足的通知书。

⑤依据贷款协议规定，借款人向代理行提交提款申请书，注明提款金额、日期、收款账户等信息。

⑥依据贷款协议规定，代理行按借款人的提款计划向融资行签发放款通知书，注明各行放贷金额、日期、收款账户等信息（如有）。

⑦融资行依据贷款协议和行内管理办法对首次放款材料进行审核，并执行行内审批流程。

⑧融资行依据提款金额，申请资金头寸。

⑨融资行执行放款流程。

2. 常见放款材料类型（见表 10 - 5）

表 10 - 5 常见放款材料类型

序号	文件类别	说明
1	公司章程及审批等相关资料	包括项目公司的股东、发起人等各方的公司章程、营业执照、政府审批等合规性文件，公司决议、董事证明书、签字样本等资料
2	法律意见书	融资方法律顾问出具法律意见书
3	融资协议	包括主贷款协议、抵质押协议等项目融资协议
4	项目文件	项目商务文件，包括股东协议、购电协议、EPC 合同、土地协议等

续前表

序号	文件类别	说明
5	保险文件	商业保险安排及信用保险（如有）
6	政府审批及注册	中方发改委、商务部等政府部门的审批以及项目所在国政府对项目合规性的审批
7	项目合法性证照文件	包括环境证书、临时发电许可、税务证书、执照许可证等保证项目正常建设及运营的合法性证照文件
8	支持性文件	包括银行顾问的尽职调查报告、账户开立证明、地质情况报告等支持性文件

10.6.7 案例分析

A 国 BOT 水电站项目

1. 概况

2004 年中国 P 企业中标 A 国最大的水电站项目，该项目是 2006 年援助 A 国的三大工程之一，也是目前 A 国最大的引进外资项目。项目总装机容量为 19.32 万千瓦，总投资 2.8 亿美元。项目采用 BOT 模式，特许经营期 44 年，其中建设期 4 年，商业运行期 40 年。项目的主要任务是发电，兼顾城市供水及灌溉，主要目标是替代从 B 国进口的电能。A 国国家电力公司承诺购买所有发电量，由 A 国政府提供担保。P 企业在 A 国设立了全资项目公司，由该公司负责设计、建设、运营，以项目公司的名义对外贷款。中国进出口银行是项目的贷款人。与传统的公司融资相比，项目融资结构复杂，所需文件大致可分为项目基本文件（股东协议）、商务文件（承包合同、购销合同等）、贷款文件（贷款协议）、担保文件（财产抵押协议、保险合同、银行保函）等。2006 年，经过数轮谈判，中国进出口银行和某企业正式签署了贷款协议和相关保险、担保协议。

2. 融资模式

由中国进出口银行直接给项目公司贷款。项目投融资结构见图 10 - 11。

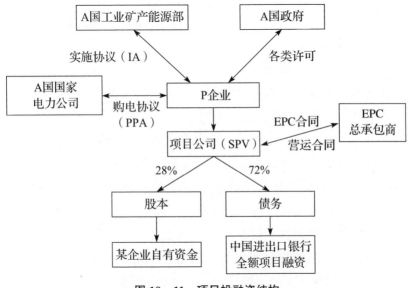

图 10 - 11 项目投融资结构

3. 担保模式

（1）《合同权益质押及担保协议》。由项目公司将其在项目合同（包括《特许权协议》《购电费用担保协议》《总承包合同》《购电合同》《电网调度合同》《设备运行、管理、维修合同》等）项下的权益转让、质押给中国进出口银行。项目公司在有关银行开立若干账户，交由托管人托管。

（2）《发起人质押协议》。项目公司股东将其在项目公司的全部股权质押给中国进出口银行。

（3）《土地及建筑物抵押协议》。项目公司将其拥有的土地权益、厂房及其他地上附着物抵押给中国进出口银行。

（4）《机械设备抵押协议》。项目公司将其拥有的机器设备及其他一切财产抵押给中国进出口银行。

（5）《账户质押协议》。项目公司根据中国进出口银行的要求，在代理行开立若干账户，项目公司同意将账户下的权益质押给中国进出口银行。

（6）《保险单质押协议》。项目公司将其与项目有关的所有保险合同项下的权利及根据保险合同取得的一切保险金均转让、抵押、质押和转移给中国进出口银行。

（7）《发起人支持协议》。项目公司股东承诺如下：①按期缴纳项目公司注册资本；②股权处置限制；③成本超支保证，股东承诺如发生超支情况，将立即按照项目公司合作合同章程的规定无条件向项目公司提供项目超支融资；④完工担保，股东承诺对贷款合同项下的贷款承担连带保证的完工担保责任。为了加大担保力度，由股东的母公司出具承诺函，承诺在股东支持不足时，由母公司提供担保支持。项目担保结构设计图见图10-12。

4. 最终方案

借款人：项目公司。

币种：美元。

借款额：不超过债务部分。

贷款期限：结合项目建设期及投资回收期考虑。

利率：6个月 LIBOR（伦敦银行同业拆借利率）+ MARGIN（利差），完工前后采用不同利差。

还款期：项目完工后起至贷款还清结束，每半年还款一次。

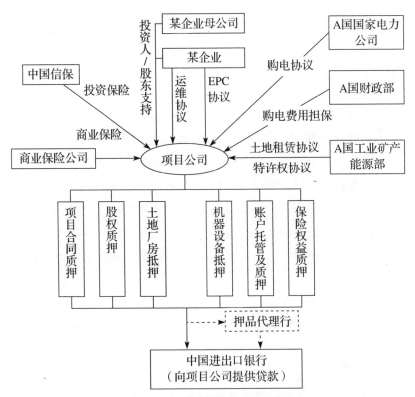

图 10 - 12 项目担保结构设计图

完工担保：项目完工前，由股东的母公司提供还本付息担保。

担保及支持性安排：营运期提供项目资产质押；设立项目托管账户，提供托管账户质押；在电力购买协议上设置质押；在特许经营协议上设置质押；A 国政府提供还款保证；提供借款人股权质押；投境外投资保险；其他担保和支持性安排。

5. 后续进展

项目于 2007 年 9 月 18 日正式启动，目前已顺利完工并进入运营期，收益良好。

10.7　经验总结

10.7.1　融资需关注的问题

我国的境外投资业务经过多年发展取得了显著成效。境外投资业务的投资额大、周期长，企业面临巨大的资金和利率风险，以及外汇和汇率风险，融资业务是境外投资的一项重要内容，也是项目成败的关键。近年来，随着"走出去"战略的实施，各项境外投资政策和配套服务体系逐步完善。在这种背景下，企业要充分利用国家提供的各种配套政策，在具体的融资过程中把握原则，降低项目风险，以取得较高的经济效益。融资风险的控制应当贯穿投资业务的全过程。

1. 项目选择要慎重

当前我国企业的境外投资业务主要集中在不发达甚至比较落后的国家和地区，国别风险相对较大，易出现战争、征收、收汇等政治风险，因而在目标市场选择上应当慎重，从源头避免出现风险。针对这些风险较高的市场，规避风险的最好办法是投保出口信用险。中国出口信用保险公司是政策性保险公司，其目标是支持国家外贸、外交、金融等方面战略目标的实现。因此，企业要选择符合国家战略的市场和项目进行开发，以获得中国信保的支持，从而获得融资。中国信保在对世界各个国家的风险进行分类的基础上对高风险国家实施信用限额控制，限额高低的调整体现了本国外交政策的变化。中国信保每年均会更新《国家风险分析报告》，其中详述了世界各国的风险分析，企业应仔细研读，把握国家的政策导向，选择有利的目标市场，降低项目融资风险。

2. 及时与银行和出口信用保险机构沟通，提前落实担保条件和出口信用保险

在取得和跟踪项目信息的最初阶段，企业应与银行和出口信用保险机构取得联系，了解国别风险、保险意向、贷款意向和是否有额度等方面的限制，对市场与项目有更深入的了解，从而提高谈判效率。银行和出口信用保险机构及时参与到项目的评估过程中对双方都是有利的，不仅增进银行和出口信用保险机构对项目、业主和借款人等利益相关者的资料与决策信息的了解，也有助于企业对项目风险进行综合评估。此外，在整个谈判过程中与上述机构保持沟通和互动，可以促使银行与出口信用保险机构更加顺利地拟定承保、承贷的方案以及最后的报价，使企业更加完整地做出项目概预算并进行谈判。事先的沟通不仅是项目签约后投保和申请贷款的必要铺垫，对于企业在报价谈判时考虑融资成本也非常关键，提前落实担保条件和出口信用保险是正式融资的必要前提。

例如，K 国的某个项目拟采用买方信贷，企业首先要咨询中国信保该国是否有买方信贷额度，而后根据合同金额确定是否需要报财政部和国务院办公厅审批，按时间进度将相关的项目资料报中国信保审批。同时，根据项目的国别和特点，确定选择哪家银行合作，并将资料报该行审批。只有这样，才能提高工作效率，及时沟通信息，节约审批时间。

3. 配合贷款银行做好项目评估和贷前审查

在申请贷款的过程中，企业作为融资的申请人，走在项目的最前沿，能更便利地了解更多的相关信息，因此企业有义务认真配合贷款银行做好项目评估和贷前审查。对于项目融资，由于项目公司并无任何资信，因此，银行对于项目未来收益预期的保障要求十分严格；对于出口卖方信贷，由于资金直接贷给企业，将来由企业负责还贷，所以企业必须如实说明自身的财务状况、能力情况和项目情况等，以保证银行顺利开展项目评估和贷前审查工作；对于买方信贷等融资，由于涉及的关系人比较多，且距离遥远，需要承包商从中穿针引线，协助贷款银行做好项目调研、考察工作，帮助各方传递资料、互通信息，以促成融资的最终落实。

如果借款人是项目所在国的财政部或有主权担保，那么银行贷前主要进行国别风险评估，评估的主要内容包括：当前政治形势分析、经济状况和经济风险分析（包括宏观经济指标、经济结构、外债情况）、货币政策和金融体系分析、问题分析及前景展望等。如果借款人是其他企业或金融机构，银行贷前审查的主要内容包括：借款人和担保人的注册资料或商业登记资料、机构性质、历史和隶属关系、股东和管理者情况、经营状况、财务状况、公共记录（法律记录和抵押记录）、付款记录等。企业要对上述评估内容有一定的了解，以配合银行做好项目评估和贷前审查，加快借贷进度。

4. 出现意外情况和风险事件时积极采取措施降低风险

出现意外情况和风险事件时，企业要及时通知贷款行和中国出口信用保险公司，并积极采取必要措施以最大限度地降低风险，减少损失。

无论是何种信用保险方式，在出口信用保险协议的框架下，都严格规定了企业的通知义务和责任。比如，如果商务合同下任何一方出现违约，企业得知任何可能造成不能履约、阻碍或延误履约的事件，或获悉借款人可能在贷款协议下违约，企业应本着诚信的原则，立即通知保险公司和银行，并采取积极的措施防止或减少可能的损失。企业只有严格履行各项义务和责任，才能保证贷款协议和商务合同较好地执行，才能在发生损失时按照出口信用保险协议的规定及时获得赔偿。

5. 加强对利率、汇率的风险管理

企业面临的利率风险是指利率的波动导致融资成本变化的风险。汇率风险主要包括交易类汇率风险和会计报表类汇率风险。交易类汇率风险指在以非主要经济收入货币计价的收支交易中，因汇率波动而导致以主要经济收入货币计价的收入减少或支出增加的风险。会计报表类汇率风险指因持有的资产和负债币种不匹配，而在非主要经济收入货币汇率波动时盈利或权益资本降低，信用评级指标、债权融资财务约束指标或其他财务风险监控指标恶化的风险。

利率风险管理的方法有：针对中长期浮动利率融资，应部分锁定融资成本，该项业务应该在总部的协调和授权下完成。具体的金融产品有远期利率合约、利率掉期、利率结构性产品。

汇率风险管理的方法如下：

（1）降低当地币收款比例，利用当地采购尽可能地消耗当地币，无法消耗的当地币应及时转换成可自由兑换货币。

（2）可自由兑换币种资金的收付尽量自然对冲，结余部分应根据市场动态合理利用金融工具进行管理。

（3）对于部分小币种，可由总部根据资金使用情况，利用无本金交割远期进行管理。具体的金融产品有：远期外汇交易、货币期权、货币掉期、汇率结构性产品。

在当前的国际经济环境中，金融市场非常活跃，企业在融资过程中要充分考虑利率、汇率的现状和未来可能的变化，选择适当的融资品种和融资方案。如果预期利率上升，应尽可能选择固定的贷款利率；预期利率下降，则争取选择浮动的贷款利率；预期本币贬值，尽量直接进行本币融资；预期本币升值，则要争取按业主支付的外币币种进行融资。当然，企业还可以灵活运用掉期、远期外汇交易等金融手段规避融资过程中的风险。

总之，通过拓展融资渠道，不仅可以有效提高国家的竞争力，还可以促进我国利用国内外两种资源、两个市场完成国内产业结构调整，更好地为国民经济的发展服务。在境外投资业务的各个环节有效规避和控制融资风险，有助于企业提高竞争力，获得更大的经济效益。

10.7.2　规避风险的具体措施

境外投资业务周期较长，在建设过程中会产生大量以外币为计价单位的应收账款。在汇率较为稳定的时期，这些应收账款的价值受汇率的影响较小。但当人民币汇率浮动时，应收账款的价值会受到影响，进而影响整个项目的利润。企业应该敏锐洞察汇率变动的风险，采用各种可行的资本运作手段控制风险、锁定利润。

1. 通过应收账款买断规避汇率风险

应收账款买断是在满足一定条件的情况下，企业将赊销形成的未到期应收账款以无追索权的形式转让给商业银行等金融机构，以获得银行的流动资金支持，加快资金周转的一种重要融资方式。通过这种方式，企业将因业主无法支付而产生的坏账风险和因人民币升值而带来的收汇风险都转嫁给了银行，与此同时，企业需要向银行支付买断成本，人民币升值趋势越明确，银行要求的买断成本越高。因此，企业应该密切关注货币市场和国际金融市场的动态，尽早做出决策，以较低成本规避汇率风险。

2. 在项目报价阶段采取固定汇率或强势货币

在项目报价阶段，应选择对企业有利的币种进行报价，如采用与本币实行固定汇率的外币，或者尽量选择币值较强的货币作为计价货币。而在申请贷款时，尽量选择币值较弱的货币作为借款货币。

以人民币报价就是最好的规避汇率风险的结算方式。如果合同约定以人民币结算，就意味着无论将来人民币汇率变动的幅度多大，业主都要将外币换成人民币用于还款，因此，业主的成本是不确定的，而国内企业的收入却是固定的。这种操作方式只限于中方比较强势的项目，或是特殊的贷款条件（我国的政府优惠贷款就规定必须以人民币结算）。

对于中方不是处于绝对优势的项目，企业提出按人民币结算显然很难实行。可以退一步，依旧采用美元结算，但锁定人民币对美元的汇率。未来的收汇期内人民币升值幅度超过锁定汇率部分，由国外业主来承担；在锁定汇率内的升值损失，由中国企业承担。这样，双方共同分担了汇率的升值成本。

如果谈判时处于不利的地位，即外方不接受人民币计价，则可选择一些相对强势的币种，可参考金融机构远期结汇汇率报价进行汇率走势的判断，并适当留出富余量。

3. 通过远期结售汇操作规避汇率风险

对于收汇比较稳定、有确切收款期间的应收外汇账款，从锁定利润的角度来说，可以考虑采用银行远期结售汇业务，锁定汇率水平，以规避汇率波动带来的风险。

远期结售汇业务是确定汇价在前而实际外汇收支发生在后的结售汇业务（即期结售汇中两者是同时发生的）。客户与银行协商签订远期结售汇合同，约定将来办理结汇或售汇的人民币兑外汇币种、金额、汇率以及交割期限。在交割日当天，客户可按照远期结售汇合同所确定的币种、金额、汇率向银行办理结汇或售汇。远期结售汇的期限有7天、20天、1个月、2个月、3个月至12个月，共14个期限档次。交易可以是固定期限交易，也可以是择期交易。

例如，某国内承包商预计在6个月后收到3 000万美元工程款，此时美元即期售汇价为7.27。客户为了防范人民币汇率上升所造成的汇兑损失，可通过银行的远期结售汇业务来固定其6个月后的换汇成本。若银行6个月远期美元对人民币的报价为7.230/7.250，则承包商在与银行签订了远期合同后，便可于6个月后按1美元兑7.230元人民币的价格向银行卖出3 000万美元，同时买入人民币2.169亿元。一旦此笔交易成交，则6个月后无论即期结售汇市场美元对人民币的汇率如何，客户都将按该合同价格进行交割。这样，客户便可按7.230的汇价固定出口收汇，从而实现货币保值的目的。

远期结售汇价格是根据外币和人民币两者的利率差计算得到的，高息货币远期贴水，低息货币远期升水，如果美元利率高于人民币利率，则美元对人民币远期汇率低于即期汇率。如果客户有远期出口收汇，担心到时美元贬值，则可通过远期结售汇业务卖出远期美元以锁定成本。

4. 通过掉期交易规避汇率风险

既有进口业务也有出口业务的企业可以通过掉期交易来规避汇率风险。掉期交易是在买入或卖出即期外汇的同时，卖出或买入同一货币的远期外汇，以防汇率风险的一种外汇交易。这种金融衍生工具是当前用来规避由于汇率变化而给企业带来的财务风险的一种主要手段。

掉期交易与即期交易、远期交易有所不同。即期交易与远期交易是单一的，要么做即期交易，要么做远期交易，并不同时进行，因此，通常也称为单一的外汇买卖。掉期交易的操作涉及即期交易与远期交易的同时进行，故称为复合的外汇买卖。掉期交易可以有效轧平公司的外汇头寸，避免汇率变动引发的风险。例如，如果企业有一笔 1 个月后的美元收汇和一笔 3 个月后的付汇，企业可以选择相对应的掉期业务来规避汇率风险。

货币掉期又称货币互换，是一项常用的债务保值工具，主要用来控制中长期汇率风险，把以一种外汇计价的债务或资产转换为以另一种外汇计价的债务或资产，达到规避汇率风险、降低成本的目的。例如，如果企业现有人民币债务，又有美元支出的需求，同时远期有美元收汇，由于收付汇时间不匹配，企业可以在对人民币有升值预期的情况下，通过货币掉期把人民币债务转换成美元债务，并且锁定企业在期末将美元转换为人民币的汇率。由于美元融资成本较低，将人民币贷款转换成美元贷款可以达到节省利息支出的目的。按照目前的市场水平，一年期的产品可以节约大于 1% 的利息成本。

5. 通过外汇对冲操作规避汇率风险

规避汇率风险的另一个措施就是对冲。对冲可以有多种方式：开展进口业务，以出口所得外汇支付进口所需外汇，以抵消出口业务的汇率风险；在工程项目下对分包单位也使用外币进行结算（一般贸易项下，目前国内政策还不允许外币结算）。这些方法在一些公司已经有成功的例子。

例如，某企业曾在某国签订 8 200 万美元的对外承包合同，其中施工合同、设计合同、佣金合同、清关运输费、现场管理费等都以美元结算，累计金额 6 400 万美元。这意味着美元汇率波动对公司的影响额只有 1 800 万美元（8 200-6 400）。成本项下大量采用美元结算后，汇率波动将只影响利润部分金额的汇率，而不再影响项目是否盈利。如果该项目分包采用人民币结算，那么人民币对美元汇率每升值 0.1 元，项目利润将减少 820 万元人民币。分包采用美元结算后，同样的升值幅度，利润将减少 180 万元人民币，这大大降低了项目亏损的风险。

6. 通过外汇结构性存款获取收益

外汇结构性存款是一种特殊的外汇存款业务，是根据客户所愿承担的风险程度及对汇率、利率等金融产品的价格预期设计的一系列风险、收益程度不同的存款产品。客户通过承担一定的市场风险获取比普通利息更高的收益。结构性存款业务主要是将客户收益率与市场状况挂钩，可与利率（LIBOR 等）、汇率、信用主体等挂钩，也可以根据客户的不同情况量身定制。

外汇结构性存款通常有以下特点：

（1）存款本金有保障。

（2）对市场判断准确时可获得大大高于一般性存款的收益率。

（3）期限、支取条款、付息方式等根据客户要求灵活安排。

企业可以通过银行提供的外汇结构性存款业务来实现大额资金的保值增值。相对于普通的定期存款，结构性存款一般由银行自行或者委托国际专业机构运作，收益相对较高。

7. 加大收汇风险的控制

收汇风险的控制要受到企业高度重视，一个项目如果不能收汇，即使项目效益再好，执行得再完美，也是为他人作嫁衣。只有高度重视收汇环节，才能更好地实现企业利益最大化的目标。控制收汇风险的措施主要有以下几种。

（1）投保出口信用保险。对于非预收款项目，争取到出口信用保险对收汇将是一个非常好的保证。有了出口信用保险，不但收汇风险大大降低，对于长期收款信贷项目的后续应收账款的融资也大有帮助。可以与银行洽谈应收账款买断业务和押汇操作，这在很大程度上扩大了企业资金的操作余地。需要注意的是，出口信用保险并非万能，一旦发生出险提赔，会影响企业后续投保，而且信用保险赔付率并非100%，中长期信用保险的赔付率一般是90%，企业还是会承担一部分损失。

（2）利用信用证结算并争取由信用等级高的银行进行保兑。在国际贸易业务中，信用证是一种比较有保障的结算方式。然而，由于开展国际工程的大部分地区欠发达，如非洲地区的某些银行信用等级不高，即使以信用证结算也不可靠，建议寻找世界排名相对靠前的银行进行保兑。

（3）控制发货进度。对于常年合作的老客户，企业可适当给予一定的额度，采用一批压一批的分批发货方式，一旦出现风险，立即停止发货，这样企业可将风险敞口控制在一定范围之内。

（4）适当调整出运产品的金额。对于成套设备出口业务，如果是以信用证结算且分批议付的，可以考虑通过适当调整出运产品的金额来提前收汇。例如，可适当提高早出运货物的发票金额，实现提前收汇，晚出运货物的发票价格相应降低，最终保持对外总价不变即可。

（5）通过办公自动化（OA）系统预警提示。在企业的OA系统中，可以添加收汇到期预警提示功能，帮助管理者随时了解收汇的进度，督促到期未收汇账款的收回。在收汇预警提示中，可以设置类似交通指示灯的红、黄、绿指示灯。绿色表示收汇进度正常；黄色表示收汇即将到期；红色表示收汇超期，可能无法收回。当出现黄色指示灯时，管理者应该足够重视，及时督促相关部门做好收汇工作。当出现红色指示灯时，管理者应该及时查明未收汇原因及相关部门的责任，采取惩罚措施。OA系统的软件应与企业实际情况相匹配，企业的决策层、经营层、执行层等各个层面的人员根据自身的管理权限，在打开OA系统后即可浏览逾期应收账款的内容。例如，企业总经理看到逾期5 000万美元的应收账款出现红色指示灯时，必须立即采取相应措施。这样可以避免不及时汇报、相关人员推卸责任等问题。

8. 通过信息化控制规避风险

在企业资金充足或者有能力应用信息化系统来处理各项业务时，信息化控制可以使得企业各项业务的处理有更加客观的依据，为企业控制风险带来便利。

建立信息化系统，可以根据企业的实力选择合适的方案。当企业实力较强，资金充足，能够负担信息化系统上线成本时，可以建立全面的企业资源计划（ERP）信息化系统。信息化系统的建立需要企业领导的支持及各部门的配合，也需要软件企业、顾问企业的辅助支持。信息化系统的上线过程可能持续的时间较长，因为它涉及各个部门的信息整合以及部门之间的信息协调。当企业实力一般，或者暂时没有能力完成信息化系统的上线时，可以采取分步分阶段实施的措施。下面举例说明通过信息化控制进行境外分支机构管理。

境外分支机构财务管理存在诸多问题：有些项目现场财务负责人员态度不端正，容易导致收支随意，出现审批手续不全、随意挪用款项的情况；有些项目现场的固定资产缺少专人管理，一旦人员更迭频繁，就会导致大量物品遗失、无法查找；有些项目现场拖延向总部报账的时限，使得总部发现问题滞后，问题无法及时解决；有些项目现场信息不够畅通，无法及时交流，出了问题无人承担、相互推卸责任等。

境外分支机构在日常经营中出现上述问题会给企业运营带来极大的不良影响，导致项目无法按期顺利完成，进而影响企业的整体经营计划。

对于上述问题，企业可以采取的应对措施包括：向境外分支机构派驻财务人员，或者借助财务管理系统实现高效的财务集中管理；借助大型通信支撑平台，实现项目运作中的信息即时反馈与管理，达到国内外沟通流畅及时，做到国外账务定期报告总部。如果企业资金不足，无力建立通信支撑平台或者财务信息管理系统，可以采取在总部设专岗的措施，监管境外分支机构。

通过银行的现金管理平台对海外资金进行管理。国内几大主要银行都有现金管理平台系统，一般情况下都是向企业免费提供的，前提是企业将所有海外账户均开在该银行。银行可以为企业提供现金的查询、管理、授权等一系列服务，以便企业总部对海外项目现场进行管理。

9. 通过建章立制控制风险

企业依法制定并实施规章制度是保证企业规范运作的重要方式之一。企业除了受到国家相关法律法规的约束，还需要根据企业的具体情况制定准确详尽、可直接运作的规范。成功企业的制度体系大都较为完备，可以保证企业运作平稳、流畅、高效，防患于未然。财务工作也需要一系列相关制度加以规范。

10. 通过国债收益率锁定方案控制风险

鉴于近两年在境外发行美元债券的成本相对较低，企业纷纷采取境外发行美元债券的方式解决融资问题，然而 2013 年 5 月以来，随着美国经济复苏、美国意欲退出量化宽松（QE），长期利率市场出现底部回升的势头，十年期国债收益率上涨大于 1%。若美国真正开始逐步收缩 QE 规模，预期公债收益率将进入上升通道，这意味着境外发行美元债券的成本会呈上升趋势。

其应对措施就是采用国债收益率锁定方案。国债收益率锁定方案是一种名义本金协定，可以帮助客户提前锁定某个国债在未来某个既定时刻的价格。在企业计划发行固定利率债券前，该方案经常用来对冲国债基准收益率波动的风险。采用该方案需要注意对冲时间错配。

境外投资法律事务

　　党的十八届四中全会作出全面依法治国的重大战略部署，开启了中国法治建设新篇章。依法治国落实到企业层面就是依法治企，包括企业守法合规经营、企业正常经营行为依法获得保护和企业依法享有各项经营激励政策等方面。"一带一路"倡议下，中国企业"走出去"，要在境外投资市场上做优做强，需要依靠法律，使用法律，发挥法律的基础性作用，为企业经营保驾护航。对于"一带一路"建设的排头兵中央企业，依法治企首先是对投资人的强制性要求。为控制中央企业投资法律风险，特别是境外投资法律风险，《关于全面推进法治央企建设的意见》等文件相继出台，明确了法治央企建设和依法开展国际化经营的要求。事实上，加强境外投资法律事务管理、发挥法律在投资经营过程中的基础性作用，是所有中国企业在"一带一路"上行稳致远的保证。

　　发挥法律事务管理在境外投资中的基础性作用，需要注意以下四个方面。

第一，发挥法律引导性作用。国别法律环境是中国企业选择目标市场的"筛选器"，中国企业可以通过分析投资目的国外商投资法律环境，了解鼓励或限制外商投资的法律制度，在法律的引导下进入投资环境优良的国别市场。

第二，发挥法律规范性作用。有关投资的法律规定是中国企业走进目标市场后的行动指南，中国企业与投资目的国政府、合作伙伴就项目谈定的各类投资条件不能超越法律规定，需在法律范围内执行推动。

第三，发挥法律稳定性作用。法律稳定是中国企业大规模投资的定心丸，投资目的国政府可能频繁更迭，政策可能随时变动，但由于法律的修改涉及面广，故相对而言比较稳定，这使得投资法律环境在一定时间内是可以预测的，能够增强投资人的信心。

第四，发挥法律强制性作用。法律保护是企业受到不法侵害时的杀手锏，法律能够调动国家机关，以制裁、禁止等方式强制各方遵守法律，保护合法权益不受侵犯。境外投资过程中发生争议纠纷在所难免，紧急情况下根据法律规定向目标市场政府或法院申请特别保护或支付禁令等是维护自身合法权益的有效手段。诉讼或仲裁后，败诉方拒不履行判决，依靠法律强制执行能最大限度地挽回损失。

本章将从发挥前述法律四个方面的作用入手，介绍境外投资法律事务管理体系建设的相关要求和经验。在此基础上，总结作者在投资法律形式选择、法律尽职调查和协议谈判等重点法律工作方面的实际工作经验，以供读者参考。

11.1　法律事务管理体系

境外投资开发按时间节点划分可以分为前期、中期和后期三个阶段。前期和中期以项目正式立项为分界点，中期和后期以项目协议正式签署及履行为分界点。项目开发工作完成后进入项目实施运营阶段。过去，企业法律部门主要在项目开发中期和后期介入，在项目开发中期主要是对基本成型的项目协议进行最终的法律审核，在后期主要是开展法律纠纷应对工作。随着境外投资的快速发展，无论是政府还是企业决策层都越来越重视法律在境外投资中的基础作用，法律部门介入项目的时点逐渐前移，而且在实施运营阶段不断加强法律管理，已经初步形成法律部门对境外投资项目开发前期、中期、后期和实施运营阶段全流程、全生命周期深度参与的法律事务管理体系。

11.1.1　项目开发前期法律事务管理

项目开发前期的法律事务工作主要包括法律尽职调查、投资架构和形式的法律论证、股东合作及投资框架协议谈判与签署等。前期法律工作主要服务于公司投资决策，即从法律角度论证公司投资项目是否可行，明确项目开发是否存在重大法律障碍。

法律尽职调查（分为目标市场国别法律规定的检索／调查、目标项目相关事实的调查）解决的是项目能不能做的问题。法律尽职调查一方面是要了解项目所在国的投资法律环境，着重论证是否有健全的法律体系，是否有健全的法律救济措施，是否可能出现重大政治变化导致项目面临征收、国有化风险和法律随意变更导致的隐性征收等风险；另一方面是要了解项目当地主要参与方以及主要合作伙伴的情况，了解未来会和谁打交道，项目开发合作伙伴是否值得信赖及其是否有适当的履约能力等。

投资架构和形式的法律论证解决的是项目如何做的问题，是指基于法律尽职调查结果和框架协议的安排，搭建项目公司的架构和选择法律主体形式。其目的在于增加项目收益，降低项目或投资人风险，侧重点在于怎么使项目做得更好。

股东合作及投资框架协议解决的是进一步细化项目如何做的问题，是指在采用投资架构和形式的法律论证结论的前提下，对论证结论落地实施。投资框架协议的主要目的是确认双方达成了初步合作意向，通过约定排他性条款限制甚至排除竞争者，与第三方达成类似协议；把合作各方所需承担的义务或者所需投入的资源通过协议的方式予以明确，为项目进一步开发做出规划设计。

公司内部法律部门在项目前期就要组建项目法律服务团队。组建项目法律团队必须坚持"专业的人做专业的事"原则，以企业内部法务人员为主体，统筹协调内外部法律资源，根据公司和项目实际作出综合法律判断，最终由企业总法律顾问或者法律部门负责人出具法律意见书，作为项目正式立项决策的法律基础。在此前提下，对于亟待突破的完全陌生的新市场和新领域，可以聘用经验丰富的国际律师事务所，由其牵头组织当地律师共同为项目推进提供法律服务，充分利用"外脑"的经验，少走弯路。对于公司长期跟踪的市场和领域，则可以逐渐或者直接实现法律服务属地化，由公司法律团队直接对接当地律师，形成"总部—项目"垂直、高效、集约的法律管理体系。

11.1.2 项目开发中期法律事务管理

项目正式立项后进入项目开发阶段的中期，此时项目经过大量前期论证已经有了一定的确定性，此阶段的主要法律工作是基于前期工作成果，细化框架协议约定的项目推进方案，推动项目开发的主要法律流程及项目主要协议的谈判与签署，将项目的商务、技术和经济条件以合同条款的形式固定下来。

主要法律流程的推动包括两方面的工作：一是项目公司和离岸公司的设立；二是项目开发权的获取。首先，项目公司是项目实施的主体，为避免主体缺失导致无法申请权证、签署协议等程序性问题从而影响项目推进，相关工作必须尽早开展。一旦决定推进项目，需尽快完成项目公司和离岸公司设立、公司治理结构确定以及项目资本金的认定等法律流程。同时，由于基础设施和能源领域往往涉及国家安全和市场垄断问题，因此，在设立公司的过程中需特别应对国家安全审查和反垄断审查。其次，境外基础设施和能源项目在各国大多是特许经营项目，在公司决定正式开发后，需要将前期获得的勘探权、开发权等基础性权利，固化为有更强法律保障的排他性、专属性的项目特许经营权。在电力项目上主要表现为取得发电权证书，在矿产项目上则是矿权证书。

在协议谈判方面，主要包括股东合作协议和项目投资协议的磋商。股东合作协议是项目公司成立的前提，签署时间早于项目投资协议，但两项主要协议可以同期研究，同期先行谈判协商。协议谈判和签署通常在投资目的国进行，法律服务团队也会根据形势进行调整，通常分为前台法律支持服务团队和后台法律独立审核团队。前台法律支持服务团队由法律部门谈判精英和专业律师组成，对项目协议谈判直接提供法律支持和服务，对协议法律风险进行直接把控，针对重点问题提出法律解决方案；后台法律独立审核团队由法律部门法律管理人员和风险管理人员组成，进行独立审核和专业风险评估，对前台谈判内容进行独立复审和全面风险把控，形成法律防火墙。通过法律部门前后台的内部沟通，可以有效防范风险，缩短项目法律风险评审时间，提高效率。项目协议正式签署前，法律部门会根据谈判情况和协议内容出具整体项目协议法律风险报告，供企业决策层参考；协议签署后，出具定稿文件实施备忘录，供项目实施人员在协议执行期间参考。

11.1.3　项目开发后期法律事务管理

项目公司注册成立并有效运行，主要开发权证已获取，重要协议已签署，标志着项目开发中期阶段完成，进入项目开发后期阶段（主要是项目融资），这一阶段法律事务工作仍是发挥行动指南的作用。

融资相关问题在第 10 章已介绍，在此仅说明法律事务在融资工作中的支持服务作用。融资方案确定后，便由法律团队落实融资协议。一是为融资协议谈判提供法律支持，包括支持主贷款协议和整个项目融资文件群的架构设计和法律审核工作。二是协助融资关闭实现，包括推动各类行政许可批复，完成相关权属抵质押程序和完成融资协议要求的其他事项。值得特别注意的是，融资协议所涉及行政许可以日常施工的批准和项目公司的运营需要为主，抵质押程序则是在融资担保结构确定后，依据协议开展。融资协议相关的其他事项还包括影响项目运行和收益的施工合同、运营维护合同的招标和协议谈判、信用保险和商业保险的招标和投标，以及项目公司及投资人的股东会和董事会出具决策性文件等。

考虑到项目开发的连续性，这一阶段的协议谈判、放款前提条件的落实等事项主要由前中期参与谈判人员组成专业团队继续负责。这一阶段涉及的当地法律事务增多，项目公司可以在法律部门的指导协调下逐步建立项目法律事务管理部门或者岗位，聘用当地常年法律顾问。

11.1.4　项目实施运营阶段法律事务管理

经过项目开发阶段，项目主要投资行为已经完成，各项法律条件、合同条件和政策规范已经清晰，实施运营阶段的法律工作集中在企业治理、履约监管、企业社会责任履行和法律纠纷应对。这一阶段，法律管理既是行动指南，又是定心丸，在发生法律风险时则是杀手锏。

境外投资通常是在项目所在国设立项目公司来实现的。项目公司要依法运营，必须完善股东会、董事会、监事会等法人治理结构，完成在公司管理机构的年度备案、登记、注册等相关工作，法律部门需要就有关公司法的内容提供法律支持。在实施运营阶段，项目开发协议、投资收益协议以及实施运营协议等各类合同均已签署，项目公司必须依照协议履约，避免产生法律纠纷，法律部门需要就合同解读、履约监管提供合同管理法律服务。项目公司在投资所在国还需要依法承担环境、劳工和安全等方面的当地社会责任，避免各类行政处罚和给项目带来负面影响，法律部门需要开展普法宣传，提高公司法治意识，促进公司积极履行社会责任。对于项目公司经营过程中出现的各类纠纷，法律部门需要做好应对工作，将纠纷对企业生产经营的影响降到最小。

在项目开发阶段后期，项目公司已经着手建立项目法律部门或者岗位，在实施运营阶段则需要进一步完善，可以在总部法律部门的指导监督下，形成项目总法律顾问领导的法律管理体系，以实现全面推动项目法律、合规管理、全面风险管理和内控一体化体系建设，建立完善的项目法律风险管理体系。对于重大项目或者高风险项目，可以由总部法律部门派驻总法律顾问或者专职法律顾问。项目争议的解决应考虑其业务的特殊性，一旦发生争议，主要由法律部门专业人员配合外部律师组成专业团队负责，通过国际仲裁、诉讼、替代性争议解决方式等手段为企业及时解决项目争议，最大化地为项目公司争取权益。

11.2 投资法律形式比较

不同类型的境外投资项目开发流程不同、面对的风险不同、法律合规要求不同，采取的风险应对和法律合规措施也就不尽相同。因此，中国企业在进行境外投资时首先需要考虑投资的法律形式。

11.2.1 绿地投资与并购投资

以境外投资获得项目权利的方式为标准，境外投资可以分为绿地投资和并购投资。

1. 绿地投资

绿地投资也称创建投资或新建投资，是指投资主体在投资目的国境内依照投资目的国的法律设置的部分或全部资产所有权归外国投资者所有的投资方式。跨国投资人在投资目的国，按照投资目的国的外商投资法、公司法和企业法等相关法律，直接投资创设投资主体投资形式。我国企业在"走出去"的早期阶段，尤其在矿产、能源、基础设施等领域，普遍采用绿地投资模式。主要原因包括：一是在绿地投资模式下，投资结构简单，产权清晰，操作流程简便；二是项目正式大规模投入前，绿地投资能给境外投资企业提供全面考察投资目的国市场、法律环境的机会，选择最适合的投资区域及规模，合理安排项目初始资本投入以及后续资本投入，整体风险也得到有效控制；三是对于产业链比较齐全的中国企业来说，绿地投资能带来产业链上下游业务的协同发展；四是能增加投资目的国的就业机会和税收，不易受当地法律和政策的限制。

2. 并购投资

并购投资是指投资主体通过以现金或有价证券等交换他人持有的资产的部分或全部所有权，获得对目标资产的部分或全部控制权。从经营层面来看，并购的实质是在企业控制权运动过程中，各权利主体依据企业产权作出的制度安排而进行的一种权利让渡行为。从这个角度而言，并购投资获得公司股权或资产仅是表象，实质是获得目标公司或资产的控制权。并购投资面临的问题繁多且复杂，以股权转让为例，转让方通常会要求受让方一次性以现金形式支付整个公司对价，使得境外投资企业需承担更大的资金压力。因此，并购投资要求投资人在收购前对目标公司的资产、商业环境和未来现金流进行精准的判断，以对目标公司进行精准估值和定价。此外还有法律合规要求，调查并购项目的潜在风险要求更高、难度更大，即使穷尽所有调查手段也不能完全反映目标资产的风险状况。采用股权转让方式进行并购，如在交割后发现目标资产的瑕疵，极有可能出现索赔落空的情况。

此外，在收购过程中，即便买卖双方达成一致，还要考虑反垄断审查和国家安全审查问题；交割后，还要进一步考虑在当地运营的政策风险、市场风险、人力资源整合风险、税务风险等，这些风险无一不随时考验着投资企业的决策者。同时也应看到，通过兼并收购已经开发完成并且能够产生稳定现金流的境外企业，可以省去绿地投资模式下初期筹备、建设新投资项目、逐步打开市场的长期艰苦的过程，发展速度快于企业的内生成长模式，兼并收购是境外投资企业快速扩张的有效方式。正在国际市场上开疆拓土的中国企业，应当充分利用所积累的资产和资源，通过学习和吸收发达地区行业领先的科技和管理理念，加快培养有前沿经营管理技能的人才，打造商务精英团队，控制并购中的风险。

11.2.2 案例分析及启示

绿地投资案例分析——P 集团绿地开发 M 国 T 项目

T 项目是国内企业首次在境外获得全流域整体规划并以 BOT 模式投资开发的水电项目，也是 P 集团在境外以全产业链模式投资开发的首个项目。该流域按"一库七级"方式分两期开发，总装机容量 1 272 兆瓦，年平均发电量 50 亿千瓦时，特许经营期限为 29 年。

通过 P 集团绿地投资开发 T 项目的案例，可以得到以下启示。

（1）绿地投资要求投资开发企业拥有先进技术和全产业链的优势，以及其他方面的强势资源，同时绿地投资又能反向促进企业全产业链的发展。P 集团在水电开发领域所拥有的独特技术和经验优势，以及集设计、建设、采购、运营于一体的全产业链一体化优势，使得其战胜竞争对手，获得全流域的开发权。T 项目一期和二期项目的开发建设，反过来又促进 P 集团境外水电开发能力的提升、境外全产业链一体化开发模式经验的积累。

（2）给发展中国家带来机会。多数投资目的国属于经济欠发达地区，工业化程度较低，绿地投资可以增加投资目的国的就业，促进当地经济的发展；在投资目的国内进行并购仅仅是在其国内进行股权或资源的流转，绿地投资不存在资源向境外流失的问题。

（3）绿地投资有助于提高投资企业在国内和国际上的声誉。P 集团作为老牌水电开发建设企业，在国内已经享有极高的声誉。在 T 项目中，P 集团作为国有企业并不单纯追求经济利益，而是力图对中国和 M 国双边政治外交关系和中国国际形象有所贡献。T 项目建成后成为 M 国北部稳定的、优质的电力供应保障，有效缓解了 M 国北部地区电能供需矛盾，为未来中国和 M 国铁路项目的实施、M 国北部城镇的发展、北部地区的脱贫致富、各项基础设施的建设及 M 国经济特区的建设提供电能保障。

11.3　法律尽职调查开展

11.3.1　法律尽职调查的概念

法律尽职调查是指就重大资产的流转（含新设投资、股权或资产的转让、股票发行上市等交易）过程中的交易对象和交易事项的法律事项，利益相关者内部人员或委托的律师按照其专业准则进行的审慎和适当的调查分析。它包括专业律师对文件资料进行的审查和法律评价，不仅涉及相关信息的收集，还涉及律师利用专业知识去查实、分析和评价有关的信息。

境外投资项目中的法律尽职调查的意义主要有：（1）确认投

资标的合法有效存在；（2）评估、判断项目整体法律风险，决定能否向前推进；（3）为交易价格及调整幅度提供参考；（4）为调整投资计划、交易结构或交易完成时间提供依据；（5）为安排协议中陈述与保证、赔偿、交割等风险防御条款奠定基础。

11.3.2 法律尽职调查的实施

在交易双方就潜在交易签署了保密协议后，投资方即可展开相应的尽职调查工作。工作中需要特别注意以下三方面的问题。

1. 注意整合资源

尽职调查通常会有法律、商务、财务专业团队参与，分别开展法律尽职调查、财税尽职调查和业务尽职调查，不同专业方向的尽职调查的内容不可避免地会有重合，法律尽职调查既要保持其独立性，又要考虑整合资源积极地与其他专业调查配合。对于性质相近、内容交叉较多的法律、合规和风险内控方面的调查，可以整合制定尽职调查目标和计划，一体化推进调查工作。

2. 培育外聘团队

为保证法律尽职调查的独立性，投资人一般委托外部的擅长境外投资领域事务的律师事务所来开展尽职调查。通常会聘请一家国际律师事务所作为法律服务团队的管理律师，牵头负责项目的尽职调查工作；同时聘请一家投资目的国当地的律师事务所，就投资目的国当地的法律问题，特别是资产权益、审批程序、劳工、环境等方面的事项出具法律意见。企业内部法律服务团队应当建立法律资源库，培育了解公司业务特点的国际一流的咨询团队，在公司提出尽职调查要求时，咨询团队能够利用其全球资源快速提供准确的研究报告，随时配合项目推进。

3. 提高内部能力

一个一流的境外投资企业需要有一支能力过硬的企业内部法律服务团队。优秀的内部法律服务团队需要具备两种能力：一是熟悉国际商业实务和法律实务，能够尽量系统地、有针对性地提出尽职调查要求，能根据项目经验准确理解尽职调查报告相关内容，为公司决策提供依据；二是具有较强的研究能力，面对项目特定风险和疑难问题能够自行分析研究。

11.3.3　法律尽职调查的分类

法律尽职调查按调查对象划分，一般可以分为国别法律环境尽职调查、目标公司尽职调查、交易对手尽职调查和项目用地等专项尽职调查等。

1. 国别法律环境尽职调查

进入任何一个国别市场首先要全面了解该国与外商投资相关的法律，因此国别法律环境尽职调查必不可少，并且往往是最先做的尽职调查。境外投资中，国别法律环境尽职调查可以分为三个层次。

（1）综合了解境外投资法律环境。在境外投资中，投资人既要了解本国的境外投资管理法律规定，又要了解项目所在国投资法律环境。投资人设计投资架构要综合考虑战略位置、监管体系、司法体制、基础设施、法律和金融服务体系以及税收制度等方面的因素，以确定离岸投资公司设立国（地）。因此，投资人应当事先了解离岸公司设立国（地）的投资法律环境。此外，还要综合考虑投资人所在国、项目所在国和离岸公司设立国之间的投资保护，避免双重征税和解决境外投资争端等的国际协定。比较成熟的离岸公司设立地包括迪拜、新加坡和毛里求斯等。

（2）项目所在国全面法律环境尽职调查。在境外投资法律环境尽职调查中，项目所在国法律环境尽职调查的针对性和侧重性很明显。如投资项目周期长达三四十年，投资人需在投资项目所在国设立实体机构。全面调查项目所在国公司法、税法、劳工法以及环境法方面的法律规定，对于后续设立的实体机构有不可估量的影响。在对现行法律规则调查了解之后，还需对法律风险/后果进行研判和预测。另外一个重点是外商保护和救济程序，包括投资目的国对外商投资的纠纷是否有特殊保护手段，外商投资的许可申请是否有行政复议等纠纷解决手段。还有个重点是外商投资的国际保护，例如项目所在国是不是国际投资争端解决中心成员，是不是《纽约公约》成员国。

（3）行业专项法律尽职调查。大型基础设施或能源投资项目投资规模大、周期长，直接关系投资目的国的国计民生，这些项目大多是特许经营项目，通常都有专门的法律规定。在开展境外投资下一步工作前，需要进行专项尽职调查，明确项目开发法律流程，识别投资法律风险，理清投资人权益法律保障措施。

2. 目标公司尽职调查

目标公司尽职调查主要适用于并购类境外投资项目，投资开发前期需聘用专业的律师事务所对拟收购的项目公司进行充分的法律尽职调查。

目标公司尽职调查应重点关注其法律主体资格、纳税情况、项目投资开发资质/许可、目标公司章程的特殊规定、目标公司原股东间已有股东协议、目标公司资本注入情况、目标公司的分支机构情况、资产抵/质押情况、债务情况、项目资产情况（包括有形资产与无形资产）、目标公司是否面临相关处罚 / 诉讼纠纷等。详细的目标公司尽职调查能让境外投资主体更好地了解拟收购主体，判断目标公司是否符合商业诉求、是否存在重大法律风险。

3. 交易对手尽职调查（或合作方尽职调查）

古人云："知己知彼，方能百战不殆"，境外投资同样适用这个道理。任何境外投资项目前期均需对交易对手或合作方进行详细的法律尽职调查。交易对手尽职调查包括对交易对手实际控制人、交易对手股权、交易对手未决的商务纠纷、交易对手的历史违约、交易对手的信用状况及履约能力的尽职调查等。

2018 年 5 月 16 日，我国 L 水泥公司在老挝收购的 J 水泥有限公司被原公司股东带领二三十人手持枪械予以控制，并当场强行控制了水泥厂的公章、网银和现金。当天晚上水泥公司总经理、出纳、生产部副总经理及管理人员均被驱逐。事后统计，该水泥厂被抢走 150 万元人民币、242.22 美元、约 40.7 亿老挝基普以及电脑 2 台、小车 3 部等。2018 年 5 月 18 日下午，该股东以相同的手段，再次强行抢夺在建的另一水泥厂。在此之前，该股东已前后四次与中国企业合作，并使用同样的手段引诱中国企业投入资金，之后编造各种理由驱赶中国企业，导致中国企业血本无归。如在项目初期对交易对手尤其是实际控制人进行深入细致的尽职调查，也许这个交易就被叫停了。境外投资涉及面非常广，尽职调查工作应尽量深入细致，对于交易对手的尽职调查更应慎之又慎。

4. 项目用地等专项尽职调查

企业可以根据项目实际情况，就关心的主要问题进行专项尽职调查。境外投资，尤其是境外大型基础建设类项目投资，土地问题往往关乎项目成败，下面以项目土地尽职调查为例介绍专项尽职调查工作的开展。

土地尽职调查涉及两个方面：一是投资目的国土地政策，包括土地是否允许私人持有、是否允许外资企业持有、土地分类（如建设用地、农用地、耕地等）、土地使用是否有时间限制等；二是项目土地情况，包括项目土地权属问题、项目土地以何种形式取得（租赁权还是使用权）、项目土地是否设置担保、项目土地现行状态（后期是否有移民征地问题）等。境外投资项目运营期限较长，对土地长期稳定的使用是关键问题，也是融资银行、政策性保险机构重点关注的问题，若土地问题未能妥善解决，项目成功的可能性就极低。土地尽职调查除关注项目土地合法性外，还应关注土地性质是否符合建设需求。如果项目所在地是农用地，而根据投资目的国的法律，农用土地不能用于非农业用途，那么后续可能需重新选址。

11.4　投资协议法律条款

境外投资风险管控应当分阶段实施，如事前的尽职调查、协议谈判；事中的协议履行、合同管理；事后的救济协商、争议解决等。通过协议谈判进行风险的合理分配是管控境外投资风险的重要手段，相对于事前对投资标的等客观情况的尽职调查，协议谈判更具主观可操作性；相对于事中的合同管理和协议履行、事后的救济协商和争议解决，前期的协议谈判是基础。

在协议谈判中，有关不可抗力、政治事件、法律变更、主权豁免等的核心法律条款往往是谈判双方激烈争论的焦点，因为这些条款具有分配不可预测性风险和重大颠覆性风险的重要功能。商业风险通常可以通过事先防范或事后协商的方式来化解，非商业风险则很难事先预测，一旦发生，往往对项目发生颠覆性的冲击和影响，此时不可抗力条款对于相关风险和责任的分配会直接影响投资人能否在发生非商业风险时全身而退。

例如，国内某央企曾参与某国的石油开采项目，最初的投资结构为，该央企与当地企业合作开采石油，该央企在合作项目中占有主导权。后来，该国政府强行要求将合作方式由合作开采转变为合资开采，并且由该国企业享有控股权，直接导致该央企失去了对石油开采项目的控制权，该国以这种方式间接地实现了对该项目的征收。如果该项目在实施前通过投资协议的政治事件、法律变更等条款对上述风险进行责任分配，并且购买政治保险，那么企业遇到此类风险时将游刃有余。

11.4.1　不可抗力条款

1. 不可抗力的概念及作用

不可抗力分为自然不可抗力和政治不可抗力。自然不可抗力通常包括地震、海啸、台风、飓风、洪水、滑坡、泥石流等。政治不可抗力通常包括战争、动乱、暴乱、罢工、核泄漏等。法律变更有时会被认为是政治不可抗力，但它与一般的政治不可抗力有较大差别，通常认为政府对法律变更的控制力强于其他政治不可抗力。在投资协议中规定不可抗力条款的根本目的在于当发生不可抗力风险时，明确该风险如何在投资目的国政府和跨国投资人之间分配。由于不可抗力不能归责于任何一方，因此该风险的分配是双方博弈的焦点。

在进行不可抗力风险分配时，有以下假设：投资目的国政府和跨国投资人均不能有效地控制和管理不可抗力风险；跨国投资人是受不可抗力影响的主要受害方。在投资协议中，不可抗力条款具体要解决以下问题：

（1）不可抗力的概念。

（2）跨国投资人能否就不可抗力获得赔偿/补偿。

（3）境外投资项目能否因不可抗力获得延期。

（4）投资目的国政府和跨国投资人能否因不可抗力而豁免其在投资协议项下的义务。

（5）不可抗力持续较长时间，投资协议是否可以因此终止并获得终止赔偿。

2. 不可抗力的范围及分类

不可抗力的范围通常包括以下三种表达方式：

（1）概括式，即只对不可抗力的范围进行笼统的定性规定，而不就具体的不可抗力形态进行列举。

（2）列举式，即合同签约双方在签订合同时直接将所有可能发生的不可抗力情形在合同条款中一一列明。

（3）结合式，即将概括式和列举式两种方式相结合，通常先对不可抗力的范围进行概括式规定，再对不可抗力的具体形式进行有限列举，同时增加兜底条款说明列举事例并不限定不可抗力的范围。

关于这三种不可抗力范围的约定方法，在境外投资协议中皆有适用，但由于境外投资项目受不可抗力影响较大，而第三种方式能够兼具列举式与概括式的优点，同时又摒弃了它们的缺点，因此跨国投资人更倾向于在境外投资协议中使用第三种方式对不可抗力进行约定。

3. 不可抗力条款核心问题

（1）合同自由度。合同自由度（freedom to contract）是指在起草和谈判不可抗力条款之前，投资目的国政府和跨国投资人应当衡量和思考双方究竟有多大的自由度来对不可抗力的定义和结果进行谈判。在一些大陆法系国家，由于不可抗力是一个法定概念，法律通常都对不可抗力有明确的定义以及解决条款，因此合同双方对不可抗力的定义和解决进行谈判的空间非常有限。例如法国法律明确规定不可抗力是指超出合同双方控制能力、不可预见和不可克服的事件，那么在适用法国法律进行合同谈判时，就不能双方自由约定将合同双方可以控制、能够遇见和克服的一些事件列入不可抗力的定义之内。相反，在普通法系下，例如荷兰法律本身就没有不可抗力的概念，那么在合同自由原则下，合同双方就有较大的空间和自由来对不可抗力条款进行谈判和约定。

（2）保险。在境外投资协议下，尤其是在 PPP 项目中，投资目的国政府通常会要求跨国投资人购买一定的保险以覆盖一些重要的项目风险。在早年的 PPP 项目中，不可抗力的定义甚至直接和保险相关，投资目的国政府认为可以投保的风险事件不应当被视作不可抗力，换句话说，只有不可保风险事件才是不可抗力事件。随着国际 PPP 市场的发展以及谈判双方力量和地位对比的变化，在最近的 PPP 项目中，不可抗力的定义已经和保险不再关联，可保风险事件一般也会列入不可抗力的定义，但投资目的国政府通常会就不可抗力下的责任豁免提出新的要求，政府的赔偿数额也会扣除通过保险索赔的赔款数额。

（3）违约责任豁免。跨国投资人作为项目的建设方是不可抗力事件的主要受影响方，当发生不可抗力事件时，跨国投资人一般很难按照协议约定的时间节点完成项目建设任务，会面临投资协议的违约风险。通常跨国投资人会要求在不可抗力条款中约定，当受到不可抗力影响而不能按时履行义务时，应当免除其违约责任。投资目的国政府一般可以接受跨国投资人的要求，但也会强调上述违约豁免仅适用于不可抗力事件直接导致不能履约的情形。此外，如果不可抗力事件持续发生，跨国投资人持续豁免违约责任通常也是可以被投资目的国政府接受的。

（4）违约金豁免。如果投资协议中有违约金条款，那么当发生不可抗力事件时，跨国投资人也希望获得违约金的豁免。例如在电力投资项目中，通常会设定一个要求商业运营日，正常情况下如果跨国投资人无法在要求商业运营日当天完成项目建设并进入商业运营，则属于跨国投资人违约，应当每延迟一天就按照一定的计算方式缴纳违约金。因此，当发生不可抗力导致跨国投资人无法按时完工时，跨国投资人不仅要求豁免违约，还要求在条款中明确约定豁免违约金的支付。根据国际惯例和市场惯常操作，投资目的国政府通常能够接受在投资协议中明确不可抗力条件下的违约金豁免条款。

（5）履约延期。当发生不可抗力时，投资目的国政府并不是无限期豁免跨国投资人的义务和责任，通常会给予跨国投资人一定的履约延期时间。例如在电力投资项目中，因不可抗力导致跨国投资人不能在要求商业运营日进入商业运营时，要求商业运营日自动延期，延期时间通常等于不可抗力事件持续发生的时间。在项目的运营期发生不可抗力事件导致运营中断时，由于 PPP 项目运营期通常是固定的 20～30 年，项目收益也与运营期长短直接相关，因此为保证跨国投资人的项目投资收益尽量不受不可抗力事件影响，投资目的国政府一般同意跨国投资人延长运营期，延长时间一般等于不可抗力持续的时间。

（6）完工前融资成本增加。发生不可抗力事件导致项目不能按时完工，除了会导致跨国投资人面临投资协议违约外，还可能产生的影响是项目不能进入商业运营，从而不能产生收入，在 PPP 项目主要依靠自身现金流来偿还银行贷款的模式下，项目不能按计划偿还银行贷款，造成额外的利息、承担费、调整还款计划费用等融资成本。在最近的 PPP 项目中，投资目的国政府开始注意到这一风险，同意通过投保延迟投产险或通过设计相应的补偿机制来帮助跨国投资人控制这一类风险。

（7）价格调整。在政府付费模式的 PPP 项目中，当不可抗力事件使得跨国投资人遭受损失时，投资目的国政府一般允许跨国投资人通过调整价格来弥补部分损失。如在电力项目中，电力投资项目收入来源单一，其主要收入来源是电费收入，电力采购方通常是国家控制或拥有的唯一的电网公司，付费人具有特定性。不可抗力事件的发生必然会对电厂的运营成本造成较大的影响，事先在协议中约定的正常电价调整公式很可能无法适用。为保持电厂继续可盈利地运营，跨国投资人必须与投资目的国政府以及购电方重新谈判和调整电价，这种情况即是不可抗力事件下的电价调整。

（8）超长不可抗力。在很多 PPP 项目的投资协议中都有超长不可抗力的规定（prolonged force majeure），即当不可抗力事件持续时间过长（一般为 6 ~ 12 个月）时，如果可以预测在短时间内不可能恢复正常，且双方无法协商达成一致的解决办法，那么任意一方有权随时终止投资协议。此外，在一些国家，不可抗力下的终止协议权利并不是根据不可抗力的持续时间长短，而是根据不可抗力的类型，比如根据《澳大利亚基础设施PPP投资指南》，当不可保不可抗力发生时，政府可以随时终止投资协议。

（9）终止赔偿。如果投资协议因为不可抗力而终止，那么接下来就涉及协议终止后的补偿问题。依照惯例，投资目的国政府会对跨国投资人进行补偿，以反映不可抗力并非双方的过错且经济损失由双方共担的原则，但这并不意味着投资目的国政府会对跨国投资人进行全额补偿（包括借款偿还、资本金返还、分手费等），因为全额补偿就意味着投资目的国政府实质上承担了全部的不可抗力风险。通常投资目的国政府会愿意补偿所有的银行借款及利息以打消融资银行的疑虑，以及返还跨国投资人的资本金，至于是否补偿预期的资本金收益则要视情况而定，一般情况下跨国投资人会承担预期资本金收益的损失。

11.4.2 政治事件条款

1. 政治事件的概念

政治事件又称为政府重大不利行为或政治不可抗力，如前文不可抗力条款所述，不可抗力可以分为自然不可抗力和政治不可抗力，但由于政治不可抗力完全由政府控制或主导，其责任主要是由投资目的国政府来承担，与不可抗力责任共担机制完全不同，因此在世界银行的PPP指南中以及最近各国的PPP合同范本中，都将政治不可抗力从不可抗力条款中抽离出来，单独成立政治事件条款。典型的政治事件通常具有以下特点：

（1）阻碍或延缓跨国投资人履行合同义务。

（2）对跨国投资人造成严重的经济不利影响。

（3）相比跨国投资人，投资目的国政府更加具有控制能力和管理能力。

根据政治事件的特点，跨国投资人没有能力管理和控制政治事件，却要受到严重的不利影响，如果在投资协议中将政治事件的风险分配给跨国投资人来承担，那么只会导致两种后果：一是跨国投资人报价中会包含更高的风险溢价；二是项目不可融资。因此，为了保证项目可行并且保持低成本，投资目的国政府一般愿意单方面承担政治事件的风险。投资协议中政治事件条款的主要目的就是列明政治事件的范围，并且明确由投资目的国政府承担相关风险。

2. 政治事件的范围

政治事件会对跨国投资人造成严重不利影响，同时政治事件的风险又由投资目的国政府单方面承担，因此，投资协议中对政治事件范围的约定，无论对跨国投资人还是对投资目的国政府都至关重要。惯例上被普遍接受为政治事件的事项包括战争、国有化、征收、汇兑限制，停止支付国际付款，以及政府未按要求发放项目证照等。除了上述明显的政治事件外，还有一些事件也和政治相关且会给跨国投资人造成不利影响，跨国投资人应当尽可能将其纳入政治事件的范围，例如全国性罢工、海关罢工、港口罢工等。

对于投资目的国政府来说，政治事件的范围越广，则意味着其承担的风险和责任越大。因此，投资目的国政府一般都要求在政治事件条款中增加若干门槛条件，只有满足门槛条件才能触发政治事件条款。其中，最常见的门槛条件就是重要性门槛（materiality），只有严重损害了跨国投资人利益的事件才属于政治事件，为了尽量减少"重要性"的争议，投资目的国政府也会加入一些数字门槛，只有当跨国投资人的损失达到一定数额时，才能触发政治事件条款。

3. 政治事件救济

政治事件下的救济措施与不可抗力下的救济措施大体类似，主要包括违约金豁免、违约豁免、履约延期等。但政治事件的风险和损失分担原则与不可抗力的截然不同，不可抗力是双方无过错且责任共担的原则，政治事件则是投资目的国政府单方面承担责任，保证跨国投资人始终处于政治事件未曾发生时状态的原则。因此当政治事件发生时，除了正常的责任豁免和延期外，投资目的国政府还应当照常支付跨国投资人费用，就如同政治事件没有发生一样。此外，当发生政治事件导致投资协议终止时，其处理原则也与不可抗力存在一定差别，发生政治事件导致协议终止被视为政府违约，在一些国家政治事件下投资目的国政府是无权终止协议的，只有跨国投资人有权单方面终止协议。最后是关于协议终止后的赔偿问题，因为政治事件下的协议终止被视为政府违约，投资目的国政府应当全额赔偿，即除了赔偿银行借款、利息、资本金和相关费用外，还应当赔偿跨国投资人的预期利润。

11.4.3 法律变更条款

1. 法律变更的概念

在广义政治不可抗力概念下，法律变更属于政治不可抗力的一种，在实践中也有将法律变更归类于政治事件的情况，但由于法律变更既不属于不可预测、不可避免、不可克服的情况，也不属于完全由投资目的国政府控制和管理的情况，风险分配机制也具有独特性，因此主流观点倾向于将法律变更分离出来单独形成法律变更条款。

通常投资协议中都会有明确跨国投资人义务的条款，要求跨国投资人严格遵守所有的适用法律。适用法律的具体规定也是跨国投资人进行 PPP 投资时需要考虑的重要方面，尤其是税法、环境保护法、劳工法、建筑法等直接关系到建设成本。因此，跨国投资人在竞标项目报价前往往会进行详细的国别法律环境尽职调查，以便报价能够涵盖法律风险溢价。

但是，由于 PPP 项目不同于一般短期项目，持续时间通常会长达 20 ～ 30 年，在这么长的运营期间内很难保证法律不会发生变化，而一旦法律发生变更，就有可能延缓项目的建设进度或者增加项目的建设和运营成本，从而直接影响到预期收益。因此，法律变更条款的主要目的就是在投资协议中明确法律变更发生时的责任分配机制。

2. 法律变更的范围

如上所述，法律变更条款的本质就是法律变更发生时的责任分配机制，那么对法律变更范围的规定就尤为重要，必须明确当哪些具体事件发生时才会触发责任分配机制。要明确法律变更的范围，首先要明确以下几点：（1）什么是法律（合同语言是适用法）；（2）什么是法律变更；（3）变更的起算时间。

（1）适用法。对适用法进行定义的最基本原则是适用法必须是跨国投资人必须遵守的法律，一般包括：立法机关立法、有约束力的案例法、有约束力的司法或行政法令、适用的国际人权或环保条约、有约束力的行业标准等。

适用法的概念通常包括税法，但需要注意的是，在实践中由于税法的重要性和特殊性，就税法问题通常会有单独条款进行规定和解决，一般与法律变更条款并列，称为税法变更条款。此外，政府批复和许可的变更不属于法律变更，一般在政治事件中解决。

（2）适用法变更。适用法的变更有时不仅仅指适用法本身的变更，在一些国家和法域，尤其是普通法国家，法官被赋予了较大的"造法权"，法官能够通过对成文法条的解释来形成全新的规则。在有些情况下，虽然适用法本身并没有发生改变，但对适用法的解释不同也会对跨国投资人产生较大的影响。因此，跨国投资人在就法律变更条款谈判时应当注意，适用法变更不仅仅指适用法本身的变更，在特殊情况下，法律解释也应当纳入法律变更的范围。

（3）法律变更起算时间。法律虽然具有稳定性，但从历史的角度看，根据一国发展的实际情况在一定的时间内进行修改和完善实属常见。对于投资目的国政府和跨国投资人来说，为了减少法律变更产生的争议，需要明确一个具体时间点，在该时间点之前的法律变更均属于跨国投资人已知的事实，在此时间点之后的法律变更才属于风险分配的范围。但是，这个时间点该如何确定呢？对于投资目的国政府来说，时间越晚对其越有利；对于跨国投资人来说，由于其对项目的报价需要参考当地法律环境，若法律发生变更则必然对其报价产生影响，因此时间点需定在报出有约束力价格之前，考虑到报价本身也需要一定的时间，最有利于跨国投资人的选择是在报出有约束力价格之前并且加上制作报价本身的时间。

3. 法律变更风险分配机制

与不可抗力和政治事件风险分配机制均有一定的理论支持不同，法律变更风险分配目前在国际市场上并没有统一的模式和理论指导，通常都是一事一议，在不同的国家和地区，尤其是在发达国家和发展中国家差别较大。以下是国际市场上较为常见的三种法律变更风险分配方式。

（1）投资目的国政府全担风险。投资目的国政府全担法律变更风险，一般出现在发展中国家或不太稳定的地区，这是因为这类地区法律变更风险较大，在国际市场上很难找到愿意承担此类风险的跨国投资人和愿意融资的银行。此外，由于在不发达地区的投资目的国政府主要考虑项目的成本问题，如果它愿意全担法律变更风险，那么它会收到更为优惠的报价，以更低的成本来完成项目，因此投资目的国政府有动力去承担法律变更风险。

（2）投资目的国政府与跨国投资人分担风险。投资目的国政府与跨国投资人分担风险是较为常见的一种形式，但前提是对法律变更进行再分类，如歧视性法律变更、专门性法律变更、资本支出性法律变更和其他法律变更。歧视性法律变更是指专门针对特定项目的法律变更，该法律变更只适用于特定项目，在相同区域内的其他项目则不适用；专门性法律变更是指特殊（行业）的法律变更从而直接影响到项目实施，比如新能源项目下，新能源补贴法案对于项目的盈利预测极其重要；资本支出性法律变更则是指一些会造成跨国投资人在项目运营期还需要进行资本性支出的法律变更。

实践中，歧视性、专门性和资本支出性法律变更对跨国投资人影响较大，一般由投资目的国政府承担风险，而其他法律变更由跨国投资人承担风险。

（3）跨国投资人全担风险。由跨国投资人全担法律变更风险的情况极为少见，一般发生在经济和法制较为健全的发达国家。跨国投资人也不是无条件地承担所有法律变更风险，最终会通过调整价格等方式，将成本转移给项目产品或服务的最终用户。如果投资目的国政府不允许跨国投资人调整价格或转移成本，那么跨国投资人全担法律变更风险通常是不可行的。

11.4.4 终止赔偿条款

1. 终止赔偿的概念

当 PPP 项目发生风险时，最坏的情况便是投资协议终止，之后便会涉及赔偿问题。在一般的商业合同中，通常不会对协议终止后的赔偿事宜进行详细的规定，而是会选择使用争议解决条款，通过法律程序来确定赔偿事宜。但是在 PPP 项目中，由于投资额巨大，一旦项目终止，仅仅依靠争议解决机制来确定赔偿金额，将会给跨国投资人和融资银行带来较大的不确定性，因此无论是跨国投资人还是融资银行，为了减少项目终止后发生争议的风险，都会要求在投资协议中约定终止赔偿条款，明确协议终止后的赔偿机制和计算方法。

2. 终止事件

协议终止是触发终止赔偿机制的前提，这就涉及有哪些事件可以导致协议终止。终止事件在不同国别和不同项目下的范围是有较大差别的，可以概括为以下四类：

（1）跨国投资人违约终止，即投资目的国政府有权在跨国投资人违约时终止投资协议。

（2）自动终止，也称为公共政策终止，指投资目的国政府为维护公共利益或因公共政策原因而终止协议。

（3）投资目的国政府违约终止，即在投资目的国政府违约时跨国投资人依约终止投资协议。

（4）超长不可抗力、政治事件、法律变更终止，指当发生这些事件时，协议双方无法达成一致、未形成解决办法，则可以终止协议。

3. 终止赔偿机制

（1）赔偿要素。

①银行贷款及利息。在现今的境外投资项目中，跨国投资人很少会全额使用自有资金来投资一个项目，通常都会引入国际银行贷款，来提高项目投资杠杆，分散项目风险。如中国企业进行境外电力项目投资，中国银行通常可以接受的最高杠杆比例是25∶75，即一个中国企业用仅仅25%的资本金就能撬动一个国际电力投资项目。由于投资目的国普遍是缺乏资金的国家，为了吸引国际资本，尤其是国际银行的资金，投资目的国政府一般都会承诺优先保障国际银行的贷款和利息的归还。

②股东资本金。境外投资项目的资金主要来源于两个部分，一部分是银行贷款，另一部分则是跨国投资人自行出资形成的股东资本金。股东资本金一般有两种形式：一种是股权出资，即跨国投资人直接将资金以资本金形式注入项目公司形成股权关系；另一种是债权出资，即跨国投资人以股东借款的形式将资金借给项目公司形成债权关系，但股东借款的偿还优先顺序要落后于银行贷款。为了吸引国际资本，投资目的国政府在回购义务中通常也会承诺对股东资本金的返还。

③投资利润。任何投资人在进行投资时都会对投资回报有一定要求，如国务院国资委在最新的监督管理办法中对中央企业的境外投资提出合理回报的要求，中央企业境外投资应当遵循以下原则：合理回报，遵循价值创造理念，加强投资项目论证，严格投资过程管理，提高投资收益水平，实现国有资产保值增值。很多企业内部在决策投资时，将项目投资回报率作为主要指标，如

一些中国企业对于在发展中国家投资的电力投资项目要求的内部收益率在13%以上。由于投资利润是投资人的收益所得,一般情况下,投资目的国政府会承诺对投资利润的补偿,但不会按照投资企业内部的收益要求进行补偿,而是由双方在协议中约定双方可接受的投资回报率。

(2)赔偿机制(见表11-1)。

表11-1 终止赔偿机制

赔偿事件	银行贷款及利息	股东资本金	投资利润
跨国投资人违约	√(有些项目甚至不赔偿全额银行贷款,而是赔偿一定的比例,称为haircut)	×	×
投资目的国政府违约	√	√	√
自动终止	√	√	√
政治事件	√	√	√
法律变更	√	√	√
超长不可抗力	√(随着一些热点市场政府议价能力增强,政府不分担不可抗力责任已经成为一种趋势)	√	×

11.4.5 银行介入权条款

1. 银行介入权的概念

根据终止赔偿机制,当跨国投资人违约导致投资协议终止时,投资目的国政府将仅仅赔偿银行贷款和利息,在有些情况下,投资目的国政府甚至不会全额赔偿银行贷款和利息,而是打一定的折扣，这就意味着银行不能全额收回其贷款本金和利息。因此，银行就有动力要求加入银行介入权条款，当跨国投资人违约时，银行有权介入项目，对跨国投资人的违约行为进行救济，以阻止投资目的国政府终止投资协议。

2. 银行介入权条款的主要内容

（1）条款形式。考虑到该权利的特殊性，银行介入权通常不是以条款的形式在投资协议中体现，而是作为一个单独的协议来签订，我们称之为直接协议，在有些国家也称为同意函，由融资银行与投资目的国政府直接签订；同时因为该协议直接涉及跨国投资人的权利义务，跨国投资人通常也会作为签字的一方。直接协议一般会与投资协议一同签署，但在有些 PPP 项目中，也会将直接协议作为投资协议的附件，先固定内容，在融资关闭时再作为首次提款的前提条件签署。

（2）互相通知义务。直接协议将融资银行和投资目的国政府直接联系起来，因此通常会规定互相通知义务。即当跨国投资人违约并将导致投资协议终止时，投资目的国政府要及时通知融资银行；融资银行也要及时通知投资目的国政府任何融资协议下的会影响投资目的国政府的重大事件，比如可能导致提前还款的违约事件。

（3）犹豫期。融资银行一般会要求一段时间的犹豫期，即当跨国投资人违约时，投资目的国政府会通知融资银行其准备终止投资协议的意图，并且向融资银行承诺在一定的时间内不会终止投资协议，以便融资银行有时间犹豫和考虑是否要介入项目并且救济跨国投资人的违约行为。

（4）救济期。当犹豫期过后，如果融资银行决定不救济项目，则投资协议终止，但如果融资银行决定进行救济，会再次获得一段合理时间的救济期，只要在救济期内完成了对跨国投资人违约行为的救济，投资目的国政府就不能终止投资协议。

（5）权益转让。融资银行对项目提供无追索融资或有限追索融资的前提是它能够完全介入项目并且能够获得投资协议下的相关权益，因此会在直接协议中要求投资目的国政府同意将投资协议以及投资收益协议下的相关权益转让给融资银行，这也是融资关闭的前提条件。

11.4.6 管辖法条款

1. 管辖法的概念

所有的合同都需要管辖法条款来选定管辖法律，管辖法律是解决争议的依据，也是用来解释合同和确定合同效力的主要工具。在 PPP 项目投资协议中，管辖法条款的主要作用是给合同双方权利义务的性质和范围一定的确定性。如果投资协议中没有管辖法条款，那么适用的管辖法律将由法官/仲裁员来指定，这就会给合同双方带来不确定性。

2. 选择管辖法的考量因素

对于投资目的国政府来说，通常更倾向于选择本国法律作为管辖法，因为对此更加熟悉，拥有更强的预测能力和管控能力。对于跨国投资人来说，选择管辖法律有以下因素需要考量。

（1）非法律偏好。比如市场接受度、实用方便度和相关成本等。

（2）法律熟悉度。跨国投资人尽量选择熟悉的法律作为管辖法，避免对不熟悉的法律系统进行详细且成本高的尽职调查。

（3）法律的稳定性和可预测性。

（4）与法律更改风险隔离度。这是投资协议一般选择境外法律的重要原因之一。很多跨国投资人担心，如果选择当地法，投资目的国政府有可能会随后通过或颁布对跨国投资人不利的法案，因此相关内容会在政治事件和法律变更条款中有所约定。

（5）管辖法与争议解决地匹配度。

（6）投资目的国法律是否禁止本国政府以他国法律为管辖法签订合同。

（7）管辖法条款明了程度。明确选择某国法律系统，不要拆分管辖法条款或者起草附条件管辖法条款，以避免不必要的争议。

3. 非合同义务管辖法

目前越来越多的 PPP 项目投资协议引入非合同义务管辖法的概念，强调在合同中要同时选择一般管辖法和非合同义务管辖法。因为根据法学理论，合同和侵权分属于不同的法律部门，一般管辖法只能管辖合同内的纠纷，其实合同双方也有可能提出侵权诉讼，在非合同义务管辖法概念提出之前，存在一般管辖法无法适用的风险。非合同义务的概念首先在欧盟的立法中获得了确认，目前在欧洲成员国的法庭上是被认可和有效的，在其他的法域则比较少见。但是随着国际市场的发展，非合同义务管辖法在投资协议中明确会成为趋势，并且规定非合同义务管辖法并不会给合同双方带来不利影响。最后要强调，非合同义务管辖法和一般管辖法的法律选择必须相匹配。

11.4.7　争议解决条款

1. 争议解决的概念

管辖法条款是为了确定当争议发生时，以何种法律来管辖和解决该争议，争议解决条款则是为了确定在争议发生时，在什么地点以什么方式来解决争议。争议解决条款通常包含以下要件：

（1）投资协议管辖法（在没有单独的管辖法条款时适用）。

（2）快速解决争议方式（协商、调解等）。

（3）技术问题专家解决方式。

（4）主要争议解决方式，包括诉讼解决或仲裁解决。

（5）争议解决期间继续履行合同义务。

（6）主权豁免放弃。

（7）争议解决成本分配。

2. 主要争议解决方式

（1）当地法院诉讼。投资目的国政府一般倾向于选择在当地法院诉讼作为争议解决方式，因为在当地法院诉讼，投资目的国政府更加熟悉程序，执行更加方便，还能与使用当地法作为管辖法相匹配，并且相对于国际仲裁来说，在当地法院诉讼的成本更低，但跨国投资人和融资银行通常不会接受在当地法院诉讼的争议解决方式。

（2）离岸法院诉讼。跨国投资人和融资银行通常会担心当地法院的公正性，而不愿意接受在当地诉讼来解决争议，作为一种妥协方案，在离岸法院诉讼成为一种最佳选择。离岸法院诉讼即在投资目的国以外的地区选择法院进行诉讼以解决争议，在实践中，确实有一些国家法院可以受理在国外发生并且受国外法律管辖的诉讼争议案件。比如英国法院就经常处理外国法管辖案件，但这些法院一般不对外国法律本身做解释或适用，而是根据专家意见和证据，仅对商业纠纷作出裁判。

（3）国际仲裁。国际仲裁是目前 PPP 项目实践中最为常见和广泛接受的一种争议解决方式，需要合同双方在协议中一致同意，才能将争议提交仲裁庭解决，以替代诉讼的争议解决方式。

相对于诉讼，仲裁的好处在于更加私密和更加自由。首先，诉讼一般会公开审理和公开宣判，除非当事人特别申请，而仲裁一般会非公开进行，可以较好地保护当事人的私密信息和商业秘密。其次，诉讼各国都有法定的诉讼程序，不能随意更改，仲裁则完全根据当事人的意思自治，可以由当事人自己设定仲裁程序。但仲裁相对于诉讼成本更高。下面详细介绍国际仲裁的核心要点。

3. 仲裁条款要点

（1）机构仲裁。仲裁具有很大的自由度，合同当事人可以自行约定仲裁程序、选择适用仲裁规则、指定仲裁人员。但是如果拟将仲裁程序和仲裁规则等统统写入仲裁条款，难度极大，非常容易出现细节上的疏漏。一旦在某些具体程序或规则上有疏漏，将会给争议解决带来很大的风险。在合同各方势均力敌的情况下，合同各方更愿意选择国际知名的仲裁机构来协助解决争议，并且直接应用该仲裁机构非常成熟的仲裁规则，以简化仲裁条款并降低磋商成本。目前国际上可选择的仲裁机构很多，比如国际商会（International Chamber of Commerce，ICC）、新加坡国际仲裁中心（Singapore International Arbitration Centre，SIAC）、伦敦国际仲裁庭（London Court of International Arbitration，LCIA）、香港国际仲裁中心（Hong Kong International Arbitration Centre，HKIAC）等。

（2）临时仲裁。临时仲裁机构又称特别仲裁机构或专设仲裁机构，是指根据合同各方当事人的仲裁条款，在争议发生后由双方当事人推荐的仲裁员临时组成的，负责审理当事人之间的有关争议，并在审理终结时作出裁决，之后即行解散的仲裁组织形式。这类仲裁组织没有固定的机构、名称和工作地点，不像常设仲裁机构那样稳定。在临时仲裁下，双方当事人也可以自行选择适用仲裁规则，但出于方便考虑，实践中各方当事人一般会直接引用仲裁机构或国际组织的规则。比如《联合国国际贸易法委员会仲裁规则》（UNCITRAL Arbitration Rules）经常在临时仲裁中被引用，国际上没有任何组织专门适用该规则，但是像国际商会、伦敦国际仲裁庭等著名仲裁机构都会提供适用该规则的仲裁服务。

（3）仲裁地选择。如果决定使用仲裁作为争议解决方式，则仲裁地的选择非常重要，因为仲裁地的选择直接决定了整个仲裁程序将在何种法律框架下进行。在选择仲裁地点时需要考虑以下因素：

①仲裁地点国法院对仲裁庭的监督权。一般仲裁地官方（通常是法院）对在当地的仲裁有监督的权利，因此仲裁地法院可以直接影响仲裁的程序，尤其是在申请临时禁令或执行时，仲裁地法院都有直接的决定权。

②仲裁地仲裁法规定。每个国家的仲裁法都会对在本国进行的仲裁有一些强制性规定，比如对于仲裁员的选择，仲裁法通常都会有一些任职要求，即便在投资协议中对仲裁员的要求较为宽松，也不能与仲裁法的规定相冲突。

③仲裁裁决的执行。仲裁裁决最终能够得到承认和执行才算是有意义的。在国际 PPP 项目中，仲裁裁决还要涉及跨国执行，情况更为复杂。《纽约公约》解决了仲裁裁决跨国承认和执行的问题，除特定保留外，所有《纽约公约》成员国都互相承认和执行在其他成员国内作出的仲裁裁决，根据 2017 年的数据，《纽约公约》成员国已经增至 157 个，因此在选择仲裁地时要关注是不是《纽约公约》成员国。

（4）仲裁庭构成。仲裁条款通常还要详细规定仲裁庭的构成机制，主要包括仲裁员的数量及指定、仲裁员的资质以及仲裁员的国籍。

①关于仲裁员的数量及指定，一般成熟的仲裁规则中都会有默示条款，如果仲裁条款没有详细规定仲裁员的数量和指定方式，那么可根据选定的仲裁规则的默示条款来执行。在规模较大的PPP 项目中，一般会选择 3 名仲裁员，双方各自指定一名，第三名由双方协商，若协商不成，则由仲裁机构指定。

②关于仲裁员资质，当事人一般会提出一些特殊要求，如涉及技术问题时，当事人会要求仲裁员具有一定的工程师背景以及法律背景等，但需要注意的是，如果对仲裁员资质要求过高，就可能因仲裁员选择范围过小而无法找到合格的仲裁员。

③关于仲裁员的国籍问题，通常是指定第三方国籍的仲裁员，因为担心同一国籍仲裁员在仲裁时会有偏袒的倾向，仲裁条款一般会规定禁止投资目的国和跨国投资人国籍的人员担任仲裁员。

4. 非正式争议解决方式

由于诉讼和仲裁等正式争议解决方式普遍存在耗时长、成本高的特点，而 PPP 项目发生争议时，快速解决争议并恢复合同执行才最符合双方当事人的最大利益，因此争议解决条款中通常还会规定一些非正式争议解决方式。非正式争议解决方式主要包括高层协商、调解、专家解决等方式。在规定非正式争议解决方式时，有以下问题需要注意。

（1）前置程序。在争议解决条款中需要明确非正式争议解决方式是不是启动仲裁或诉讼程序的前置程序。如果是前置程序，那么必须在采取高层协商、调解、专家解决等方式后才能开始仲裁或诉讼程序。在某些情况下，该前置程序条款可以促使双方协商谈判，快速解决争议问题。值得注意的是，在一些紧急或特殊情况下，尤其是跨国投资人希望尽快解决争议问题的情况下，投资目的国政府却可能利用前置程序故意拖延时间。为了规避这一风险，在有些 PPP 项目中，跨国投资人会要求增加在紧急情况下不经过前置程序，直接向法院或仲裁庭申请简易裁决或临时禁止令的权利。

（2）终局且具有约束力。争议解决条款还需要明确约定非正式争议解决方式是不是终局且具有约束力的。尤其是在一些 PPP 项目中，会有专家解决条款，要求将涉及技术的纠纷提交给专门技术专家来解决，通常还会在最后规定专家裁决是终局且具有约束力的，这就意味着相同技术问题不能再交给其他方去裁决，且双方当事人均有遵守和执行专家裁决的义务。但需要注意的是，专家裁决的可执行力与法院和仲裁庭裁决的可执行力是完全不同的。法院和仲裁庭的裁决由国内法和国际私法授予其效力，是具有法定约束力的；而专家裁决只有合同规定其是终局且具有约束力的，仅有合同上的约束力。因此，对于专家裁决，最终还需要依靠当事方的自愿执行，如果当事方拒绝执行，唯一的救济方式是启动仲裁或诉讼程序，要求当事方承担不执行专家裁决的违约责任。

11.4.8　放弃主权豁免条款

1. 主权豁免的概念

主权豁免（sovereign immunity），又称国家管辖豁免，是指国家的行为和财产不受（或免受）他国立法、司法及行政的管辖，但通常仅指不受他国的司法管辖，即非经一国同意，该国的国家行为和财产不得在外国法院被管辖，该国在外国的财产也不得被扣押或强制执行。在境外投资协议中，由于签约一方是投资目的国政府或其代表机构，放弃主权豁免是争议解决条款的另一核心内容。鉴于放弃主权豁免的重要性，在不少实践中都将主权豁免问题单独讨论，形成独立的主权豁免条款。从跨国投资人和融资银行的角度而言，保证投资协议的有效性和可执行性是保护其根本利益的基础，因此跨国投资人和融资银行希望在法律许可的前提下，尽最大可能达成干净且范围宽广的放弃主权豁免条款；从投资目的国政府的角度而言，其最大利益是保证项目成功，因此投资目的国政府希望在保证项目可融资的前提下，尽可能缩小放弃主权豁免的范围或加以限制。

2. 相对豁免与绝对豁免

国际法在国家豁免范围这一问题上主要有两种主张：相对豁免主义和绝对豁免主义。

相对豁免主义主张把国家行为依其性质或目的分为主权行为（也称统治权行为、公法行为或非商业行为）和非主权行为（也称管理权行为、私法行为或商业行为），把国家财产分为用于政府事务的财产和用于商业目的的财产。对于国家的主权行为和用于政府事务的财产给予豁免，对于国家的非主权行为和用于商业目的财产不给予豁免。

绝对豁免主义认为主权国家之间是独立的、平等的，平等者之间无管辖权，所以，国家的一切行为和财产无论其性质如何，均应享有豁免。

讨论相对豁免和绝对豁免在实践中的意义在于它会直接影响专属管辖权的选择。部分中国企业在进行境外投资协议谈判时，可能会单纯地认为中国是其母国，更倾向于在投资协议中赋予中国内地或香港法院专属管辖权。从效率和便捷方面来讲，中国内地或香港法院对中国企业来说确实具有一定优势，但若考虑到主权豁免问题的特殊性，则需要详细研究。2010 年，在香港法院审理的"刚果政府与美国基金 FG Hemisphere Associates"一案中，刚果政府就主张主权豁免，虽然香港法律更类似于坚持相对豁免主义的英美法，但由于涉及国家政策问题，最终香港终审法院确立了香港依中国法律原则，适用主权绝对豁免的立场。也就是说，即使是政府进行的纯商业交易，放弃豁免需要在法庭上作出方可有效。因此，即使投资目的国政府在中国内地或香港有可执行财产，仍不建议将在中国内地或香港法院诉讼作为争议解决方式。

3. 管辖豁免与执行豁免

主权豁免在不同的阶段又分为管辖豁免和执行豁免。管辖豁免是指当跨国投资人向法院起诉投资目的国政府，提出实体请求时，法院需要回答：投资目的国政府是否免受法院管辖。执行豁免则是指投资目的国政府与跨国投资人之间的法院判决或仲裁裁决必须通过法院来执行，那么法院必须回答：一是法院对该执行程序是否有管辖权；二是投资目的国政府拥有的财产是否在法院地免于执行。

以目前普遍适用的英国法为例，由于英国坚持相对豁免主义，英国 1978 年《国家豁免法》规定了以下主权豁免例外情形。

（1）放弃豁免、同意或服从管辖。

（2）与商业交易有关的诉讼，或针对用于或拟用于商业目的的财产的诉讼；与外国国家书面同意的仲裁有关的诉讼。

（3）与位于英国的不动产有关的诉讼。

此外，还存在一些与雇佣合同、人身侵权、知识产权、法人

成员资格和税务有关的例外情形。

在实践中，特别是有些第三世界国家政府，出于选民情绪或政府名誉的考虑，在投资协议谈判时虽然表示原则上能够接受放弃主权豁免的国际惯例，但不希望在投资协议中以条款的方式明示，理由是投资目的国政府在同意将第三国法律作为管辖法和在第三国进行仲裁，并且服从上述约定时，表示其默示放弃主权豁免。需要注意的是，在英国法下放弃主权豁免仅适用于明确放弃的情形，服从管辖法并不代表默示对管辖豁免的放弃，即便投资目的国政府承认了对管辖豁免的放弃，接受了仲裁庭的管辖，也不代表其默示对执行豁免的放弃。如 "刚果政府与美国基金 FG Hemisphere Associates" 案中，美国基金手握国际商会的胜诉裁决仍无法在香港执行，就是因为刚果政府虽然放弃了管辖豁免并导致最终败诉，但仍然手握执行豁免的底牌。因此，在进行境外投资协议谈判时，跨国投资人务必以明示的方式规定放弃主权豁免条款，并且要确保放弃主权豁免条款同时包括对管辖权豁免和执行豁免的放弃。

4. 可执行资产

实践中大部分跨国投资人都会采用在第三国或地区进行仲裁的争议解决机制，这在一定程度上解决了管辖豁免的问题。但解决管辖豁免问题并不代表裁决便具有可执行性，由此引发执行豁免条款的需求。执行豁免即放弃主权豁免条款要解决的主要问题。对于投资目的国政府所拥有的资产，最适合执行的财产是不动产，英国和澳大利亚的法律都明确规定不动产不适用国家豁免规则。最不适合执行的财产是流动资金，投资目的国当事方可以轻易将其认定为出于主权目的持有或投资的资金，如英国 1978 年《国家豁免法》第 14 条第（4）款就明确规定，国家中央银行或其他金融机构的财产不能认为是用于或拟用于商业目的的财产。

动产是在多个司法辖区都可执行的一类财产，如军舰和飞行器。如 2012 年，加纳当局应美国 NML 资本公司的诉求，扣留停靠其特马港的阿根廷"自由号"护卫舰，以此要求阿根廷政府偿还违约的主权债务。

再如，2015 年 8 月，Miminco LLC 在爱尔兰高等法院取得一项单方临时禁令，禁止一架飞机离开都柏林机场。这架飞机是刚果民主共和国政府为成立新的国家航空公司而购买的。这一禁令于 2015 年 9 月解除，理由是禁令所依据的债务是刚果政府的，不是刚果航空公司的。

11.5 相关重要协议要点

11.5.1 施工和运维协议

投资人需要按照合同要求完成项目建设施工，并实现项目及时投产运营。项目投资人大多数情况下并不是自行开展项目施工和运营，而是通过项目施工协议和运营维护协议委托给建设承包商和运营承包商。

国际大型基础设施和能源建设项目通常是以总承包的形式委托给总承包商实施，投资人在项目完工即交钥匙的时候进行验收。在这种模式下项目最终价格和工期要求相对明确，承包商承担项目实施责任，最后提交一个设施完备、可以直接投产的工程项目。交钥匙工程通常以签署包括"设计—采购—施工"的总承包合同，即 EPC 合同来实现。目前国际上通行的 EPC 合同是基于国际咨询工程师联合会发布的 FIDIC 银皮书模板。项目的运行维护可以通过运行维护合同即 O&M 合同交由运营维护商负责。

EPC 合同和 O&M 合同将相关工作安排给承包商，因此要合理安排，以转移风险。其主要风险控制条款包括：通过锁定 EPC 合同总价、控制调价机制等方式实现项目成本控制，通过延迟完工罚金控制项目按期完工风险，通过要求提供履约保函、质量保函及聘请具有良好声誉的监理综合控制安全质量风险。

11.5.2　燃料采购协议

项目进入运营后，相关配品备件通常由运营承包商负责，但在火电项目中有一个比较特殊的采购事项，即燃料采购，通常由投资人自行负责。这主要是由于燃料供应是火电站运营的核心要素，燃料供应一旦不能满足发电需要，火电站将无法运营，且燃料采购金额巨大，是成本控制和利润来源的核心环节。因此，燃料采购协议相关条款必须进行框架设计和风险划分。

燃料采购协议中的权利义务和责任分担主要包括三个方面：一是燃料供应充足；二是燃料价格；三是燃料交易过程中的质量问题等商业风险。

燃料供应根据项目所在国的资源情况来决定，在资源丰富的国家，政府可能会提出由政府或者其指定的国有公司来提供燃料，发电商实际上承担"来料加工"的角色。这种情况下，发电商不承担价格风险，只需在燃料交付过程中做好质量检测即可，确保来料符合设备生产要求。若发电商需要自行到市场上乃至国际市场上购买燃料，则项目所在国政府通常要求发电商有一定的储备量，如果政府认为燃料价格过高，有权推荐同等质量下价格更优的供应商。

燃料交易价格风险的控制难点在于，电力项目持续的时间长，特许经营期可能长达 30 年，而燃料采购协议的时间较短，长期采购协议的时间通常也只有 2～3 年。燃料市场变化较大，很难通过燃料采购协议锁定价格风险。

燃料交易过程中的商业风险全部由发电商自行承担。在这种情况下，发电商承担了较大的风险，作为回报，发电商可以要求在燃料方面获得一定的利润。发电商可以通过在燃料采购过程中综合利用协议条款、选择适当的国际贸易术语、保险等多种手段，把控好燃料的供应商管理、来源选择、检验检测、支付条件、履约担保和运输安排等方面以降低风险。

第 12 章 / *Chapter Twelve*

境外投资合规管理

2018 年 6 月 8 日，美国商务部宣布与中国某企业就其合规案件达成新的和解协议。根据协议要求，该企业需支付 10 亿美元巨额罚款，并且准备 4 亿美元保证金由第三方保管，加上 2017 年 3 月该企业接受的 8.92 亿美元罚金，该企业累计合规成本达 22.9 亿美元。该事件是中美贸易战背景下中国企业遭受美国合规武器打击的具体表现之一，更是中国企业缺乏境外合规经营意识的一次惨痛教训。

事实上，近年来境外投资环境不确定性因素骤增，在国际工程建设中，投资目的国，特别是"一带一路"沿线国家政治、经济形势不甚明朗，西方国家、国际多边组织法律合规等监管举措频频加码，中国政府和中国企业对合规的重视性也提到前所未有的高度。

在全球化进程中，竞争无处不在，"合规"既是有效打击不规范竞争对手的坚韧长矛，也是倒逼企业规范经营、提高自身综合实力、确保项目经营依法合规的胜利之盾。因此，合规管理在境外投资中至关重要，本章将专门进行具体介绍。

12.1　投资业务合规概论

12.1.1　合规的概念及目的

合规的概念来自西方，英文为 compliance，表达遵守、遵从的意思。合规风险指不符合法律规定所导致的风险，是企业在经营活动中，由于内部控制和治理机制不完善，企业活动未能与法律、法规、制度、政策、内部规章等有关规范保持一致，而可能面临主管机关或司法机关处罚的风险。它最初被大量用于会计和金融领域。合规作为法律概念则始于 1977 年美国《反海外腐败法》出台。随后，巴林银行、安然、世通等因公司或公司职员违反合规原则而破产，使人们越来越意识到企业合规的重要性。人们开始反思如何在企业文化中强化合规观念，以克服片面、过度追逐利润给企业带来的负面影响和危机。

12.1.2　合规管理体系

1. 国际合规体系标准

国际标准化组织（ISO）于 2012 年 10 月成立合规管理体系项目委员会（ISO/PC 271），制定了《合规管理体系指南》（ISO19600：2014）。目前该标准已作为国际标准正式发布。具体的合规管理流程见图 12-1。

如图 12-1 所述，合规管理体系分为确定、运行、评价和改进四个阶段。

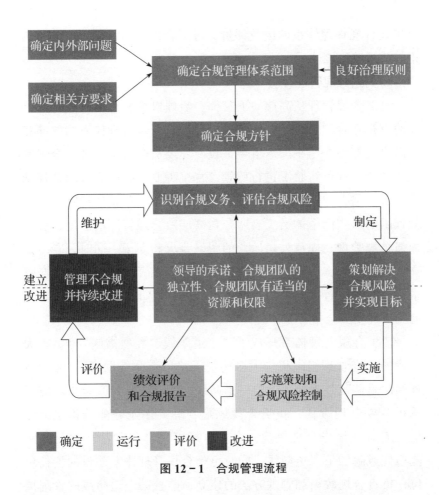

图 12 - 1　合规管理流程

在确定阶段，组织需根据组织背景确定合规管理体系的范围，确定合规方针、领导力以及体系中的职责权限，识别合规义务，评估合规风险，策划风险应对措施。

在运行阶段，组织需提供资源、培训与沟通等支持，并建立合规文化，建立控制程序以实施应对措施。

在评价及改进阶段，通过监控报告、合规审核以及管理层评审实现合规管理体系的绩效评价,对不合格、不合规方面及时纠正以持续改进该体系。

2. 美国合规管理经验

(1)合规管理从高层向下贯彻。治理机构和最高管理者对合规的重视在合规管理中尤为重要,高层对合规管理体系的领导和承诺将贯穿整个组织。董事会下设专业委员会负责对公司合规管理体系建立和运行状况进行监管,直接听取首席合规官的合规管理报告,重大问题提交公司董事会进行审议。首席执行官会以总裁致函的形式向全体员工表明公司高层对合规管理的态度,提出加强合规管理、规范公司运营的明确要求和期望。同时,专门设立首席合规官,负责建立健全公司内部合规管理体系和全部合规事务,既可以直接向公司总裁汇报,也有权直接向董事会及其风险和审计委员会报告工作。

(2)合规管理体系形成了"三道防线、九项措施"。美国大企业的合规管理组织机构大多构筑了"三道防线",即企业的业务部门是防范违规风险的第一道防线,业务人员及其负责人应当承担首要合规责任,负责合规风险管理,在业务前端识别、评估、应对并报告合规风险;企业合规管理部门和法律部门是防范违规风险的第二道防线,同时也是合规管理体系建设的责任单位,负责合规政策和管理方法的建立,监控第一道防线的管理情况;内部审计部门是防范违规风险的第三道防线,监督公司整体风险防控措施的有效性,负责合规管理独立审核,巩固第一、第二道防线。

"九项措施"可以分为合规管理体系建立、运行、效果评价与提升三个阶段实施,详见图 12 - 2。

合规体系建立	合规体系运行	效果评价与提升
·公司最高层重视 ·设立专门合规管理 　机构和工作体系 ·通过风险识别评估 　全面掌握企业运营 　中的违规风险 ·制定合规管理政策 　与程序	·对员工和第三方进行 　背景调查 ·开展合规培训、打造 　合规文化	·建立内审、监督和举报 　制度 ·加强激励约束、开展绩 　效评价 ·不断更新与完善

图 12 - 2　"九项措施"的实施

12.2　国内法律合规要求

中国企业在"走出去"过程中，首先要学习和了解中国境内有关境外投资的法律法规和部门规章，并严格遵守和执行。目前，中国还没有一部综合性的境外投资法来规范中国企业的境外投资行为，主要由各部门（主要是发改委、商务部和外汇管理局）单独或联合出台部门规章或一系列法规。由于境外大型能源和基础设施投资主体主要是大型中央企业，国资委也在企业境外投资规制中起到关键作用。

从整个体系来看，涉及中国企业境外投资的法律法规主要可以分为境外投资的指导政策制度、项目事前审批及备案、境外企业设立审批、外汇管理、国有资产管理和后续监督检查等。同时，由于境外投资的主体和企业的性质不同，所有适用的境外投资监管法律和程序也会不同，例如，国有企业的境外投资行为会涉及

国资委的审批，上市公司的境外投资行为要符合证监会和交易所
的相关要求以及履行信息披露等义务，金融机构的境外投资行为
要符合金融监管机构的监督和审批要求。从时间上来看，境外投
资行为在不同的阶段适用不同的监管法律和程序，境外投资一般
分为实施投资阶段和投后运营管理阶段，分别适用投资前的审批
备案程序和投资后的监督管理程序。从合规监管主体和职责来看，
发改委主要负责从境外投资角度对项目立项进行核准或备案；商
务部主要负责从设立境外企业和宏观对外经济合作关系的角度进
行核准；外汇管理局主要负责从金融监管的角度，通过银行对直
接投资外汇登记实施间接监管；国资委主要从国有资产监管角度
进行核准。中国企业境外投资一般性国内审批流程在本书第9章
9.2 节已做了介绍，此处不再赘述。

12.3　境外法律合规要求

12.3.1　境外法律合规概念

境外法律合规主要有三层含义：一是遵守业务所在国的法律
法规及监管规定；二是遵守企业依法依规建立的规章制度；三是
遵守业务所在国的商业规则、社会文化、风俗习惯。近年来，许
多中国企业积极响应国家"一带一路"倡议，除了在传统优势
海外市场进一步扩大影响外，更是借助"一带一路"国际影响
力和相关政策支持，努力开辟出一批新的国别市场。然而，每进
入一个新国别市场就意味着中国企业的法律合规团队要面临一套
全新的法律法规体系，尤其是投资目的国法律规定的资本准入制
度、投资促进政策、本土化政策、企业形式、产业开发政策、劳

动法律制度、环保以及外汇管理制度等都直接影响企业的合规管理。因此，中国企业进行境外投资时，不仅要考虑国内的相关法律合规规定，为保证投资行为在境外同样合法有效，还要对投资目的国的政治制度、投资环境、法律规定等进行详细的前期尽职调查。

12.3.2　境外法律合规重点问题

1. 投资目的国外商投资限制政策

虽然目前世界经济领域的大潮流是鼓励资本跨国流动，刺激和吸引外商投资，但随着科技发展和世界金融市场的日益复杂，多数国家从国家安全方面考虑，对外国投资人设置了国家经济安全审查、外汇管制、出口管制等不同程度的外商投资限制措施。中国企业在境外投资时，不仅要看到投资目的国的外商投资鼓励政策，更要看到投资目的国的外商投资限制政策并详加分析，避免触碰红线，保证境外投资的安全和合法合规。总体上讲，发达国家的外商投资限制政策比发展中国家的限制政策宽松和开放。各国对外商投资的限制大多出于战略目的或涉及公共利益。例如，澳大利亚实行外国投资审批制度，监管境外主体对澳大利亚境内公司的股权收购和信托以及购买澳大利亚境内业务和不动产的行为。又如在老挝，外国投资人必须取得老挝政府赋予的特许权才能进入电力等特许经营行业。

2. 国家安全审查制度

近年来，中国企业纷纷通过境外并购的方式加快其"走出去"和国际化的步伐，但跨国并购一般都会遇到一项无法避免且不可控制的挑战——投资目的国国家安全审查。分析中国企业的境外并购案例可以发现，投资目的国政府常以国家安全为由拒绝批准或反对中国企业的并购，根据相关统计数据，中国企业跨国并购交易失败率高达15%，相比其他金砖国家8%的跨国并购交易失败率和西方发达国家5%的交易失败率，中国企业高得多。中国企业应反思并在后续境外投资过程中更加重视国家安全审查环节。

3. 反垄断法律合规问题

曾有媒体将反垄断审查和国家安全审查比作中国企业境外并购的两道坎，反垄断审查同国家安全审查类似，都是投资目的国政府为了维护本国利益，通过法律授权特定机构对外国投资人拟投资的项目进行具体审核。反垄断审查与国家安全审查的区别在于，国家安全审查以维护国家安全为目的，反垄断审查则以防止市场主体集中垄断破坏市场竞争为目的。中国的反垄断法2008年才颁布实施，中国企业对反垄断仍处于摸索阶段。但在世界范围内，尤其是在发达国家，反垄断已经形成了较为完整的体系。因此，中国企业在"走出去"时必须对此有所了解。

4. 知识产权保护法律合规问题

一直以来，西方国家通过掌握核心科技和核心知识产权控制了产业链的主要利润点，中国企业沦为廉价的加工厂。在中国企业"走出去"的过程中，不仅中国资本要"走出去"，更要令中国技术、中国标准和中国设备一起"走出去"。然而，在目前欧洲标准和美国标准以及欧洲品牌和美国品牌占主导的情况下，知识产权保护成为国际竞争对手反制中国企业争夺其市场的一大利器。近年来，企业在境外遭遇知识产权诉讼或"337"等知识产权侵权调查日渐增多，很多企业因此遭受较大损失，甚至失去经过激烈竞争才获得的市场。如某中国企

业在巴基斯坦的电力项目就遭遇知识产权壁垒，巴基斯坦政府
规定发电机组必须使用欧洲标准，中国设备制造商不得不向知
识产权所有者额外支付一亿美元的使用费，最终这些成本都会
通过建设合同转移给跨国投资人来承担。在"一带一路"倡
议的推动下，中国企业境外投资增加，在国际竞争中如何推广
中国品牌，如何应对外国企业的知识产权诉讼，是亟待解决的
问题。

境外投资风险管理

风险是投资过程中需要经常面对的问题，境外投资不确定因素多，偶发情况多，投资企业面临的风险更复杂。中国企业国际化发展的实践也证明，"走出去"并不是一帆风顺的。我们应从两个层面来看待风险：第一，只有面对问题迎难而上才能解决问题，应对风险最好的办法是正视风险、研究风险并管控风险；第二，风险与收益相伴，没有风险的投资大多也无收益，而且很多商事行为正是通过经营风险来获取收益的。

中国企业"走出去"的过程中处处潜藏着风险，只有将风险管控放在第一位，将风险最大限度地转换为溢价体现在收益中，中国企业"走出去"才能走得更加稳健。本章将简要介绍风险管理的基础理论、风险分类、管理措施和项目风险管理体系建设，作为风险管理重要手段的保险也将专节论述。

13.1 风险管理概论

风险管理指通过风险分担、风险自留、风险避免、风险转移等手段将风险降至最低的管理过程，是主动的、有目的的管理，对企业具有重大意义。

目前学界一般将风险的构成要素归纳为风险因素、风险事件和风险损失，三者相辅相成，相互关联。只有辨析掌握了这三个要素才能真正理解风险的内涵。

13.1.1 风险因素

风险因素是影响损失发生概率或可能影响损害后果的因素，是造成损失的间接原因。比如人的死亡率可以通过大数据预测，这是保险公司通过大数法则承保寿险的基础，具体到某个人，可能导致其死亡率增大的因素有很多，如年龄增加、吸烟、作息不规律等。年龄随着时间推移不断增长，是必然事件，不属于风险，但年龄增长会导致死亡率增大，可以被认定为死亡风险的一个因素。

13.1.2 风险事件

风险事件是造成损失的直接原因，如地震、火灾、台风、战争、暴乱、征收、汇兑限制等。风险事件是风险发生的导火索，将风险发生的可能性转化为现实性。需注意，风险事件的发生不能等同于风险的发生。风险是损失发生的不确定性，只有当损失实实在在发生时，才能判定风险已发生。例如，在水电项目中，项目所在地发生地震，对周围产生了严重的影响，可以判定风险事件已发生，但由于项目前期设计对抗震因素予以考虑，该项目未遭受任何可见损失，未造成实质损害，因此，不确定性未转化为现实性，不能判定风险已发生。

13.1.3 风险损失

风险损失是对风险概念的落地，也是风险的核心构成要素。从境外投资风险管理的层面将风险损失定义为非故意的预期范围外的经济价值减少。"非故意的、预期范围外的""经济价值减少"是认定风险损失必不可少的两个要件。

13.2 主要风险分类

13.2.1 政治风险

政治风险的主要类型有战争、内乱、政局不稳、恐怖活动、征用、没收、政府违约、国有化、政府干预、汇兑限制、国际制裁等。根据《中国企业国际化报告》，2005—2014 年 120 起"走出去"失败案例中，有 1/4 是政治原因所致。其中，有 2 起投资失败案例是在审批环节投资目的国政治派系力量的阻挠而导致；23 起是在运营过程中投资目的国领导人更迭等而导致。政治风险一旦发生则是颠覆性的，跨国投资企业应高度重视。

面对复杂的国际形势，跨国投资人拟在境外开展投资业务前应充分考量投资目的国政府的主权信用评级，降低政治风险可能带来的影响。中国信保的主权国家信用评级、标准普尔信用评级、惠誉主权信用评级、穆迪风险评级等均是可供参考的重要指标。主权信用评级是评级机构依照一定程序和方法对主权机构（通常是主权国家）的政治、经济和信用等级进行评定，实质上就是对中央政府作为债务人履行偿债责任的信用意愿与信用能力的一种判断。这些评级能作为境外投资指引，大大降低投资主体识别政治风险的门槛，提高风险应对效率。同时，建议相关"走出去"企业坚持底线思维，对于风险评级较高的国别应谨慎投资。

经典案例包括：2014 年 11 月，墨西哥总统培尼亚·涅托撤销了中国某企业中标的 37 亿美元高铁合同。2015 年 1 月，希腊新任总理齐普拉斯上台后立即叫停了该国最大港口的私有化进程。

13.2.2　市场经济风险

全球经济形势对于境外投资项目也有直接影响，如设备原材料的大幅上涨可能导致原本盈利的项目变得亏损，项目核心设备价格大幅上涨，国际货币市场波动可能导致项目投资超概算、影响项目收益等。因此，境外投资必须重视市场经济风险。

市场风险包括市场竞争、市场消纳、市场价格变动、设备供应短缺、产品规范标准变更、劳务获取与准入变更等。经济风险主要包括全球宏观经济变化、利率变化、汇率变化、投资目的国经济状况变化等，主要体现为宏观经济形势作用于项目本身所带来的影响。境外投资应充分考虑经济风险对项目带来的潜在影响，做好尽职调查与风险预判工作。其中比较典型的经济风险是汇率和汇兑风险。2006 年，中国企业投资建设的阿尔及利亚某高速公路项目，在签订合同时约定以美元作为结算货币。但在项目实施过程中，人民币出现大幅升值，涨幅达 14%，使得承包方在项目执行中遭受了较大外汇损失。2008 年 10 月，中国某企业为对冲澳大利亚某磁铁矿项目汇率风险，签订了多份累计杠杆式外汇买卖合约，以当时汇率计算，到年底的账面损失高达 147 亿港币。

13.2.3 法律合规风险

法律风险包括法律体制差异、法律变更、外资准入问题、税法问题、知识产权问题、当地成分要求等。境外投资涉及国别众多，"走出去"企业在进行境外投资过程中需做好充分的法律尽职调查，做到心中有数。法律风险还经常与合规风险交叉，既包括行贿、保密信息泄露、招待客户、给客户送礼、洗钱等狭义的合规问题，又包括由于内部控制和治理机制不完善，企业活动未能与法律、法规、制度、政策、行业规则等有关规范保持一致，而可能面临主管或司法机关处罚的合规风险。该部分内容在本书第12 章做了详细介绍。

13.2.4 管理风险

管理风险包括投资决策风险、工程建设管理风险、合同管理风险、运营管理风险、资金链管理风险、供应链管理风险、安全管理风险等。管理风险与境外投资主体的实践经验有很大相关性，企业需在摸索中积累经验，不断提高管理水平。同时，每个项目既有相通之处又有独特的地方，企业要学会在复盘管理经验的同时不断吸取其他企业的经验教训。古人云："吃一堑，长一智"，对境外投资企业而言，需要做到"吃一堑，长三智"甚至"别人吃堑，自己长智"。

关于管理风险，在此重点强调一下海洋货物运输的管理。境外投资项目尤其是大型基础设施建设类项目，设备、原料成本在项目建设和运营支出中占比较大。在项目建设期会有大量机器设备需要运输，一旦在货物运输某一环节出现问题，可能直接导致项目建设拖延；在运营过程中，尤其是火电项目，一旦出现燃料断供，则会导致项目停运。国际海洋货物运输通常使用国际贸易术语，选用不同的贸易术语对商品价格的构成、风险的分担以及买卖双方责任的划分会有重大且直接的影响，因此国际货物运输的安排者应充分考虑不同术语的影响。比如 FOB，CIF，CFR 术语项下风险的转移均发生在装货港，DAP 和 DAT 术语项下风险的转移则发生在交货地，风险转移时点明显后移，对买方来讲后两种术语就更加安全有保障。另外，同样是风险转移时点靠前的术语，买卖双方的义务也不尽相同。FOB 术语项下卖方在装货港将货交承运人即可，运输、保险均由买方负责办理；CFR 术语项下则增加了卖方办理运输的义务；而 CIF 术语项下卖方除了需办理运输外，还需办理保险。当然，根据风险与收益相一致的原则，选择不同术语除了影响买卖双方义务与责任的划分外，也会直接导致合同价格的变化，因此买卖双方应综合权衡，慎重考虑所用术语。

13.2.5　自然与事故风险

自然与事故风险包括自然灾害（地震、海啸、洪水），意外事故（爆炸、火灾、化工、天然气泄漏），以及其他不可抗力风险（如极端气候）。如中国某集团投资建设老挝某水电项目，该项目地处热带亚热带季风气候，分雨季和旱季。2018 年 6 月雨季到来，大面积降雨引发洪水灾害，进场道路被冲毁，导流洞也出现问题，严重影响了项目工期。长期的阴雨天气影响室外建设项目正常施工，修复工作也受到极大影响。

13.2.6　社会与文化环境风险

社会与文化风险包括宗教习俗差异、语言文化差异、管理差异、健康与安全环境等。社会与文化环境风险是境外投资无法避免的，境外投资相关从业人员应充分理解并尊重投资目的国当地习俗与文化传统，真正融入投资目的国，与当地居民融洽相处，避免冲突与风险的发生。目前境外投资企业在这方面做得很好，比如很多在老挝投资的企业都会组织员工与当地居民庆祝泼水节；再比如印度尼西亚斋月期间，境外投资企业的中国员工会非常注意饮食方式，充分尊重当地民俗。

13.3　风险防范措施

在认识风险、识别风险后，更要了解如何防范和应对风险。

风险防范主要分四个部分介绍：前期尽职调查、风险管控策略、合理运用保险进行风险转移、建设运营期风险防范。

13.3.1　充分的尽职调查（风险识别与评估）

常见的尽职调查主要包括法律尽职调查、财税尽职调查、市场尽职调查和风险尽职调查等。在开展风险识别工作时应注意三个方面的问题：一是调查要素整合；二是专业机构选聘；三是内部研究能力。本书第 11 章 11.3 节已对法律尽职调查做了详细介绍，此处主要介绍财税尽职调查、市场尽职调查和风险尽职调查。

1. 财税尽职调查

财税尽职调查是税收筹划的基础和前提，投资架构税务影响分析是投资架构设计的重要一环，其关注的重点及注意事项在本书第 6 章 6.2 节税收筹划以及第 6 章 6.3 节投资架构设计部分均进行了深入浅出的分析和论述，在此不再展开。

此处主要从风险防控的角度阐述境外投资从业人员关注财税尽职调查的重要性。

（1）风险视角下绿地投资中财税尽职调查的重要性。本书第 11 章提到，绿地投资也称创建投资或者新建投资，是指投资主体在投资目的国境内依照投资目的国的法律设置的部分或全部资产所有权归外国投资者所有的投资方式。由此可见，绿地投资是实现从无到有、从 0 到 1 的过程。因此在项目投资开发前期应做好全面的尽职调查，综合考虑投资架构，最大限度提高项目投资收益，而税收是无法避免的项目成本，我们应做好充分的财税尽职调查以实现税务最优。

比如，A 国母公司 X 在 B 国设立了全资子公司 Y 开展投资项目，次年 Y 公司实现盈利并决定向 X 公司派发股息，由于 A，B 两国未签署避免双重征税协定，按照 B 国税法，Y 公司需就该部分股息缴纳预提所得税，这是非常大的一笔支出，将在很大程度上影响投资回报率。假如 X 公司做了充分的财税尽职调查以及专业的税收筹划，可能会发现第三国 C 分别与 A，B 两国均签署了避免双重征税协定，那么可在 C 国设立中间控股公司 Z，Y 公司分派的股息先汇回中间公司 Z，再由 Z 汇回母公司 X，这将在合法合规的情况下极大降低应缴税额，进而提高投资回报率。

当然，如果财税尽职调查不充分或者出现瑕疵，导致项目公司实际需缴纳的税收远超项目投资预期，则更可能直接造成项目的亏损。

对于投资项目而言，投资回报就是生命线，是判定投资成败的重要指标，因此境外投资从业人员应高度重视财税尽职调查，必须及时全面地掌握国内和相关国家的涉税政策及其变化，特别要深刻领会有关税收优惠政策的内涵，及时跟踪国际税收协定执行情况，在税收政策信息方面做到与时俱进。

（2）风险视角下并购投资中财税尽职调查的重要性。相较于绿地投资，并购投资指投资主体通过以现金或有价证券等交换他人持有的资产的部分或全部所有权，获得对目标资产的部分或全部控制权。

并购投资免去了绿地投资项目前期开发阶段不少的艰苦过程，但同时要面对一个新的课题，那就是目标公司。在进行并购投资时，企业都希望收购的是一个干净无瑕疵的项目，并往往在股权收购协议里约定原债务由原股东负责清理，或进行相应的减值处理。但协议终归是划分权利义务的一纸合同，其基础在于对事实的认定，如果没有做好充分的尽职调查，在事实判定上出现问题，那么再好的乐师也无法在音律不齐的琴上弹奏高山流水的乐章。

目标公司财税尽职调查是了解目标公司的非常重要的手段，也是判断未来是否可能面临或有负债以及是否能够对目标公司进行准确估值的重要一环。尽职调查范围主要包括目标公司是否严格执行税法相关规定，是否存在拖欠税款的情况，是否存在税务纠纷等，此项尽职调查是在股权收购协议中设定风险分担条款的重要支撑性材料。如果未做好充分的目标公司财税尽职调查，可能直接导致并购投资的亏损。

比如，A 公司看好房地产市场的发展前景，于是并购了一家房地产公司 B，但由于并购前期 A 公司未做好充分的财税尽职调查，并购完成收到税务局的通知才发现 B 公司之前存在大量未按时缴纳的土地增值税，这使得 A 公司的并购成本远超预期，并购失败在所难免。

2. 市场尽职调查

　　众多风险类别中，政治风险、自然灾害风险、意外事故风险等均可通过合适的风险防控策略予以转移，而市场风险往往是投资主体不得不面对的一种风险，是投资商应承担的核心商业风险，也是可能影响投资项目成败的重要问题。

　　因此，充分的市场尽职调查是境外投资必不可少的环节。本书第 4 章 4.3 节进行了较为翔实的论述，并通过市场调研表列明了市场尽职调查关注的重点，如投资环境、行业环境、市场准入、金融环境、人力资源情况等。下面以境外电力能源投资为例来介绍风险视角下应重点关注的市场尽职调查。

　　风险视角下境外电力能源市场尽职调查应至少包括三个部分：投资目的国电力情况与电力消纳分析、电费回收情况调研、电价预测分析（如果是竞价上网模式的电力市场）。

　　（1）投资目的国电力情况与电力消纳分析。进入投资目的国从事电力能源投资，首先应了解该国电力装机情况、总人口情况、工业发展情况以及电力装机是否满足当地用电需求。如该国电力装机已满足用电需求且根据当地工业发展情况短期内不需要大量新的电力能源，则市场已饱和，进入该国从事电力投资业务显然不是最合适的时机。

　　同时，电力情况分析还应考虑该国电力区域分布情况、是否存在区域性不平衡、电网架构情况是否满足电力调度需求、清洁能源比例、投资目的国未来电力规划布局等，全方位多角度地分析才能得出更为准确的结论。

（2）电费回收情况调研。电费回收是事关电力投资企业生死存亡的重大风险事项，投资开发前期应充分了解投资目的国国家电力公司（购电方）的资金实力，其是否拥有足够的资金支付相关电费，同时应了解该电力公司终端用户电价情况，若该国为了保障终端用户电力需求，实行大额电费补贴，则很可能出现电费倒挂现象，一旦政府补贴不到位，该国电力公司资金状况将面临较大问题。此时，即便在购电协议中约定了较好的电费支付机制，发电公司仍很难全身而退，因此应慎之又慎。

（3）电价预测分析。目前中资企业从事"一带一路"项目多与投资目的国购电方签署固定电价的购电协议，且一般有投资目的国政府的财政担保，这是我们比较适应的传统电力开发模式。

随着境外投资逐步深入，电力能源企业涉足发达国家市场，很多发达国家电力市场既没有政府担保，也没有固定电价的购电协议，电力投资变成了纯商事行为，未来收益变得不确定，完全无追索的项目融资变得艰难。此种模式下电价预测分析尤为重要。

采用竞价上网模式的电力投资项目在投资开发前期应聘请专业的电价预测机构，从理想的电价走势、适中的电价走势以及保守的电价走势三个层面进行电价走势敏感性预估，如条件允许，可请第三方机构对该预测报告进行综合复核。

即便第三方机构非常专业，预测与现实也无法保证完全一致，电价预测分析仅作为前期投资开发的决策依据，境外电力投资企业在后期运营中仍面临电价波动风险。

3. 风险尽职调查

根据《中央企业境外投资监督管理办法》，从事境外投资的中央企业应委托独立第三方有资质的咨询机构对投资所在国（地区）政治、经济、社会、文化、市场、法律、政策等风险做全面评估。由此可见风险尽职调查在境外投资风险管控中的重要性。

风险尽职调查主要包括投资目的国宏观经济商业环境情况、投资目的国社会政治环境情况、项目拟投资市场环境前景分析、项目融资风险分析、外国投资政策、交易对手商业诚信调查、项目主要协议风险梳理、项目开发许可获取风险、投资目的国对环境保护的要求梳理、项目土地现状、投资目的国税收环境与政策情况、投资目的国劳动力市场情况与劳动准入情况等。

相较于其他尽职调查，风险尽职调查是从风险角度更全面的尽职调查，风险尽职调查基本涵盖了其他尽职调查与风险相关的全部内容。其主要目的是由第三方机构从风险角度对项目提出翔实可靠的风险防控建议，为项目顺利落地打好前期基础。

在做好风险尽职调查的基础上，从事境外投资的企业应充分运用尽职调查报告的结论设置风险管控措施，若报告指出项目存在颠覆性风险，投资主体在最大限度地做好风险防控措施后仍无法避免该颠覆性风险的影响，则应坚持底线原则，果断放弃该项目的推进。

13.3.2　风险管控

1. 协议分担

境外投资项目往往涉及复杂的协议群，投资主体应充分了解各协议的作用，在不同协议间进行风险分担。风险分担的核心思路是，风险应交由最适合的主体（如风险控制者）来承担。例如，境外电力能源类项目涉及很多主体，包括投资主体（中资企业）、境外合作方（合作股东）、工程承包商、运营维护商、购电方、电网公司、商业保险公司、政策性保险公司、融资银行等。只有各方主体都承担各自应当负责的风险，才能使风险得到有效管控，推进项目。

各主要相关方的盈利与一般应当承担的风险如表13-1所示。

表 13-1　　　　　　　　主要相关方风险

项目主体	主要盈利	应承担的主要风险
投资主体（中资企业）	投资收益（市场平均投资回报率＋风险溢价）	损失范围：资本金 承担风险：政治风险、经济风险、法律风险、市场风险、技术风险、管理风险、汇率风险、自然灾害与意外事故风险、社会文化风险等未转移风险
投资主体（合作股东）	投资收益（市场平均投资回报率＋风险溢价）	损失范围：资本金 承担风险：政治风险、经济风险、法律风险、市场风险、技术风险、管理风险、汇率风险、自然灾害与意外事故风险、社会文化风险等未转移风险
财务投资人	保底投资收益	项目出现颠覆性风险时可能面临投资无法回收
融资银行	利息	损失范围：贷款本金及利息 承担风险： 1. 当项目出现颠覆性风险且该风险未充分转移时，将导致融资银行贷款无法回收 2. 借款人信用风险

续前表

项目主体	主要盈利	应承担的主要风险
工程承包商	工程承包利润	管理风险、技术风险、劳工风险、原材料价格上涨风险、汇率风险等
运营维护商	运维合同利润	管理风险、劳工风险、其他因运维不力导致的风险等
购电方	终端售电盈利	市场消纳风险、电力无法调度风险、终端客户偷电漏电风险
电网公司	电力过网费	未及时安排电力接入或电网配套设施未及时建成导致的损失
商业保险公司	保险费	可保风险出险后的赔偿
政策性保险公司	保险费	可保风险出险后的赔偿
律师事务所	律师费	职业责任风险
会计师事务所	服务费用	职业责任风险
风险顾问	服务费用	职业责任风险
电力设计研究院	设计服务费	设计不当及可行性研究复核不当风险

　　上述列表是作者总结的理论上的风险分担，实际操作中根据不同主体的谈判策略、谈判地位等常常会产生风险承担主体的变化，另外不同类型项目需要分担的风险往往也存在较大差异，境外投资者应根据风险分担的原则立足现实进行权衡。如某些国家购电方很强势，不愿采用"或取或付"的原则，那么无法调度电量导致的损失可能会由项目业主自行承担，在这种情况下，项目开发前期的投资目的国电力市场调研就更为重要。

2. 保险转移

　　对于不可抗力风险的管控，往往借助于保险。如商业保险可转移自然不可抗力以及意外事故风险，政治保险则主要转移投资目的国政治原因给项目带来的损失。合理安排保险会给项目提供强有力的风险保障。当然，投保时应充分评估风险与保费支出以及项目收益情况，做到以最经济的保险投入转移项目核心风险，这也是保险价值最大化的体现。因保险是非常重要的风险转移手段，13.5 节将进行详细介绍。

3. 风险自留

风险自留是风险的自我承担，是境外投资企业自我承受风险损害后果的方法。没有哪个投资项目没有任何风险，如果将风险全部转移出去，投资人必须付出更大的成本。因此，对于无法化解或转移的风险或者转移成本过高的风险，公司可以选择风险自留的防控手段，在投资预算中留出一部分风险承担费来应对。

如果某项风险带来损失的概率相对低，且最大损失也不会对企业造成重大影响，就可以主动选择风险自留，这比其他风险处理技术更经济有效。例如，经充分尽职调查发现某国罢工风险极低，且即便出现罢工也很少出现打砸情况，在保险产品设计中就可以放弃投保罢工保险。罢工保险赔付需完全满足三个条件：一是出现了罢工；二是罢工导致了财务损失；三是该财务损失超过了免赔额范围。既然尽职调查已发现罢工风险很低，出现财务损失的概率更低，就完全可以采用风险自留的应对策略。

4. 风险规避

相较于风险自留、协议分担、保险转移，风险规避是从根本上消除某项特定的风险。如果某项境外投资业务出现风险的概率极高，且产生损失的影响也非常大，那么就应避免开展该业务。由此可见，风险规避是一项较为消极的风险处理手段。

前文讲到，风险与收益是匹配的，境外投资主体在完全规避风险的同时也把收益拒之门外，因此，此种风险处理手段应与各项尽职调查充分结合，深入细致的尽职调查为确定风险处理手段奠定了基础。发现颠覆性风险时，应坚持底线原则，坚决采用风险规避的防控手段，及时止损。

13.4　项目风险管理

不同于项目开发期，项目进入实施运营期表明该项目已进入实际落地阶段，大量主协议正式签署，融资银行贷款以及投资主体的资本金开始陆续投入（一般在建设期完成全部投入），这个阶段一旦出现重大风险，对于投资主体而言后果极其严重。因此，境外投资企业必须建立项目风险管控体系。

实施运营期的风险防控是对项目开发期风险防控的衔接和延伸。若该项目暂未使用风险规避的防控手段，后续项目出现重大风险时，相关建设运营履约主体应慎重判断，如相关风险确实影响较大且无法转移分担，则应考虑适当的退出机制，及时规避风险。协议分担风险的工作在协议谈判中完成，建设运营过程中需严格按照协议约定的方式实施。自留风险已明晰，因此需进行充分的工作交接，使项目实际执行者全面了解项目自留风险情况，做好风险防控。保险转移工作也已实质完成，履约过程中相关从业人员应保证保险如期续转，保障可保风险持续处于转移状态。同时，由于项目转入实施运营期涉及不同保险险种的衔接以及不同风险的对接，应提前做好保险方案，及时实现保单生效，避免保险拖期，保障项目实施运营期平稳过渡。

下面针对不同类型的事件详细说明如何进行风险防控。

13.4.1　针对黑天鹅事件

黑天鹅事件指不可预测且一旦发生将会产生重大影响的事件，包括正向黑天鹅事件和反向黑天鹅事件。无论是正向的还是反向的，黑天鹅事件一旦发生将会给投资项目带来重大影响，实践中，自然灾害与意外事故风险、政治风险等不可抗力事件就属于需要防控的黑天鹅事件。此类事件具有特殊性，任何一个项目参与方都无法准确预测与控制，且造成的后果可能是颠覆性的，因此往往无法在协议中进行合理的风险分担，任何相关方也不应为此类事件承担责任。对此一般采用保险转移的风险防控手段，如通过政策性保险转移投资目的国战争、强制征收、暴乱、汇兑限制等政治风险，通过商业保险转移地震、海啸、洪水、爆炸等自然灾害与意外事故风险。

13.4.2　针对灰犀牛事件

米歇尔·渥克在其著作《灰犀牛：如何应对大概率危机》中对灰犀牛风险进行了生动的描述。灰犀牛风险具有概率极大、冲击力极强的特征。境外投资过程中存在很多灰犀牛风险，企业要提前做好风险识别、风险防控，坚持底线原则，积极采取应对措施。

1. 建立风险月报制度——长效机制

定期的风险报告是识别灰犀牛风险的重要举措。境外投资主体的境外项目涉及不同国别，要求各项目公司定期报送风险报告（最好每月）是投资主体动态跟踪各项目的重要举措。该制度需长期坚持，若项目出现重大风险事件应随时上报，以便提前做好风险应对。

灰犀牛风险通常能被项目公司员工察觉，但由于暂未出现问题而被忽略，总部若能通过风险月报了解到该风险的存在，就可及时制定策略，敦促项目公司积极应对。

2. 制定风险防范措施——对症下药

通过定期的风险报告与风险评估能了解各项目存在的潜在风险，一旦发现灰犀牛风险，投资主体应立即制定系统的专项风险防控措施，对于较为复杂的风险，还应聘请专业的第三方机构制定风险应对方案，从而实现对风险的防控。

13.5　境外投资保险

保险是境外投资风险防范的重要措施，既是重大风险应对的兜底方案，又是境外投资风险分担的积极策略，是一种利用大数法则集合同类风险单位以分摊损失的经济制度。保险是一种风险转移机制，企业可向保险公司转移投资活动中未知风险带来的损失，是推动投资、管控风险的重要手段。

13.5.1　保险的基本原则

1. 保险利益原则

保险利益原则也称可保利益原则，即投保人或被保险人对要求保障的保险标的必须具有法律上认可的经济利益。

以 2015 年修订的《中华人民共和国保险法》为例，该法第十二条规定：财产保险的被保险人在保险事故发生时，对保险标的应当具有保险利益；保险利益是指投保人或者被保险人对保险标的具有的法律上承认的利益。任何保险必须以存在保险利益为前提。

保险利益因财产保险和人身保险的不同而不同。对财产保险而言，保险利益可以是财产上现有的利益、由现有利益产生的预期利益以及责任利益（因合同责任或侵权责任而产生的责任利益，简单来说只要具有经济赔偿的可能性，就具有责任利益）等。

境外投资活动中，融资银行往往要求投保工程一切险及其项下的延迟投产险。工程承包商可以投保工程一切险，但由于承包商对延迟投产不具有保险利益，往往不具备投保延迟投产险的条件。因此，在项目保险架构设计中，工程一切险及其项下的延迟投产险往往由项目业主进行投保，相关保费在工程承包合同中予以考虑，运营期的营业中断险也是如此。如果在商务合同中约定承包商承担延迟投产给业主带来的损失，则承包商就具有了保险利益（责任利益），可以投保延迟投产险。

2. 最大诚信原则

最大诚信原则的制定是为了保障保险人的利益。鉴于在保险合同关系中，被保险人或投保人是最清楚相关保险标的风险情况的，保险人则更依赖投保人的陈述与告知，若投保人在投保过程中未如实履行告知义务，保险人很可能承担远超其预期的风险，这既违背了民法中的诚实信用原则也违反了公平原则。因此保险法律中规定了最大诚信原则，也就是在保单中经常可以看到的表达："投保人或被保险人应履行如实告知义务，不得漏报、误报、隐瞒或欺诈"。若投保人违背了最大诚信原则，保险人有权解除保险合同或降低赔偿比例。

3. 近因原则

所谓近因，是指造成保险标的损失最直接、起决定性作用的原因。近因原则适用于保险标的出险时保险责任的判定。一般而言，保险标的发生损毁灭失且能得到保险公司赔付的前提必须是该项受损是由承保风险造成的。现实中造成保险标的发生损害的原因往往很复杂，判定是否为承保风险致损，适用近因原则。

近因不一定是时间上或空间上与损失结果最接近的原因。

单一原因致损的情形当然属于近因，在此不展开阐述，下面主要探讨多因子致损情况下近因的判定。

保险责任近因判定应注意，如果受损原因属于承保责任，那么由其直接导致的或由其引发的损失均属于保险意义上的近因。如果多种原因同时存在，那么由承保风险导致的损失予以赔偿，除外责任导致的损失则不赔偿；如果多种原因连续发生致损，其中先发生的为承保风险，且后续风险与前序风险存在因果关系，则判定本次受损属于保险责任范围；如果多种原因不连续发生致损（即多种原因之间无因果关系），则可以判定为每个独立的单一原因致损情况，对致损风险为承保风险的损失予以赔偿，除外风险导致的损失不予赔偿。例如，某次船运过程中偶遇战争，不得不改变既定航行线路，船只途中遇到恶劣天气沉没，由于战争风险属于货运险的除外责任，后续恶劣天气是改变航行线路直接导致的，因此保险公司可以近因不属于保险责任为由拒绝赔付。

4. 损失补偿原则

损失补偿原则是指被保险人的财产因承保风险出现损失时，保险公司应在保险责任范围内予以充分的补偿，但被保险人不可因保险而获利。简而言之，价值 100 万元的保险标的，无论投保多少保额的保险，因承保风险出险后，保险公司仅在 100 万元范围内予以赔偿。

损失补偿原则主要适用于财产保险，由于人身是无价的，无法设置金额上限，因此人身保险一般不适用损失补偿原则。在保险实务中损失补偿原则还存在一定的例外情况，主要包括定值保险、重置价值保险以及施救补偿费用。

定值保险主要指保险合同订立时双方约定保险标的的价值，并以此作为保险金额投保，发生损失时按照约定的保险金额进行损失比例赔付，其原理在于如果发生毁损需重新购买保险标的，保险标的的市价不好预判，容易发生纠纷，因此双方约定保险价值（主要适用于海运险）。

重置价值保险是指以实际发生的重置价值为赔偿额的保险理赔方式，其不符合损失补偿原则的原因在于出险后重置相关建筑的成本可能比直接建设成本更大。在水电站建设过程中，如果建设成本为A，建设过程中突遇百年一遇的洪水，冲毁了导流洞，重置过程需要先行清理淤泥，而清理淤泥需要大量花费，导致重置过程的成本B比实际建设成本A更大，因此不适用损失补偿原则。

施救补偿费用是指被保险人积极抢救保险标的、避免损失进一步扩大的合理支出由保险公司承担。实际上保险公司承担了保险标的损失和积极施救两部分的费用，因此其属于损失补偿原则的例外。

上述三种情况虽属例外，但并未违背保险损失补偿原则设置的初衷。无论是定值保险中的市价浮动、重置保险中可能高于原保险标的的重置费用，还是施救中为避免损失进一步扩大而支出的额外费用，其实质都在于保障保险标的最大限度的风险转移，其出发点也不是被保险人通过保险而获利。因此，虽不直接适用损失补偿原则，但与损失补偿原则的核心实质并不背离。

损失补偿原则结合保险利益原则，可以得出以下结论：被保险人能获得的保险赔款不仅受制于保险标的价值，还受制于被保险人在该保险标的项下享有的保险利益。如某被保险人仅享有某项资产 50% 的份额，即便该被保险人之前已足额投保，在保险责任清偿时，依据损失补偿原则也只能获得该资产 50% 的保险赔款。

13.5.2　信用保险

信用保险作为政治风险防控的重要手段已在本书第 10 章 10.4 节做了深刻阐释。

13.5.3　商业保险

商业保险是转移自然灾害与意外事故风险的非常重要的手段，此类风险往往无法通过协议进行有效的分担或转移，商业保险很好地弥补了这些风险防控手段的缺失。

下面介绍境外投资（尤其是基础设施建设类境外投资）过程中的常用保险险种。

1. 建安工程一切险

建安工程一切险是建筑工程一切险和安装工程一切险的复合险种。其中，建筑工程一切险是以建筑工程中的原材料、设备等为保险标的的保险。保险人承担的主要责任包括：

（1）地震、山崩、洪水、暴风雨、冻灾等自然灾害造成的经济损失。

（2）火灾、爆炸、空中飞行物体的坠落等意外事件造成的经济损失。

（3）过失、恶意行为盗窃、技术人员或工人缺乏经验、原材料本身缺陷和制作/使用工艺不善等人为事故所造成的经济损失。

安装工程一切险是指针对各种设备、装置的安装工程（包括工业设备及管道的安装，水电、燃气、通风、给排水等设施设备的安装）的保险。

建安工程一切险主要适用于工程类建设项目，用以转移工程建设项目在建设过程中的自然灾害和意外事故风险。以下对该险种的主要元素进行介绍。

（1）被保险人。相较于其他保险，建安工程一切险有较强的综合性，因此被保险人较多，包括项目业主、承包商、技术顾问、融资银行、设备供应商等，在投保该险种时应充分列明。

（2）保险标的。建安工程一切险的保险标的包括：建筑工程或安装工程、工程所有人提供的材料设备、清理残骸的费用、施工机具（可涵盖也可单独承保）、土地上的其他财产。

（3）保险金额的确定。通常按照工程造价确定（含重置成本）。

（4）保险期限的设定。涵盖整个建设期及保证期，同时应明确工期延期保险的安排方式。

（5）保险费率的设定。影响保险费率的因素有：

①建筑、安装工程的种类、性质、结构复杂性及技术难度和风险程度；

②建筑、安装工程项目所在地的自然环境和位置；

③承包商及其他相关方的资信水平、技术水平、经营管理水平，施工及项目管理人员的素质；

④工期长短及施工季节和施工进度，试车期和保证期的长短；

⑤现场周围第三者资产和人员密集程度；

⑥免赔额度的高低。

注意：对于国际工程项目，需根据项目所在国保险政策要求进行投保。

2. 海洋运输货物保险

海洋运输货物保险是以远洋船舶为主、其他运输工具为辅承运的货物为保险标的的保险业务。

如本书在风险管理概论（第 13 章 13.1 节）中所讲，保险承保可保风险导致的损失，鉴于国际海洋运输面临的风险较为复杂，下面对国际海洋运输中面临的风险事件、损失、保险险别及注意事项进行详细阐释。

（1）海洋货物运输中的风险事件。根据该风险是否为海运环境固有，可以将风险事件分为海上风险和外来风险两大类。

海上风险包括自然灾害和意外事故两种类型的风险事件。自然灾害指自然力量所引起的灾害，如海啸、地震、飓风、雷电等；意外事故指由于偶然、非故意原因造成的事故，如触礁、沉没、碰撞、火灾、爆炸等。

外来风险根据不同情况分为一般外来风险、特别外来风险与特殊外来风险。一般外来风险指非政治、非行政、非罢工、非战争原因的外来风险；特别外来风险指政治、行政相关风险；特殊外来风险特指战争和罢工风险。

相关风险列表如表 13 - 2 所示。

表 13 - 2　　　　　　　海洋货物运输中的风险列表

海上风险	自然灾害
	意外事故
外来风险	一般外来风险
	特别外来风险
	特殊外来风险

（2）海洋货物运输中的风险损失。海洋货物运输中的风险损失包括全部损失和部分损失两大类。

全部损失分为实际全损和推定全损两种。实际全损指货物因相关风险导致完全失去原有效用或不能再归被保险人使用；推定全损指货物发生保险事故后，认定实际全损不可避免或防止实际全损需要发生的费用超出原保险金额。

部分损失分为共同海损和单独海损两种。共同海损指航行中，船舶、保险货物和其他财产共同遭遇风险，为共同考虑，有意且合理地采取措施所导致的牺牲或支出的特殊费用；单独海损指共同海损以外的货物损失。

（3）海洋货物运输保险险别介绍。根据承保风险的不同，将海洋货物运输保险分为三种：平安险、水渍险和一切险。

平安险承保海上风险中意外事故导致的损失以及自然灾害导致的全部损失与共同海损，须注意的是，单独海损在平安险中不予承保。

水渍险是在平安险的基础上增加承保了自然灾害导致的单独海损。

一切险是在水渍险的基础上增加承保了外来风险中的一般风险。

鉴于外来风险的特殊性，针对三类外来风险分别设置了三种附加险，即一般附加险、特别附加险和特殊附加险，三种附加险承保的风险与一般外来风险、特别外来风险以及特殊外来风险一一对应，可见掌握海洋货物运输中的风险事件是深刻理解海洋货物运输保险险别的重要前提条件。

三种险别承保风险及对应风险如表13-3所示。

表 13 - 3　　　　　　　　承保风险及风险对应表

		海上风险		外来风险		
		自然灾害	意外事故	一般外来风险	特别外来风险	特殊外来风险
平安险	全部损失√	√	√	×	×	×
	共同海损√					
	单独海损 ×					
水渍险		√	√	×	×	×
一切险		√	√	√	×	×

（4）海洋货物运输保险投保注意事项。

①保险金额的确定。由于货物市价的浮动性，海运险投保时通常按照 CIF（到岸价）乘以 110% 进行投保（属于定值保险，110% 并非一成不变，保险人与被保险人可根据不同货物和不同地区的价差以及预期利润水平约定不同的上浮比例）。

②对于工程项目，通常采用开口预约投保的方式，对工程建设期内所有的运输货物进行承保。

③"仓至仓"条款是国际海洋货物运输保险中常用的约定保险期限的条款，将保险人的责任限定在起运地仓库至收货人最后仓库的全部行程中，由于国际货物运输通常包括国内、国际以及项目所在地的运输，因此对"仓至仓"的表述要准确，争取涵盖整个过程。

④影响运输费率的因素有运输工具、运输方式、包装方式、运输货物的种类、运输路线、免赔额的高低。

3. 延迟投产险

延迟投产险作为建安工程一切险和货物运输保险的附加险种，

主要承保建设拖期给业主带来的损失，包括融资银行的还本付息、项目公司的固定运维费用，也可以保障延迟完工期间因承保风险导致的毛利润损失。目前境外投资越来越多地使用完全无追索的项目融资模式，此种模式下，一旦发生建设拖期，银行很可能面临无法按期收回本金和利息的风险，因此融资银行往往在贷款协议中约定必须投保延迟投产险。

下面简单介绍该险种。

（1）保险金额。延迟投产险在确定保险金额时根据项目预留的保费成本可以有两种选择：一是按进入运营期的预计毛利润投保，此种方式的保障是最全面的，但保额较高势必会提高保险成本，投保人应根据实际情况合理评估风险与损失之间的关系，做到适度投保，提高保险的经济价值，条件允许时最好聘请保险顾问进行专业评估，制定详细的保险方案；二是按银行的还本付息额加上项目固定运维成本进行投保，这一般是银行的底线要求，也是比较常用且经济的选择。

根据前面的分析可知，保险遵循损失补偿原则，保险公司需对保险金额进行审核，特别是延迟投产险保障的毛利润价值与一般财物有较大的区别，因此投保时保险公司一般会要求复核保额的计算模型与依据。

（2）赔偿期限。延迟投产险的保障期限通常为12个月或18个月，主要取决于关键设备的重置时间。

（3）保险期限。与主险（建安工程一切险或货物运输险）一致。

（4）影响保险费率的因素。

①与工程险因素一致；

②赔偿期限；

③保险金额的高低。

4. 财产一切险

财产保险是对各类财产提供保险保障的保险业务。主要承保：（1）被保险人所有或与他人共有而由被保险人负责的财产；（2）被保险人替他人管理的财产或其他与被保险人具有法律上经济利害关系的财产。当然，价值无法预估的财物或货币、证券等非实际物质以及土地、矿藏、森林等，保险人一般不予承保。

财产一切险属于财产保险的一种，广泛用于境外投资业务，下面说明实际操作中财产一切险的注意事项。

（1）保险标的：一般承保固定资产（剔除土地和运输工具）、存货等。

（2）保险金额：固定资产（剔除土地和运输工具）按照资产负债表账面原值确定；存货按照投保前 12 个月平均账面余额确定。

（3）保险期限内新增财产的投保需要提前约定。

（4）保险财产分布地址需列明。

（5）保险期限：通常为一年。

（6）影响保险费率的因素有：①建筑物的建筑结构或物资类别；②标的物危险性大小；③历年赔付记录；④标的所处地理环境及当地水文、气象、地质情况；⑤防灾设施及其保养情况；⑥被保险人经营管理情况；⑦免赔额高低。

5. 公众责任险

公众责任险属于责任保险，是以被保险人对第三者依法应当承担的民事赔偿责任为保险标的的保险，保险公司保障的责任包括损害赔偿责任、法律费用以及施救费用。

（1）保险金额的设定根据营业场所周边情况确定，一般列明累计赔偿限额和每次事故赔偿限额。

（2）保险期限通常为一年。

（3）保险费率。该险种通常与财产一切险共同投保，费率不高，主要取决于周围情况以及场所的性质。如果项目周边存在大型炼油厂或存在特种受保护生物，一旦出险可能面临较高赔偿，保险费率可能会适当提高。

在投保公众责任险时应尽量将相关方均列为被保险人，并在保险合同中约定出险后保险公司不追偿被保险人，这样能有效避免保险公司履行保险赔款义务后追偿项目合作方的情况发生。当然，其他保险险种也应进行这方面的考虑和安排。

6. 建设工程设计责任险

建设工程设计责任险是指以建设工程设计人因设计上的疏忽或过失而引发工程质量事故造成损失或费用应承担的经济赔偿责任为保险标的的职业责任保险。

（1）保险期限。通常从设计工作开始到工程质保期结束，有时会要求保障期限到质保期结束后 3～5 年。保险公司承保的保险期限一般不超过 12 年。通常投保时工程设计工作已开始，会有一个追溯期。

（2）保险金额。保险金额根据设计项目具体确定，一般列明累计赔偿限额和每次事故赔偿限额。

（3）免赔额。免赔额通常设置较高，达 30 万～50 万美元。

（4）保险费率。影响保险费率的因素有：①工程地址；②工程类别，是否属于成熟工艺；③风险情况；④设计院在该项目中承担的设计范围；⑤工程总造价，设计院所承担设计范围的造价；⑥保险期限；⑦免赔额。

以上是境外投资过程中常见的保险险种。实践中在选择保险产品进行风险转移时一定要考虑经济性，如某项风险发生概率极低且出险损失也不大，则风险自留的防控方法可能更加经济高效。

　　同时，在安排保险时应聘请专业的保险顾问对项目风险进行充分评估，在此基础上制定一套与项目最匹配的保险方案，设计时应充分考虑保险金额或责任限额是否适当、免赔额是否合理、保险安排是否涵盖了项目可能面临的全部大类风险。

　　境外投资从业人员要充分意识到风险防控是一个整体，牵一发而动全身。前期的尽职调查、项目开发阶段风险防控策略的制定以及建设运营期风险的动态跟踪管理环环相扣、密不可分，境外投资者要牢固树立风险防控意识，将风险管理理念贯彻到项目全生命周期。

第 14 章 / *Chapter Fourteen*

境外投资案例深度解析

本章以中巴经济走廊项下巴基斯坦 A 项目为例，深度解析境外投资全过程的跟踪、开发、推进、管控各个环节，秉承科学严谨、实事求是的原则，旨在还原项目前期开发实务操作的探索与实践。

14.1　开发背景

自 1951 年中国和巴基斯坦建交以来，两国在和平共处五项原则的基础上发展睦邻友好和互利合作关系。进入 21 世纪以来，中巴全面合作伙伴关系进一步深入发展，双方高层接触频繁，政治互信不断增强。经过两国领导人及两国人民多年的努力，巴基斯坦成为中国最坚定的友国。

2013 年 5 月，李克强总理访问巴基斯坦时提出"中巴经济走廊"计划，初衷是加强中巴两国之间交通、能源、海洋等领域的交流与合作，加强两国互联互通，促进两国共同发展。2013 年底，习近平主席提出"一带一路"构想，中巴经济走廊作为"一带一路"的有益补充，重要性进一步提升。2015 年 3 月发布的《推动共建丝绸之路经济带和 21 世纪海上丝绸之路的愿景与行动》明确提出，中巴、中印孟缅两个经济走廊与推进"一带一路"建设关联紧密，要进一步推动合作，取得更大进展。2014 年 2 月，巴基斯坦总统侯赛因访华期间，中巴双方同意加速推进中巴经济走廊建设。

中巴经济走廊起点在喀什，终点在巴基斯坦瓜达尔港，全长 3 000 公里，北接"丝绸之路经济带"，南连"21 世纪海上丝绸之路"，是贯通南北丝路的关键枢纽，是一条包括公路、铁路、油气和光缆通道在内的贸易走廊，也是"一带一路"的重要组成部分。中巴经济走廊全方位、多领域的合作，有助于进一步密切和强化中巴全天候战略合作伙伴关系，它既是中国"一带一路"倡议的样板工程和旗舰项目，也为巴基斯坦的发展提供了重要机遇。

14.2　投资环境分析

14.2.1　投资必要性

1. 有利的宏观环境

中巴两国的传统友谊以及良好的政府间关系为项目投资开发提供了有利的宏观投资环境。中巴两国关系融洽，高层互动频繁，为项目开发提供了良好契机。2013 年 5 月，双方签署了一系列合作协定和谅解备忘录，其中包括《关于开展中巴经济走廊远景规划合作的谅解备忘录》。中巴经济走廊的顺利实施，将促使中巴两国通过经济、能源领域的合作紧密联合，互惠互利，共同发展。

中国鼓励和支持国有企业和民营企业"走出去",在巴基斯坦传统能源和新能源领域寻找投资机会。

2. 巨大的市场潜力

巴基斯坦是世界第六大人口大国,地理位置优越,辐射中东和中亚等地区;经济不发达,但市场潜力大。然而,经受了几十年的战争和社会不稳定,巴基斯坦的铁路运输、发电等基础设施存在严重缺陷。巴基斯坦面临严重的电力短缺,巴基斯坦希望依靠中国的支持改善国家的能源结构和经济发展。

3. 促进两国政府和人民持续友好发展

中巴经济走廊项目建设投产后,将大大改善巴基斯坦电力短缺的局面,并对巴基斯坦调整电力及能源结构、缓解供需矛盾、优化投资环境、促进基础设施建设和人口就业、改善民生等产生深远影响,进一步推动中国和巴基斯坦政府及人民友好关系的持续发展。

14.2.2 投资环境

巴基斯坦市场潜力大,经济不发达,但前景较好;地理位置优越,辐射中东和中亚等地区;政府欢迎投资,优惠政策多,投资限制少。政府推行经济"自由化、私有化和减少干预"政策,经济稳定快速发展。

1. 电力体制

(1)巴基斯坦电力体制发展概况。从巴基斯坦电力体制结构的发展来看,其历程和中国类似,均在一定程度上打破了垂直一体化垄断。在1958年之前,巴基斯坦电力仅由水利水电开发署和卡拉奇电力公司两个垂直一体化的国有企业管理。1992年,巴基斯坦政府通过了电力私营化改革方案。1997年,成立了国家电力管理局。1998 年，水利水电开发署公司化后成立了国家输配电公司、4 个火力发电公司，8 个配电公司。2005 年，卡拉奇电力公司完成了私有化改革。2007 年，水利水电开发署分化出国家电力公司，水利水电开发署原有的电力系统经营管理职能转移至国家电力公司。2011 年，国家电力公司宣布解散，其下属地方配电公司获得完全财务自主权，同时成立了中央电力采购局，执行国家电力公司的部分职能。

（2）巴基斯坦电力组织机构及其职能。巴基斯坦的电力部门主要包括：水利电力部、水利水电开发署、国家电力管理局、国家输配电公司、中央电力采购局、卡拉奇电力公司、私营电力与基础设施委员会、4 个火力发电公司、8 个配电公司。

水利水电开发署主要负责全国水电的规划、开发、发电和经营。国家输配电公司、火力发电公司和配电公司是水利水电开发署重组以后分离出来的独立公司。这些独立公司目前仍得到水利水电开发署的支持，未来将按照规划发展为私营机构。

国家电力管理局的职责包括发放发电、输电、配电的许可证，制定标准以保障操作及供电的质量和安全，审批公共电力项目的投资建设，负责发电、输电、配电的电价管理。

国家输配电公司于 1998 年并入巴基斯坦国家机构，并接管水利水电开发署全部的 220kV 和 500kV 功率的电网线路，管理巴基斯坦境内除卡拉奇外的所有地区的电网相关事务。国家输配电公司拥有、运营并维护国家所有 500kV 输变电站和总长达 4 160 公里的 500kV 电网线路，23 家 220kV 的输变电站和 4 000 公里长的 220kV 电网线路，管辖范围涉及全国。其下属的中央电力采购局于 2011 年成立，将作为各电力分销公司和大用户代表（而非统一购买方）从独立发电企业、火力发电公司、水电站所属企业购买电力,并确保地方供电公司在遵循国家电力管理局分配系统的基础上获得足够电力供应。未来,中央电力采购局的职能还将在电力销售、购买方双边合同完善后转变为市场管理者,负责促进和完善电力供销市场。

卡拉奇电力公司负责卡拉奇及其周边地区电力设备的建设、运行及维修。

私营电力与基础设施委员会的主要作用是促进私营投资者参与私营电力项目和相关基础设施的建设,负责协调政府各相关部门处理投资过程中的各项事务,如确保项目用电,燃油、天然气、煤等原料供应,用水许可等,同时为国内外电力投资者提供一站式服务。

总体而言,巴基斯坦电力体制完成了厂网分离和输配分离(卡拉奇电力公司除外),当前正在进行的是配售分离。巴基斯坦电力体制的发展趋势是电力市场化。

2. 私营办电现状

自 1985 年巴基斯坦政府首次尝试吸纳私营领域投资电力项目取得成功以来,私营投资电力建设(私营办电)逐渐成为巴基斯坦电力建设的重要补充,不仅有效解决了电力建设的资金瓶颈,而且在电力供应方面引入了竞争机制,推动了电力管理体制的改革。巴基斯坦的私营办电项目大致有以下特点。

(1)项目类型相对单一。已建成的私营电力项目大都是建设周期相对较短的燃油或燃气电站。巴基斯坦已经探明和具备开采条件的油气资源有限,原油和成品油消费严重依赖进口,天然气产量也供不应求。随着近年油气价格的持续上涨,不但发电成本上升,原料供应也日趋紧张,部分私营电力项目因油气短缺无法正常运转。

（2）投资地点较为集中。约 80% 的私营办电项目集中在信德省和旁遮普省的卡拉奇、拉合尔和木尔坦等相对富电的大中城市附近，而俾路支省、西北边境省和北部地区等贫电地区鲜有投资者问津，加上巴基斯坦电网建设落后且输变电设备和线路老化，富电地区和缺电地区的电力供应难以有效调剂，私营办电项目并未改变电力供应地区失衡的状况。

（3）投资模式以合资居多。在已投入运营的私营电力项目中，除 JPGL 一期电站为日本电力公司独立投资外，其余项目均为外国投资者与巴基斯坦本地企业联合投资。

3. 电力市场需求分析

根据私营电力与基础设施委员会发布的《国家电力政策（2013）》，近几年来，巴基斯坦电力缺口逐步增大，全国很多地区每天停电时间达 12～16 小时。

2012 年，巴基斯坦全国火电机组发电量中，燃气发电量占比 44.78%，燃油发电量占比 55.12%，燃煤发电量占比 0.17%，低成本的煤电不足。

实际供电能力不足主要有两方面原因。一是巴基斯坦电网建设较为落后，输电过程中损耗较大；二是现有燃油、燃气火电厂由于油、气短缺，装机容量无法充分利用。

近几年巴基斯坦的经济增长较快，预计电力需求年度增长 7.4%，电力供应短缺是制约经济发展的最重要因素之一。

4. 电源建设规划

根据《国家电力政策（2013）》及其他相关资料，针对电力系统当前的问题，巴基斯坦政府制定了短期、中期、远期措施。

短期措施主要包括四个方面：第一，通过增加油气供应以及改善现有机组性能来提升发电能力，计划提升发电出力 700MW；

第二，通过解决三角债问题，使现有电站项目投入运营，增加发电出力1 700MW；第三，从印度、伊朗等国家进口电力；第四，通过制定电力政策来吸引投资者，主要包括制定新的输电政策，以吸引私人投资者，解决现有电网输电瓶颈问题，降低输电网损耗。

中期措施主要包括为投资火电及水电项目的投资者提供专项发展资金，同时加快进行火电、水电项目的可行性研究分析。

远期措施主要包括五个方面：第一，在该国南部临海地区建设依托海运进口煤的百万千瓦级火电基地；第二，依托本国南部信德省的煤炭，建设百万千瓦级火电基地；第三，发展依托液化天然气的火电基地；第四，在印度河流域建设百万千瓦级水电基地；第五，将高能耗的装机退役。

燃煤火电装机规划包括：2015年，规划建设燃煤火电站4座，总装机容量为1 240MW；2016—2020年，规划建设燃煤火电站7座，总装机容量为10 565MW；2025年，规划新增依托信德煤矿的Sindh火电站装机规模5 280MW；2021—2030年，依托塔尔煤矿的新增火电装机总量为15 000MW。

燃气火电装机规划包括：2013—2015年，新增2座电站，总装机容量538MW；2016—2020年，新增3座电站，总装机容量为2 260MW。

热电联产装机规划包括：2015年，新增电站2座，总装机容量160MW；2016年，新增电站3座，总装机容量285MW。

水电装机规划包括：2013—2015年，新增7座水电站，总装机规模为472MW；2016—2020年，新增17座水电站，总装机规模为15 760MW；2021—2025年，新增4座水电站，总装机规模为10 050MW；2026—2030年，新增4座水电站，总装机规模为

6 170MW。

核电装机规划包括：2018—2019 年，卡拉奇地区新增 1 座核电站，装机规模为 1 000MW；2019—2020 年，卡拉奇地区新增 1 座核电站，装机规模为 1 000MW。

5. 投资方式

国内外投资者均可投资新建火电站、水电站和利用新能源或新技术从事电力项目建设，也可参与私有化电力项目的运营和管理等。投资者如建设水电项目，必须采用 BOOT 方式；如投资建设热电项目，可选择 BOOT 或 BOO 方式。所有 BOOT 项目在运营期结束后须移交给巴基斯坦政府。

6. 投资开发流程

在巴基斯坦投资开发绿地项目，可依据巴基斯坦私营电力与基础设施委员会于 2010 年 8 月颁布的《私有电力项目快速推进指南》。该指南明确了在巴基斯坦投资项目的流程和规范，A 项目也是参照该模式开发推进的。

依据指南，投资开发流程大致如下：依次申请并获得项目注册号、项目推进通知、意向函、环评批复、发电许可、电价批复、支持函；在获得项目支持函后，签署实施协议、购电协议、土地协议等主体协议；之后，项目进入融资期。在完成贷款协议的谈判和签署并落实全部放款前提条件后，实现融资关闭，项目在获得贷款后开始全面开工建设。

7. 投资项目的电价模式

巴基斯坦电价申请模式分为两种。

一种是采取一般性成本 + 收益的电价申请模式。投资人可根据项目自身情况，以项目测算出的成本和收益为依据向巴方递交电价申请。如果该电价通过巴方批准，则巴方将按照投资人申请的电价签发电价批复。反之，如果巴方认为项目在电价申请中的预估成本过高或者不符合要求，则巴方将不对电价进行批复或者核减电价。采取自主电价申请的审批时间通常长达9 ～ 12 个月。

另一种方式是采取标杆电价政策。标杆电价政策由巴基斯坦国家电力管理局制定和发布，旨在对电价审批开启"绿色通道"。该政策在参考多个电站投资建设和运营成本的基础上，对不同规模电厂造价分别进行核准并制定了相关电价政策。如果投资人选择申请"标杆电价"，将大幅缩短审批流程。

14.3 项目简介

14.3.1 项目历程

2013 年，中国将中巴经济走廊纳入"一带一路"倡议，旨在进一步巩固中巴两国双边合作关系，促进两国互利互惠。此后，来自中国的基建和投资项目增速明显。D 公司对此高度重视，充分发挥在巴基斯坦的本地资源和全产业链优势，积极响应国家号召，并选定 A 项目作为重点跟进。

2014 年 2 月，国家能源局梳理了《中巴经济走廊能源合作领域早期收获清单》，其中优先实施项目共计 16 个，涉及投资总额为 52.7 亿美元，装机容量 364 万 MW。

2014 年 11 月，中巴两国政府签署《关于中巴经济走廊能源项目合作的协议》，其中将 2017 年和 2018 年投产的火电、风电和光伏项目以及可在 2020 年左右投产的水电项目列为优先实施项目，总装机为 1 040 万 MW。此外，协议明确了在巴基斯坦投资建设相关优惠政策、电费支付准备金账户、外汇兑换、安保等内容。

国家"一带一路"倡议与中巴经济走廊建设为 A 项目实施和切实落地提供了有力的引导和支持，A 项目对中巴经济走廊其他能源项目起到引领和示范效应，对落实国家"一带一路"倡议具有重要意义。

14.3.2　项目简介

A 项目装机 1 320MW，由 D 公司和国际投资人 C 公司按照51∶49 的股权比例进行投资开发，以项目融资的方式获得贷款。该项目被列入中巴经济走廊能源类优先实施项目清单。

14.4　投资架构设计

投资架构设计对项目风险防范、资金便利性、运营收益等方面都具有举足轻重的影响。

14.4.1　投资架构设计主要考虑的因素

在设计投资架构方案前，主要考虑以下因素：

（1）符合中国、巴基斯坦和架构涉及国别的法律法规。

（2）不影响享受中国对外投资合作专项补贴政策。

（3）考虑企业对该项目的投资开发便利，包括各方政府的要求、前期开发费用的资金支付便捷性。

（4）有利于企业整体税收风险管理与税收筹划。

（5）确保项目退出机制的灵活性和可操作性。

14.4.2 投资架构

由于采用间接投资的方式在政治、商业环境、税务等方面均具有显著优势，因此，最终选择通过中间层级公司再注册项目公司的方式，为项目的顺利推进打下了坚实的基础。

14.5 项目推进简述

14.5.1 项目准备

中国及巴基斯坦两国政府一直友好相处，互动频繁，积极寻求共赢的合作机会。巴基斯坦长期电力短缺严重，供需矛盾突出，巴基斯坦政府致力于调整电力及能源结构。

考虑到大型煤电价格具有较强市场竞争力，能够满足负荷发展，提高供电可靠性，D公司、C公司和巴基斯坦政府签署了关于投资开发巴基斯坦火电项目的谅解备忘录。经多次调研，三方决定优先开发A项目。

14.5.2 项目开发审批流程

A项目严格遵照中国和巴基斯坦相关审批流程推进，满足合法合规性，同时项目获得了中巴两国政府的高度支持。

1.巴基斯坦政府审批

遵照巴基斯坦《私有电力项目快速推进指南》，完成了A项目投资开发流程和所需获得的重要政府执照、许可及相关前提条件，如注册号、项目推进通知、意向函、环评批复、发电许可、电价批复、支持函等，顺利签署实施协议及购电协议。

2. 中国政府审批

遵照中国政府有关境外投资的政策规定，完成了发改委、商务部、国资委等的各项投资备案手续。

14.5.3　项目前期推进

1. 技术可研

项目可行性研究旨在通过对实施方案和技术应用的综合比选确立最终方案，一直是企业投资建设项目的重要依据。D 公司在 A 项目工程可研方面做了大量工作，主要内容如下。

（1）聘请专业的咨询团队，分别对煤炭、码头、安保等方面进行专题研究、综合考察，保证项目掌握最前沿可靠的专业数据，确保项目在可研阶段实事求是。

（2）选择最具经验的可研设计团队，对 A 项目技术层面进行全方位考察，最终选定合适的技术方案。

（3）聘请第三方咨询机构进行可研评审，确保项目符合行业标准，使项目可研报告具备权威性。

2. 电价申请

项目获得巴国家电力管理局出具的发电许可及电价批复。

3. 土地租赁

与当地港务局签订了《土地租赁与港口服务协议》及相关租地协议。

4. 投资协议

（1）持续推动巴基斯坦政府修订电力政策，以适应进口燃煤电站项目的特点。

（2）巴基斯坦内阁经济协调委员会出台《电力政策 2015》以及购电协议（PPA）和实施协议（IA）修订模板。

（3）与巴基斯坦政府签订实施协议与购电方签订购电协议。

5. 融资保险

（1）融资进程。完成了《融资协议关键条款》并获得巴基斯坦政府批复；完成融资协议的签署，落实融资关闭先决条件，巴基斯坦政府出具主权担保书，项目实现融资关闭暨首笔贷款放款。

（2）境外投资保险进程。获得中国信保出具的《境外投资（股权及债权）保单》，基本涵盖项目主要风险点。

6. 环评工作

整体环评工作拟定分步走的策略，一期进行电站本身的环境评估，二期进行码头航道和灰场等附属设施的环境评估，分阶段开展环评工作并获得批复。高度重视公众参与，广泛充分地听取各方意见，提高决策科学化和民主化。A项目公司与当地环保局和环评公司通力合作，走访工程所在地和邻近社区及企业，鼓励公众参与环境评估工作，充分征求附近居民的意见，积极听取各阶层的建议，尽量满足各利益相关方的诉求；严格遵守巴基斯坦相关法律法规，坚持信息公开，认真执行环评公开听证会制度和专家评议制度。通过上述举措，A项目历经一年时间获得项目的环评批复，进一步确保了项目开发的合法性。

7. 电网接入

同巴基斯坦国家输变电公司一同完成电力系统潮流计算、短路计算、暂态稳定分析等各项电网接入准备工作。

8. 购煤准备

通过多方调研，完成煤炭供应可行性研究，形成可靠的煤炭供应方案。

14.6　项目商务要点

14.6.1　投资构成（见表 14 - 1）

表 14 - 1　　　　项目总投资构成

（按照巴基斯坦政府相关政策要求格式计列）

单位：百万美元

序号	项目
A	EPC 成本
1	电站 EPC 成本
2	码头及航道 EPC 成本
B	备件及附属资产
1	备品备件
2	附属资产
C	其他成本
1	项目开发费用
2	租地及土地开发费用
3	招标费
4	工程监理费用
5	项目公司管理费用
6	试运行费用
7	首次燃煤储备费用
8	生产准备费
9	建设期安保费用
10	税费
D	融资及保费
1	融资手续费
2	建设期利息
3	境外投资保费
E	总计（A+B+C+D）

14.6.2 电价方案

1. 电价组成

针对进口燃煤、外国融资的 660MW 机组,巴基斯坦现行标杆电价为 8.360 1 美分 / 千瓦时,该电价由电量电价以及容量电价两部分构成。

(1)电量电价主要包括电站运行期各类可变成本,如燃料成本、脱硫石灰石成本、灰渣处置成本以及可变运维成本等。

(2)容量电价主要包括电站运行期各类固定成本及收益,如固定运维成本、流动资金成本、保险及还本付息成本,以及资本金收益部分。

2. 电价调整

总体来讲,巴基斯坦国家电力管理局将针对以下各个电价组成部分按季度进行调整,涉及 LIBOR/KIBOR、居民消费价格指数(CPI)、汇率等多个因素。分项调整总体机制如下:

(1)燃料成本:按照电厂采购燃煤的实际热值、燃煤到厂价格(含运费、用量)等因素进行调整。

(2)可变运维成本(外币部分):按巴基斯坦卢比对美元汇率以及美国 CPI 指数调整。

(3)可变运维成本(当地币部分):按巴基斯坦 CPI 指数调整。

(4)固定运维成本(外币部分):按巴基斯坦卢比对美元汇率以及美国 CPI 指数调整。

(5)固定运维成本(当地币部分):按巴基斯坦 CPI 指数调整。

(6)流动资金成本:按巴基斯坦卢比 KIBOR 变动调整。

(7)股本回报(ROE):按巴基斯坦卢比对美元汇率调整。

(8)还本部分:按贷款币种汇率调整。

(9)付息部分:按 LIBOR 以及贷款币种汇率调整。

14.6.3　项目用地

A 项目用地由巴基斯坦政府推荐指定，位于 Q 港工业区，A 项目通过向当地港务局租用土地进行电厂和码头的建设和运营。投资人高度重视租地协议与投资主体协议（实施协议及购电协议）间的相互关系，明确多个协议之间的接口，避免了在项目执行和监管上责任不清、实施混乱的局面。

14.6.4　股东合作

在共同投资开发 A 项目的过程中，D 公司和 C 公司坦诚相待，相互信赖，强化管理、降低成本、有效经营，重视沟通交流，建立健全双方的沟通和工作机制，完善项目信息共享制度，共同磋商和解决项目面临的各种困难，最终股东双方实现合作共赢。

14.7　项目融资

A 项目融资方案如下。

A 项目采用有限追索的项目融资模式。D 公司与贷款银行精诚合作，高质高效地完成法律、经济、技术、保险等多方面尽职调查和答疑澄清工作，妥善安排各项贷款条件，最终圆满落实了各项放款前提，得到巴基斯坦政府的高度赞许和肯定。

A 项目融资遵循英国法，融资担保架构主要由以下部分构成：贷款协议、完工担保协议、股东支持协议、账户监管协议、抵质押协议（群）、境外投资保险及转让协议、托管协议、直接协议等。

14.8　项目风险管控

通过调查研究，D公司识别出几类主要风险，并一一梳理应对措施如下。

14.8.1　政治风险

巴基斯坦实行多党制，每5年进行一次政府换届选举。政局不稳定，执政党更迭频繁，往往导致政策连续性中断，政党的风险偏好及战略方向变化，也会对行业政策和计划产生重大影响。

应对措施：高度关注政治经济环境，同时通过购买中国信保的境外投资保险，在很大程度上可以转移汇兑限制、政府征收或国有化、战争及政治暴乱、政府违约等风险导致的项目损失，降低项目风险。

14.8.2　电费延迟支付风险

由于电力销售价长期低于发电成本、线损较为严重等原因，发电企业电费支付存在延迟。发电企业因缺乏流动资金支付燃料费用，不得不大幅缩减发电能力，如此又加剧了缺电，形成恶性循环。应对措施如下：

（1）中巴两国政府在2014年亚太经合组织（APEC）峰会期间签署的关于中巴经济走廊能源类项目的协议中规定："巴方同意在项目投入商业运营后的30天内开立电费支付准备金账户，并按期将每月不少于电费22%的资金转入该账户，以保证本协议所列项目自发电之日起产生的电费能够足额支付。"

（2）寻求两国政府间的支持，由信用保险对延迟支付进行承保。

14.8.3 汇兑风险

A 项目每年电费收入金额较大，全部通过卢比进行结算，主要支出则是美元（尤其是购煤款）。而巴基斯坦外汇储备有限，外汇额度不足很可能造成美元汇兑风险。

应对措施：

（1）通过协议进行约定。如果商业银行无法提供项目交易所需的所有外汇，则应由央行提供。

（2）与当地商业银行保持密切联系，建立并维持良好的商业合作关系，尽力争取尽可能覆盖购汇需求的额度。

14.8.4 安全风险

巴基斯坦地处南亚，南濒阿拉伯海，东接印度，西邻伊朗，西北与阿富汗交界，项目所在地卡拉奇地区由于地理位置的特殊性，安全形势不容乐观。

应对措施：

与当地政府部门及中国驻当地使馆经参处保持顺畅的沟通，及时了解掌握安全动态，建立危机预警机制，事先制定应急预案；充分考虑安防措施；投保人身、财产意外险等；加强动态的风险分析和管理。同时，中巴政府间协议也将安全事宜纳入其中，巴基斯坦政府对中巴经济走廊项下的项目安保进行了通盘考虑。

截至目前，A 项目提前实现商业运营，成功树立在巴基斯坦投资标杆。

附　录

附录1 企业境外投资管理办法

企业境外投资管理办法

第一章 总 则

第一条 为加强境外投资宏观指导，优化境外投资综合服务，完善境外投资全程监管，促进境外投资持续健康发展，维护我国国家利益和国家安全，根据《中华人民共和国行政许可法》《国务院关于投资体制改革的决定》《国务院对确需保留的行政审批项目设定行政许可的决定》等法律法规，制定本办法。

第二条 本办法所称境外投资，是指中华人民共和国境内企业（以下称"投资主体"）直接或通过其控制的境外企业，以投入资产、权益或提供融资、担保等方式，获得境外所有权、控制权、经营管理权及其他相关权益的投资活动。

前款所称投资活动，主要包括但不限于下列情形：

（一）获得境外土地所有权、使用权等权益；

（二）获得境外自然资源勘探、开发特许权等权益；

（三）获得境外基础设施所有权、经营管理权等权益；

（四）获得境外企业或资产所有权、经营管理权等权益；

（五）新建或改扩建境外固定资产；

（六）新建境外企业或向既有境外企业增加投资；

（七）新设或参股境外股权投资基金；

（八）通过协议、信托等方式控制境外企业或资产。

本办法所称企业，包括各种类型的非金融企业和金融企业。本办法所称控制，是指直接或间接拥有企业半数以上表决权，或虽不拥有半数以上表决权，但能够支配企业的经营、财务、人事、技术等重要事项。

第三条 投资主体依法享有境外投资自主权，自主决策、自担风险。

第四条 投资主体开展境外投资，应当履行境外投资项目（以下称"项目"）核准、备案等手续，报告有关信息，配合监督检查。

第五条 投资主体开展境外投资，不得违反我国法律法规，不得威胁或损害我国国家利益和国家安全。

第六条 国家发展和改革委员会（以下称"国家发展改革委"）在国务院规定的职责范围内，履行境外投资主管部门职责，根据维护我国国家利益和国家安全的需要，对境外投资进行宏观指导、综合服务和全程监管。

第七条 国家发展改革委建立境外投资管理和服务网络系统（以下称"网络系统"），投资主体可以通过网络系统履行核准和备案手续、报告有关信息；涉及国家秘密或不适宜使用网络系统的事项，投资主体可以另行使用纸质材料提交。网络系统操作指南由国家发展改革委发布。

第二章 境外投资指导和服务

第八条 投资主体可以就境外投资向国家发展改革委咨询政策和信息、反映情况和问题、提出意见和建议。

第九条 国家发展改革委在国务院规定的职责范围内，会同有关部门根据国民经济和社会发展需要制定完善相关领域专项规划及产业政策，为投资主体开展境外投资提供宏观指导。

第十条　国家发展改革委在国务院规定的职责范围内，会同有关部门加强国际投资形势分析，发布境外投资有关数据、情况等信息，为投资主体提供信息服务。

第十一条　国家发展改革委在国务院规定的职责范围内，会同有关部门参与国际投资规则制定，建立健全投资合作机制，加强政策交流和协调，推动有关国家和地区为我国企业开展投资提供公平环境。

第十二条　国家发展改革委在国务院规定的职责范围内，推动海外利益安全保护体系和能力建设，指导投资主体防范和应对重大风险，维护我国企业合法权益。

第三章　境外投资项目核准和备案

第一节　核准、备案的范围

第十三条　实行核准管理的范围是投资主体直接或通过其控制的境外企业开展的敏感类项目。核准机关是国家发展改革委。

本办法所称敏感类项目包括：

（一）涉及敏感国家和地区的项目；

（二）涉及敏感行业的项目。

本办法所称敏感国家和地区包括：

（一）与我国未建交的国家和地区；

（二）发生战争、内乱的国家和地区；

（三）根据我国缔结或参加的国际条约、协定等，需要限制企业对其投资的国家和地区；

（四）其他敏感国家和地区。

本办法所称敏感行业包括：

（一）武器装备的研制生产维修；

（二）跨境水资源开发利用；

（三）新闻传媒；

（四）根据我国法律法规和有关调控政策，需要限制企业境外投资的行业。

敏感行业目录由国家发展改革委发布。

第十四条 实行备案管理的范围是投资主体直接开展的非敏感类项目，也即涉及投资主体直接投入资产、权益或提供融资、担保的非敏感类项目。

实行备案管理的项目中，投资主体是中央管理企业（含中央管理金融企业、国务院或国务院所属机构直接管理的企业，下同）的，备案机关是国家发展改革委；投资主体是地方企业，且中方投资额3亿美元及以上的，备案机关是国家发展改革委；投资主体是地方企业，且中方投资额3亿美元以下的，备案机关是投资主体注册地的省级政府发展改革部门。

本办法所称非敏感类项目，是指不涉及敏感国家和地区且不涉及敏感行业的项目。

本办法所称中方投资额，是指投资主体直接以及通过其控制的境外企业为项目投入的货币、证券、实物、技术、知识产权、股权、债权等资产、权益以及提供融资、担保的总额。

本办法所称省级政府发展改革部门，包括各省、自治区、直辖市及计划单列市人民政府发展改革部门和新疆生产建设兵团发展改革部门。

第十五条 投资主体可以向核准、备案机关咨询拟开展的项目是否属于核准、备案范围，核准、备案机关应当及时予以告知。

第十六条 两个以上投资主体共同开展的项目，应当由投资额较大一方在征求其他投资方书面同意后提出核准、备案申请。如各方投资额相等，应当协商一致后由其中一方提出核准、备案申请。

第十七条　对项目所需前期费用（包括履约保证金、保函手续费、中介服务费、资源勘探费等）规模较大的，投资主体可以参照本办法第十三条、第十四条规定对项目前期费用提出核准、备案申请。经核准或备案的项目前期费用计入项目中方投资额。

第二节　核准的程序和时限

第十八条　实行核准管理的项目，投资主体应当通过网络系统向核准机关提交项目申请报告并附具有关文件。其中，投资主体是中央管理企业的，由其集团公司或总公司向核准机关提交；投资主体是地方企业的，由其直接向核准机关提交。

第十九条　项目申请报告应当包括以下内容：

（一）投资主体情况；

（二）项目情况，包括项目名称、投资目的地、主要内容和规模、中方投资额等；

（三）项目对我国国家利益和国家安全的影响分析；

（四）投资主体关于项目真实性的声明。

项目申请报告的通用文本以及应当附具的文件（以下称"附件"）清单由国家发展改革委发布。

第二十条　项目申请报告可以由投资主体自行编写，也可以由投资主体自主委托具有相关经验和能力的中介服务机构编写。

第二十一条　项目申请报告和附件齐全、符合法定形式的，核准机关应当予以受理。

项目申请报告或附件不齐全、不符合法定形式的，核准机关应当在收到项目申请报告之日起5个工作日内一次性告知投资主体需要补正的内容。逾期不告知的，自收到项目申请报告之日起即为受理。

核准机关受理或不予受理项目申请报告，都应当通过网络系统告知投资主体。投资主体需要受理或不予受理凭证的，可以通过网络系统自行打印或要求核准机关出具。

第二十二条 项目涉及有关部门职责的，核准机关应当商请有关部门在 7 个工作日内出具书面审查意见。有关部门逾期没有反馈书面审查意见的，视为同意。

第二十三条 核准机关在受理项目申请报告后，如确有必要，应当在 4 个工作日内委托咨询机构进行评估。除项目情况复杂的，评估时限不得超过 30 个工作日。项目情况复杂的，经核准机关同意，可以延长评估时限，但延长的时限不得超过 60 个工作日。

核准机关应当将咨询机构进行评估所需的时间告知投资主体。

接受委托的咨询机构应当在规定时限内提出评估报告，并对评估结论承担责任。

评估费用由核准机关承担，咨询机构及其工作人员不得收取投资主体任何费用。

第二十四条 核准机关可以结合有关单位意见、评估意见等，建议投资主体对项目申请报告有关内容进行调整，或要求投资主体对有关情况或材料作进一步澄清、补充。

第二十五条 核准机关应当在受理项目申请报告后 20 个工作日内作出是否予以核准的决定。项目情况复杂或需要征求有关单位意见的，经核准机关负责人批准，可以延长核准时限，但延长的核准时限不得超过 10 个工作日，并应当将延长时限的理由告知投资主体。

前款规定的核准时限，包括征求有关单位意见的时间，不包括咨询机构评估的时间。

第二十六条 核准机关对项目予以核准的条件为：

（一）不违反我国法律法规；

（二）不违反我国有关发展规划、宏观调控政策、产业政策和对外开放政策；

（三）不违反我国缔结或参加的国际条约、协定；

（四）不威胁、不损害我国国家利益和国家安全。

第二十七条　对符合核准条件的项目，核准机关应当予以核准，并向投资主体出具书面核准文件。

对不符合核准条件的项目，核准机关应当出具不予核准书面通知，并说明不予核准的理由。

第二十八条　项目违反有关法律法规、违反有关规划或政策、违反有关国际条约或协定、威胁或损害我国国家利益和国家安全的，核准机关可以不经过征求意见、委托评估等程序，直接作出不予核准的决定。

第三节　备案的程序和时限

第二十九条　实行备案管理的项目，投资主体应当通过网络系统向备案机关提交项目备案表并附具有关文件。其中，投资主体是中央管理企业的，由其集团公司或总公司向备案机关提交；投资主体是地方企业的，由其直接向备案机关提交。

项目备案表格式文本及附件清单由国家发展改革委发布。

第三十条　项目备案表和附件齐全、符合法定形式的，备案机关应当予以受理。

项目备案表或附件不齐全、项目备案表或附件不符合法定形式、项目不属于备案管理范围、项目不属于备案机关管理权限的，备案机关应当在收到项目备案表之日起 5 个工作日内一次性告知投资主体。逾期不告知的，自收到项目备案表之日起即为受理。

备案机关受理或不予受理项目备案表，都应当通过网络系统告知投资主体。投资主体需要受理或不予受理凭证的，可以通过网络系统自行打印或要求备案机关出具。

第三十一条 备案机关在受理项目备案表之日起7个工作日内向投资主体出具备案通知书。

备案机关发现项目违反有关法律法规、违反有关规划或政策、违反有关国际条约或协定、威胁或损害我国国家利益和国家安全的，应当在受理项目备案表之日起7个工作日内向投资主体出具不予备案书面通知，并说明不予备案的理由。

第四节 核准、备案的效力、变更和延期

第三十二条 属于核准、备案管理范围的项目，投资主体应当在项目实施前取得项目核准文件或备案通知书。

本办法所称项目实施前，是指投资主体或其控制的境外企业为项目投入资产、权益（已按照本办法第十七条办理核准、备案的项目前期费用除外）或提供融资、担保之前。

第三十三条 属于核准、备案管理范围的项目，投资主体未取得有效核准文件或备案通知书的，外汇管理、海关等有关部门依法不予办理相关手续，金融企业依法不予办理相关资金结算和融资业务。

第三十四条 已核准、备案的项目，发生下列情形之一的，投资主体应当在有关情形发生前向出具该项目核准文件或备案通知书的机关提出变更申请：

（一）投资主体增加或减少；

（二）投资地点发生重大变化；

（三）主要内容和规模发生重大变化；

（四）中方投资额变化幅度达到或超过原核准、备案金额的20%，或中方投资额变化1亿美元及以上；

（五）需要对项目核准文件或备案通知书有关内容进行重大调

整的其他情形。

核准机关应当在受理变更申请之日起 20 个工作日内作出是否同意变更核准的书面决定。备案机关应当在受理变更申请之日起 7 个工作日内作出是否同意变更备案的书面决定。

第三十五条 核准文件、备案通知书有效期 2 年。确需延长有效期的，投资主体应当在有效期届满的 30 个工作日前向出具该项目核准文件或备案通知书的机关提出延长有效期的申请。

核准机关应当在受理延期申请之日起 20 个工作日内作出是否同意延长核准文件有效期的书面决定。备案机关应当在受理延期申请之日起 7 个工作日内作出是否同意延长备案通知书有效期的书面决定。

第三十六条 核准、备案机关应当依法履行职责，严格按照规定权限、程序、时限等要求实施核准、备案行为，提高行政效能，提供优质服务。

第三十七条 对核准、备案机关实施的核准、备案行为，相关利害关系人有权依法申请行政复议或提起行政诉讼。

第三十八条 对不符合本办法规定条件的项目予以核准、备案，或违反本办法规定权限和程序予以核准、备案的，应当依法予以撤销。

第三十九条 核准、备案机关应当按照《政府信息公开条例》规定将核准、备案有关信息予以公开。

第四章　境外投资监管

第四十条 国家发展改革委和省级政府发展改革部门根据境外投资有关法律法规和政策，按照本办法第十三条、第十四条规定的分工，联合同级政府有关部门建立协同监管机制，通过在线监测、约谈函询、抽查核实等方式对境外投资进行监督检查，对违法违规行为予以处理。

第四十一条 倡导投资主体创新境外投资方式、坚持诚信经营原则、避免不当竞争行为、保障员工合法权益、尊重当地公序良俗、履行必要社会责任、注重生态环境保护、树立中国投资者良好形象。

第四十二条 投资主体通过其控制的境外企业开展大额非敏感类项目的，投资主体应当在项目实施前通过网络系统提交大额非敏感类项目情况报告表，将有关信息告知国家发展改革委。

投资主体提交的大额非敏感类项目情况报告表内容不完整的，国家发展改革委应当在收到之日起 5 个工作日内一次性告知投资主体需要补正的内容。逾期不告知的，视作内容完整。大额非敏感类项目情况报告表格式文本由国家发展改革委发布。

本办法所称大额非敏感类项目，是指中方投资额 3 亿美元及以上的非敏感类项目。

第四十三条 境外投资过程中发生外派人员重大伤亡、境外资产重大损失、损害我国与有关国家外交关系等重大不利情况的，投资主体应当在有关情况发生之日起 5 个工作日内通过网络系统提交重大不利情况报告表。重大不利情况报告表格式文本由国家发展改革委发布。

第四十四条 属于核准、备案管理范围的项目，投资主体应当在项目完成之日起 20 个工作日内通过网络系统提交项目完成情况报告表。项目完成情况报告表格式文本由国家发展改革委发布。

前款所称项目完成，是指项目所属的建设工程竣工、投资标的股权或资产交割、中方投资额支出完毕等情形。

第四十五条 国家发展改革委、省级政府发展改革部门可以就境外投资过程中的重大事项向投资主体发出重大事项问询函。投资主体应当按照重大事项问询函载明的问询事项和时限要求提交书面报告。

国家发展改革委、省级政府发展改革部门认为确有必要的，可以公示重大事项问询函及投资主体提交的书面报告。

第四十六条　投资主体按照本办法第四十二条、第四十三条、第四十四条、第四十五条规定提交有关报告表或书面报告后，需要凭证的，可以通过网络系统自行打印提交完成凭证。

第四十七条　国家发展改革委、省级政府发展改革部门可以根据其掌握的国际国内经济社会运行情况和风险状况，向投资主体或利益相关方发出风险提示，供投资主体或利益相关方参考。

第四十八条　投资主体应当对自身通过网络系统和线下提交的各类材料的真实性、合法性、完整性负责，不得有虚假、误导性陈述和重大遗漏。

第四十九条　有关部门和单位、驻外使领馆等发现企业违反本办法规定的，可以告知核准、备案机关。公民、法人或其他组织发现企业违反本办法规定的，可以据实向核准、备案机关举报。

国家发展改革委建立境外投资违法违规行为记录，公布并更新企业违反本办法规定的行为及相应的处罚措施，将有关信息纳入全国信用信息共享平台、国家企业信用信息公示系统、"信用中国"网站等进行公示，会同有关部门和单位实施联合惩戒。

第五章　法律责任

第五十条　国家发展改革委工作人员有下列行为之一的，责令其限期改正，并依法追究有关责任人的行政责任；构成犯罪的，依法追究刑事责任：

（一）滥用职权、玩忽职守、徇私舞弊、索贿受贿的；

（二）违反本办法规定程序和条件办理项目核准、备案的；

（三）其他违反本办法规定的行为。

第五十一条 投资主体通过恶意分拆项目、隐瞒有关情况或提供虚假材料等手段申请核准、备案的，核准、备案机关不予受理或不予核准、备案，对投资主体及主要责任人处以警告。

第五十二条 投资主体通过欺骗、贿赂等不正当手段取得项目核准文件或备案通知书的，核准、备案机关应当撤销该核准文件或备案通知书，对投资主体及主要责任人处以警告；构成犯罪的，依法追究刑事责任。

第五十三条 属于核准、备案管理范围的项目，投资主体有下列行为之一的，由核准、备案机关责令投资主体中止或停止实施该项目并限期改正，对投资主体及有关责任人处以警告；构成犯罪的，依法追究刑事责任：

（一）未取得核准文件或备案通知书而擅自实施的；

（二）应当履行核准、备案变更手续，但未经核准、备案机关同意而擅自实施变更的。

第五十四条 投资主体有下列行为之一的，由国家发展改革委或投资主体注册地的省级政府发展改革部门责令投资主体限期改正；情节严重或逾期不改正的，对投资主体及有关责任人处以警告：

（一）未按本办法第四十二条、第四十三条、第四十四条、第四十五条规定报告有关信息的；

（二）违反本办法第四十八条规定的。

第五十五条 投资主体在境外投资过程中实施不正当竞争行为、扰乱境外投资市场秩序的，由国家发展改革委或投资主体注册地的省级政府发展改革部门责令投资主体中止或停止开展该项目并限期改正，对投资主体及主要责任人处以警告。

第五十六条　境外投资威胁我国国家利益和国家安全的，由国家发展改革委或投资主体注册地的省级政府发展改革部门责令投资主体中止实施项目并限期改正。

境外投资损害我国国家利益和国家安全的，由国家发展改革委或投资主体注册地的省级政府发展改革部门责令投资主体停止实施项目、限期改正并采取补救措施，对投资主体及有关责任人处以警告；构成犯罪的，依法追究刑事责任。

投资主体按照本办法第四十三条规定及时提交重大不利情况报告表并主动改正的，可以减轻或免除本条规定的行政处罚。

第五十七条　金融企业为属于核准、备案管理范围但未取得核准文件或备案通知书的项目提供融资、担保的，由国家发展改革委通报该违规行为并商请有关金融监管部门依法依规处罚该金融企业及有关责任人。

第六章　附　则

第五十八条　各省级政府发展改革部门要加强对本地企业境外投资的指导、服务和监管，可以按照本办法的规定制定具体实施办法。

第五十九条　国家发展改革委对省级政府发展改革部门的境外投资管理工作进行指导和监督，对发现的问题及时予以纠正。

第六十条　核准、备案机关及其工作人员，以及被核准机关征求意见、受核准机关委托进行评估的单位及其工作人员，依法对投资主体根据本办法提交的材料负有保守商业秘密的义务。

第六十一条　事业单位、社会团体等非企业组织对境外开展投资参照本办法执行。

第六十二条 投资主体直接或通过其控制的企业对香港、澳门、台湾地区开展投资的，参照本办法执行。

投资主体通过其控制的香港、澳门、台湾地区企业对境外开展投资的，参照本办法执行。

第六十三条 境内自然人通过其控制的境外企业或香港、澳门、台湾地区企业对境外开展投资的，参照本办法执行。

境内自然人直接对境外开展投资不适用本办法。境内自然人直接对香港、澳门、台湾地区开展投资不适用本办法。

第六十四条 法律、行政法规对境外投资管理有专门规定的，从其规定。

第六十五条 本办法由国家发展改革委负责解释。

第六十六条 本办法自 2018 年 3 月 1 日起施行。《境外投资项目核准和备案管理办法》（国家发展和改革委员会令第 9 号）同时废止。

附录 2 境外投资管理办法

境外投资管理办法

第一章 总 则

第一条 为了促进和规范境外投资，提高境外投资便利化水平，根据《国务院关于投资体制改革的决定》、《国务院对确需保留的行政审批项目设定行政许可的决定》及相关法律规定，制定本办法。

第二条 本办法所称境外投资，是指在中华人民共和国境内依法设立的企业（以下简称企业）通过新设、并购及其他方式在境外拥有非金融企业或取得既有非金融企业所有权、控制权、经营管理权及其他权益的行为。

第三条 企业开展境外投资，依法自主决策、自负盈亏。

第四条 企业境外投资不得有以下情形：

（一）危害中华人民共和国国家主权、安全和社会公共利益，或违反中华人民共和国法律法规；

（二）损害中华人民共和国与有关国家（地区）关系；

（三）违反中华人民共和国缔结或者参加的国际条约、协定；

（四）出口中华人民共和国禁止出口的产品和技术。

第五条 商务部和各省、自治区、直辖市、计划单列市及新疆生产建设兵团商务主管部门（以下称省级商务主管部门）负责对境外投资实施管理和监督。

第二章　备案和核准

第六条　商务部和省级商务主管部门按照企业境外投资的不同情形，分别实行备案和核准管理。

企业境外投资涉及敏感国家和地区、敏感行业的，实行核准管理。

企业其他情形的境外投资，实行备案管理。

第七条　实行核准管理的国家是指与中华人民共和国未建交的国家、受联合国制裁的国家。必要时，商务部可另行公布其他实行核准管理的国家和地区的名单。

实行核准管理的行业是指涉及出口中华人民共和国限制出口的产品和技术的行业、影响一国（地区）以上利益的行业。

第八条　商务部和省级商务主管部门应当依法办理备案和核准，提高办事效率，提供优质服务。

商务部和省级商务主管部门通过"境外投资管理系统"（以下简称"管理系统"）对企业境外投资进行管理，并向获得备案或核准的企业颁发《企业境外投资证书》（以下简称《证书》，样式见附件1）。《证书》由商务部和省级商务主管部门分别印制并盖章，实行统一编码管理。

《证书》是企业境外投资获得备案或核准的凭证，按照境外投资最终目的地颁发。

第九条　对属于备案情形的境外投资，中央企业报商务部备案；地方企业报所在地省级商务主管部门备案。

中央企业和地方企业通过"管理系统"按要求填写并打印《境外投资备案表》（以下简称《备案表》，样式见附件2），加盖印章后，连同企业营业执照复印件分别报商务部或省级商务主管部门备案。

《备案表》填写如实、完整、符合法定形式，且企业在《备案表》中声明其境外投资无本办法第四条所列情形的，商务部或省级商务主管部门应当自收到《备案表》之日起3个工作日内予以备案并颁发《证书》。企业不如实、完整填报《备案表》的，商务部或省级商务主管部门不予备案。

第十条 对属于核准情形的境外投资，中央企业向商务部提出申请，地方企业通过所在地省级商务主管部门向商务部提出申请。

企业申请境外投资核准需提交以下材料：

（一）申请书，主要包括投资主体情况、境外企业名称、股权结构、投资金额、经营范围、经营期限、投资资金来源、投资具体内容等；

（二）《境外投资申请表》（样式见附件3），企业应当通过"管理系统"按要求填写打印，并加盖印章；

（三）境外投资相关合同或协议；

（四）有关部门对境外投资所涉的属于中华人民共和国限制出口的产品或技术准予出口的材料；

（五）企业营业执照复印件。

第十一条 核准境外投资应当征求我驻外使（领）馆（经商处室）意见。涉及中央企业的，由商务部征求意见；涉及地方企业的，由省级商务主管部门征求意见。征求意见时，商务部和省级商务主管部门应当提供投资事项基本情况等相关信息。驻外使（领）馆（经商处室）应当自接到征求意见要求之日起7个工作日内回复。

第十二条 商务部应当在受理中央企业核准申请后 20 个工作日内（包含征求驻外使（领）馆（经商处室）意见的时间）作出是否予以核准的决定。申请材料不齐全或者不符合法定形式的，商务部应当在 3 个工作日内一次告知申请企业需要补正的全部内容。逾期不告知的，自收到申请材料之日起即为受理。中央企业按照商务部的要求提交全部补正申请材料的，商务部应当受理该申请。

省级商务主管部门应当在受理地方企业核准申请后对申请是否涉及本办法第四条所列情形进行初步审查，并在 15 个工作日内（包含征求驻外使（领）馆（经商处室）意见的时间）将初步审查意见和全部申请材料报送商务部。申请材料不齐全或者不符合法定形式的，省级商务主管部门应当在 3 个工作日内一次告知申请企业需要补正的全部内容。逾期不告知的，自收到申请材料之日起即为受理。地方企业按照省级商务主管部门的要求提交全部补正申请材料的，省级商务主管部门应当受理该申请。商务部收到省级商务主管部门的初步审查意见后，应当在 15 个工作日内作出是否予以核准的决定。

第十三条 对予以核准的境外投资，商务部出具书面核准决定并颁发《证书》；因存在本办法第四条所列情形而不予核准的，应当书面通知申请企业并说明理由，告知其享有依法申请行政复议或者提起行政诉讼的权利。企业提供虚假材料申请核准的，商务部不予核准。

第十四条 两个以上企业共同开展境外投资的，应当由相对大股东在征求其他投资方书面同意后办理备案或申请核准。如果各方持股比例相等，应当协商后由一方办理备案或申请核准。如投资方不属同一行政区域，负责办理备案或核准的商务部或省级商务主管部门应当将备案或核准结果告知其他投资方所在地商务主管部门。

第十五条 企业境外投资经备案或核准后，原《证书》载明的境外投资事项发生变更的，企业应当按照本章程序向原备案或核准的商务部或省级商务主管部门办理变更手续。

第十六条 自领取《证书》之日起 2 年内，企业未在境外开展投资的，《证书》自动失效。如需再开展境外投资，应当按照本章程序重新办理备案或申请核准。

第十七条 企业终止已备案或核准的境外投资，应当在依投资目的地法律办理注销等手续后，向原备案或核准的商务部或省级商务主管部门报告。原备案或核准的商务部或省级商务主管部门根据报告出具注销确认函。

终止是指原经备案或核准的境外企业不再存续或企业不再拥有原经备案或核准的境外企业的股权等任何权益。

第十八条 《证书》不得伪造、涂改、出租、出借或以任何其他形式转让。已变更、失效或注销的《证书》应当交回原备案或核准的商务部或省级商务主管部门。

第三章 规范和服务

第十九条 企业应当客观评估自身条件、能力，深入研究投资目的地投资环境，积极稳妥开展境外投资，注意防范风险。境内外法律法规和规章对资格资质有要求的，企业应当取得相关证明文件。

第二十条 企业应当要求其投资的境外企业遵守投资目的地法律法规、尊重当地风俗习惯，履行社会责任，做好环境、劳工保护、企业文化建设等工作，促进与当地的融合。

第二十一条 企业对其投资的境外企业的冠名应当符合境内

外法律法规和政策规定。未按国家有关规定获得批准的企业，其境外企业名称不得使用"中国"、"中华"等字样。

第二十二条　企业应当落实人员和财产安全防范措施，建立突发事件预警机制和应急预案。在境外发生突发事件时，企业应当在驻外使（领）馆和国内有关主管部门的指导下，及时、妥善处理。

企业应当做好外派人员的选审、行前安全、纪律教育和应急培训工作，加强对外派人员的管理，依法办理当地合法居留和工作许可。

第二十三条　企业应当要求其投资的境外企业中方负责人当面或以信函、传真、电子邮件等方式及时向驻外使（领）馆（经商处室）报到登记。

第二十四条　企业应当向原备案或核准的商务部或省级商务主管部门报告境外投资业务情况、统计资料，以及与境外投资相关的困难、问题，并确保报送情况和数据真实准确。

第二十五条　企业投资的境外企业开展境外再投资，在完成境外法律手续后，企业应当向商务主管部门报告。涉及中央企业的，中央企业通过"管理系统"填报相关信息，打印《境外中资企业再投资报告表》（以下简称《再投资报告表》，样式见附件4）并加盖印章后报商务部；涉及地方企业的，地方企业通过"管理系统"填报相关信息，打印《再投资报告表》并加盖印章后报省级商务主管部门。

第二十六条　商务部负责对省级商务主管部门的境外投资管理情况进行检查和指导。省级商务主管部门应当每半年向商务部报告本行政区域内境外投资的情况。

第二十七条　商务部会同有关部门为企业境外投资提供权益

保障、投资促进、风险预警等服务。

商务部发布《对外投资合作国别（地区）指南》、国别产业指引等文件，帮助企业了解投资目的地投资环境；加强对企业境外投资的指导和规范，会同有关部门发布环境保护等指引，督促企业在境外合法合规经营；建立对外投资与合作信息服务系统，为企业开展境外投资提供数据统计、投资机会、投资障碍、风险预警等信息。

第四章　法律责任

第二十八条　企业以提供虚假材料等不正当手段办理备案并取得《证书》的，商务部或省级商务主管部门撤销该企业境外投资备案，给予警告，并依法公布处罚决定。

第二十九条　企业提供虚假材料申请核准的，商务部给予警告，并依法公布处罚决定。该企业在一年内不得再次申请该项核准。

企业以欺骗、贿赂等不正当手段获得境外投资核准的，商务部撤销该企业境外投资核准，给予警告，并依法公布处罚决定。该企业在三年内不得再次申请该项核准；构成犯罪的，依法追究刑事责任。

第三十条　企业开展境外投资过程中出现本办法第四条所列情形的，应当承担相应的法律责任。

第三十一条　企业伪造、涂改、出租、出借或以任何其他形式转让《证书》的，商务部或省级商务主管部门给予警告；构成犯罪的，依法追究刑事责任。

第三十二条　境外投资出现第二十八至三十一条规定的情形以及违反本办法其他规定的企业，三年内不得享受国家有关政策支持。

第三十三条　商务部和省级商务主管部门有关工作人员不依照本办法规定履行职责、滥用职权、索取或者收受他人财物或者谋取其他利益，构成犯罪的，依法追究刑事责任；尚不构成犯罪的，依法给予行政处分。

第五章　附　则

第三十四条　省级商务主管部门可依照本办法制定相应的工作细则。

第三十五条　本办法所称中央企业系指国务院国有资产监督管理委员会履行出资人职责的企业及其所属企业、中央管理的其他单位。

第三十六条　事业单位法人开展境外投资、企业在境外设立分支机构参照本办法执行。

第三十七条　企业赴香港、澳门、台湾地区投资参照本办法执行。

第三十八条　本办法由商务部负责解释。

第三十九条　本办法自 2014 年 10 月 6 日起施行。商务部 2009 年发布的《境外投资管理办法》(商务部令 2009 年第 5 号) 同时废止。

附件：（略）

附录3　中央企业境外投资监督管理办法

中央企业境外投资监督管理办法

第一章　总　则

第一条　为加强中央企业境外投资监督管理，推动中央企业提升国际化经营水平，根据《中华人民共和国公司法》《中华人民共和国企业国有资产法》《关于深化国有企业改革的指导意见》（中发〔2015〕22号）和《关于改革和完善国有资产管理体制的若干意见》（国发〔2015〕63号）等法律法规和文件，制定本办法。

第二条　本办法所称中央企业是指国务院国有资产监督管理委员会（以下简称国资委）代表国务院履行出资人职责的国家出资企业。本办法所称境外投资是指中央企业在境外从事的固定资产投资与股权投资。本办法所称境外重大投资项目是指中央企业按照本企业章程及投资管理制度规定，由董事会研究决定的境外投资项目。本办法所称主业是指由中央企业发展战略和规划确定并经国资委确认公布的企业主要经营业务；非主业是指主业以外的其他经营业务。

第三条　国资委按照以管资本为主加强监管的原则，以把握投资方向、优化资本布局、严格决策程序、规范资本运作、提高资本回报、维护资本安全为重点，依法建立信息对称、权责对等、运行规范、风险控制有力的中央企业境外投资监督管理体系，推动中央企业强化境外投资行为的全程全面监管。

第四条 国资委指导中央企业建立健全境外投资管理制度，强化战略规划引领、明确投资决策程序、规范境外经营行为、加强境外风险管控、推动走出去模式创新，制定中央企业境外投资项目负面清单，对中央企业境外投资项目进行分类监管，监督检查中央企业境外投资管理制度的执行情况、境外重大投资项目的决策和实施情况，组织开展对境外重大投资项目后评价，对境外违规投资造成国有资产损失以及其他严重不良后果的进行责任追究。

第五条 中央企业是境外投资项目的决策主体、执行主体和责任主体。中央企业应当建立境外投资管理体系，健全境外投资管理制度，科学编制境外投资计划，研究制定境外投资项目负面清单，切实加强境外项目管理，提高境外投资风险防控能力，组织开展境外检查与审计，按职责进行责任追究。

第六条 中央企业境外投资应当遵循以下原则：

（一）战略引领。符合企业发展战略和国际化经营规划，坚持聚焦主业，注重境内外业务协同，提升创新能力和国际竞争力。

（二）依法合规。遵守我国和投资所在国（地区）法律法规、商业规则和文化习俗，合规经营，有序发展。

（三）能力匹配。投资规模与企业资本实力、融资能力、行业经验、管理水平和抗风险能力等相适应。

（四）合理回报。遵循价值创造理念，加强投资项目论证，严格投资过程管理，提高投资收益水平，实现国有资产保值增值。

第二章　境外投资监管体系建设

第七条 中央企业应当根据本办法规定，结合本企业实际，建立健全境外投资管理制度。企业境外投资管理制度应包括以下主要内容：

（一）境外投资应遵循的基本原则；

（二）境外投资管理流程、管理部门及相关职责；

（三）境外投资决策程序、决策机构及其职责；

（四）境外投资项目负面清单制度；

（五）境外投资信息化管理制度；

（六）境外投资风险管控制度；

（七）境外投资项目的完成、中止、终止或退出制度；

（八）境外投资项目后评价制度；

（九）违规投资责任追究制度；

（十）对所属企业境外投资活动的授权、监督与管理制度。

企业境外投资管理制度应经董事会审议通过后报送国资委。

第八条 国资委和中央企业应当建立并优化投资管理信息系统，提升境外投资管理信息化水平，采用信息化手段实现对境外投资项目的全覆盖动态监测、分析与管理，对项目面临的风险实时监控，及时预警，防患于未然。中央企业按本办法规定向国资委报送的有关纸质文件和材料，应同时通过中央企业投资管理信息系统报送电子版信息。

第九条 国资委根据国家有关规定和监管要求，建立发布中央企业境外投资项目负面清单，设定禁止类和特别监管类境外投资项目，实行分类监管。列入负面清单禁止类的境外投资项目，中央企业一律不得投资；列入负面清单特别监管类的境外投资项目，中央企业应当报送国资委履行出资人审核把关程序；负面清单之外的境外投资项目，由中央企业按照企业发展战略和规划自主决策。中央企业境外投资项目负面清单的内容保持相对稳定，并适时动态调整。

中央企业应当在国资委发布的中央企业境外投资项目负面清单基础上，结合企业实际，制定本企业更为严格、具体的境外投资项目负面清单。

第十条 国资委建立完善投资监管联动机制，发挥战略规划、法律合规、财务监督、产权管理、考核分配、资本运营、干部管理、外派监事会监督、纪检监察、审计巡视等相关监管职能合力，实现对中央企业境外投资活动过程监管全覆盖，及时发现投资风险，减少投资损失。

第三章　境外投资事前管理

第十一条 中央企业应当根据国资委制定的中央企业五年发展规划纲要、企业发展战略和规划，制定清晰的国际化经营规划，明确中长期国际化经营的重点区域、重点领域和重点项目。中央企业应当根据企业国际化经营规划编制年度境外投资计划，并纳入企业年度投资计划，按照《中央企业投资监督管理办法》管理。

第十二条 列入中央企业境外投资项目负面清单特别监管类的境外投资项目，中央企业应当在履行企业内部决策程序后、在向国家有关部门首次报送文件前报国资委履行出资人审核把关程序。中央企业应当报送以下材料：

（一）开展项目投资的报告；

（二）企业有关决策文件；

（三）项目可研报告（尽职调查）等相关文件；

（四）项目融资方案；

（五）项目风险防控报告；

（六）其他必要的材料。

国资委依据相关法律、法规和国有资产监管规定等，从项目风险、股权结构、资本实力、收益水平、竞争秩序、退出条件等方面履行出资人审核把关程序，并对有异议的项目在收到相关材料后 20 个工作日内向企业反馈书面意见。国资委认为有必要时，可委托第三方咨询机构对项目进行论证。

第十三条　中央企业应当根据企业发展战略和规划，按照经国资委确认的主业，选择、确定境外投资项目，做好境外投资项目的融资、投资、管理、退出全过程的研究论证。对于境外新投资项目，应当充分借助国内外中介机构的专业服务，深入进行技术、市场、财务和法律等方面的可行性研究与论证，提高境外投资决策质量，其中股权类投资项目应开展必要的尽职调查，并按要求履行资产评估或估值程序。

第十四条　中央企业原则上不得在境外从事非主业投资。有特殊原因确需开展非主业投资的，应当报送国资委审核把关，并通过与具有相关主业优势的中央企业合作的方式开展。

第十五条　中央企业应当明确投资决策机制，对境外投资决策实行统一管理，向下授权境外投资决策的企业管理层级原则上不超过二级。各级境外投资决策机构对境外投资项目做出决策，应当形成决策文件，所有参与决策的人员均应当在决策文件上签字背书，所发表意见应记录存档。

第四章　境外投资事中管理

第十六条　国资委对中央企业实施中的境外重大投资项目进行随机监督检查，重点检查企业境外重大投资项目决策、执行和效果等情况，对发现的问题向企业进行提示。

第十七条 中央企业应当定期对实施、运营中的境外投资项目进行跟踪分析，针对外部环境和项目本身情况变化，及时进行再决策。如出现影响投资目的实现的重大不利变化时，应研究启动中止、终止或退出机制。中央企业因境外重大投资项目再决策涉及到年度投资计划调整的，应当将调整后的年度投资计划报送国资委。

第十八条 中央企业应当建立境外投资项目阶段评价和过程问责制度，对境外重大投资项目的阶段性进展情况开展评价，发现问题，及时调整，对违规违纪行为实施全程追责，加强过程管控。

第十九条 中央企业应当按照国资委要求，分别于每年一、二、三季度终了次月 10 日前将季度境外投资完成情况通过中央企业投资管理信息系统报送国资委。季度境外投资完成情况主要包括固定资产投资、股权投资、重大投资项目完成情况，以及需要报告的其他事项等内容。部分重点行业的中央企业应当按要求报送季度境外投资分析情况。

第五章 境外投资事后管理

第二十条 中央企业在年度境外投资完成后，应当编制年度境外投资完成情况报告，并于下一年 1 月 31 日前报送国资委。年度境外投资完成情况报告包括但不限于以下内容：

（一）年度境外投资完成总体情况；

（二）年度境外投资效果分析；

（三）境外重大投资项目进展情况；

（四）年度境外投资后评价工作开展情况；

（五）年度境外投资存在的主要问题及建议。

第二十一条　境外重大投资项目实施完成后，中央企业应当及时开展后评价，形成后评价专项报告。通过项目后评价，完善企业投资决策机制，提高项目成功率和投资收益，总结投资经验，为后续投资活动提供参考，提高投资管理水平。国资委对中央企业境外投资项目后评价工作进行监督和指导，选择部分境外重大投资项目开展后评价，并向企业通报后评价结果，对项目开展的有益经验进行推广。

第二十二条　中央企业应当对境外重大投资项目开展常态化审计，审计的重点包括境外重大投资项目决策、投资方向、资金使用、投资收益、投资风险管理等方面。

第二十三条　国资委建立中央企业国际化经营评价指标体系，组织开展中央企业国际化经营年度评价，将境外投资管理作为经营评价的重要内容，评价结果定期报告和公布。

第六章　境外投资风险管理

第二十四条　中央企业应当将境外投资风险管理作为投资风险管理体系的重要内容。强化境外投资前期风险评估和风控预案制订，做好项目实施过程中的风险监控、预警和处置，防范投资后项目运营、整合风险，做好项目退出的时点与方式安排。

第二十五条　中央企业境外投资项目应当积极引入国有资本投资、运营公司以及民间投资机构、当地投资者、国际投资机构入股，发挥各类投资者熟悉项目情况、具有较强投资风险管控能力和公关协调能力等优势，降低境外投资风险。对于境外特别重大投资项目，中央企业应建立投资决策前风险评估制度，委托独立第三方有资质咨询机构对投资所在国（地区）政治、经济、社会、文化、市场、法律、政策等风险做全面评估。纳入国资委债务风险管控的中央企业不得因境外投资推高企业的负债率水平。

第二十六条 中央企业应当重视境外项目安全风险防范，加强与国家有关部门和我驻外使（领）馆的联系，建立协调统一、科学规范的安全风险评估、监测预警和应急处置体系，有效防范和应对项目面临的系统性风险。

第二十七条 中央企业应当根据自身风险承受能力，充分利用政策性出口信用保险和商业保险，将保险嵌入企业风险管理机制，按照国际通行规则实施联合保险和再保险，减少风险发生时所带来的损失。

第二十八条 中央企业应当树立正确的义利观，坚持互利共赢原则，加强与投资所在国（地区）政府、媒体、企业、社区等社会各界公共关系建设，积极履行社会责任，注重跨文化融合，营造良好的外部环境。

第七章 责任追究

第二十九条 中央企业违反本办法规定，未履行或未正确履行投资管理职责造成国有资产损失以及其他严重不良后果的，依照《中华人民共和国企业国有资产法》《国务院办公厅关于建立国有企业违规经营投资责任追究制度的意见》（国办发〔2016〕63号）等有关规定，由有关部门追究中央企业经营管理人员的责任。对瞒报、谎报、不及时报送投资信息的中央企业，国资委予以通报批评。

第三十条 国资委相关工作人员违反本办法规定造成不良影响的，由国资委责令其改正；造成国有资产损失的，由有关部门按照干部管理权限给予处分；涉嫌犯罪的，依法移送司法机关处理。

第八章　附　则

第三十一条　本办法由国资委负责解释。

第三十二条　本办法自公布之日起施行。国资委于 2012 年公布的《中央企业境外投资监督管理暂行办法》（国资委令第 28 号）同时废止。

附录4　中央企业境外国有产权管理暂行办法

中央企业境外国有产权管理暂行办法

第一条　为加强和规范中央企业境外国有产权管理，根据《中华人民共和国企业国有资产法》、《企业国有资产监督管理暂行条例》（国务院令第378号）和国家有关法律、行政法规的规定，制定本办法。

第二条　国务院国有资产监督管理委员会（以下简称国资委）履行出资人职责的企业（以下简称中央企业）及其各级独资、控股子企业（以下简称各级子企业）持有的境外国有产权管理适用本办法。国家法律、行政法规另有规定的，从其规定。

本办法所称境外国有产权是指中央企业及其各级子企业以各种形式对境外企业出资所形成的权益。

前款所称境外企业，是指中央企业及其各级子企业在我国境外以及香港特别行政区、澳门特别行政区和台湾地区依据当地法律出资设立的企业。

第三条　中央企业是其境外国有产权管理的责任主体，应当依照我国法律、行政法规建立健全境外国有产权管理制度，同时遵守境外注册地和上市地的相关法律规定，规范境外国有产权管理行为。

第四条　中央企业应当完善境外企业治理结构，强化境外企业章程管理，优化境外国有产权配置，保障境外国有产权安全。

第五条　中央企业及其各级子企业独资或者控股的境外企业所持有的境内国有产权的管理，比照国资委境内国有产权管理的相关规定执行。

第六条　境外国有产权应当由中央企业或者其各级子企业持有。境外企业注册地相关法律规定须以个人名义持有的，应当统一由中央企业依据有关规定决定或者批准，依法办理委托出资等保全国有产权的法律手续，并以书面形式报告国资委。

第七条　中央企业应当加强对离岸公司等特殊目的公司的管理。因重组、上市、转让或者经营管理需要设立特殊目的公司的，应当由中央企业决定或者批准并以书面形式报告国资委。已无存续必要的特殊目的公司，应当及时依法予以注销。

第八条　中央企业及其各级子企业发生以下事项时，应当由中央企业统一向国资委申办产权登记：

（一）以投资、分立、合并等方式新设境外企业，或者以收购、投资入股等方式首次取得境外企业产权的。

（二）境外企业名称、注册地、注册资本、主营业务范围等企业基本信息发生改变，或者因企业出资人、出资额、出资比例等变化导致境外企业产权状况发生改变的。

（三）境外企业解散、破产，或者因产权转让、减资等原因不再保留国有产权的。

（四）其他需要办理产权登记的情形。

第九条　中央企业及其各级子企业以其拥有的境内国有产权向境外企业注资或者转让，或者以其拥有的境外国有产权向境内企业注资或者转让，应当依照《企业国有资产评估管理暂行办法》（国资委令第 12 号）等相关规定，聘请具有相应资质的境内评估机构对标的物进行评估，并办理评估备案或者核准。

第十条 中央企业及其各级子企业独资或者控股的境外企业在境外发生转让或者受让产权、以非货币资产出资、非上市公司国有股东股权比例变动、合并分立、解散清算等经济行为时，应当聘请具有相应资质、专业经验和良好信誉的专业机构对标的物进行评估或者估值，评估项目或者估值情况应当由中央企业备案；涉及中央企业重要子企业由国有独资转为绝对控股、绝对控股转为相对控股或者失去控股地位等经济行为的，评估项目或者估值情况应当报国资委备案或者核准。

中央企业及其各级子企业独资或者控股的境外企业在进行与评估或者估值相应的经济行为时，其交易对价应当以经备案的评估或者估值结果为基准。

第十一条 境外国有产权转让等涉及国有产权变动的事项，由中央企业决定或者批准，并按国家有关法律和法规办理相关手续。其中，中央企业重要子企业由国有独资转为绝对控股、绝对控股转为相对控股或者失去控股地位的，应当报国资委审核同意。

第十二条 中央企业及其各级子企业转让境外国有产权，要多方比选意向受让方。具备条件的，应当公开征集意向受让方并竞价转让，或者进入中央企业国有产权转让交易试点机构挂牌交易。

第十三条 中央企业在本企业内部实施资产重组，转让方为中央企业及其直接或者间接全资拥有的境外企业，受让方为中央企业及其直接或者间接全资拥有的境内外企业的，转让价格可以以评估或者审计确认的净资产值为底价确定。

第十四条 境外国有产权转让价款应当按照产权转让合同约定支付，原则上应当一次付清。确需采取分期付款的，受让方须提供合法的担保。

第十五条　中央企业及其各级子企业独资或者控股的境外企业在境外首次公开发行股票，或者中央企业及其各级子企业所持有的境外注册并上市公司的股份发生变动的，由中央企业按照证券监管法律、法规决定或者批准，并将有关情况以书面形式报告国资委。境外注册并上市公司属于中央企业重要子企业的，上述事项应当由中央企业按照《国有股东转让所持上市公司股份管理暂行办法》（国资委令第 19 号）等相关规定报国资委审核同意或者备案。

第十六条　中央企业应当按照本办法落实境外国有产权管理工作责任，完善档案管理，并及时将本企业境外国有产权管理制度、负责机构等相关情况以书面形式报告国资委。

第十七条　中央企业应当每年对各级子企业执行本办法的情况进行监督检查，并及时将检查情况以书面形式报告国资委。

国资委对中央企业境外国有产权管理情况进行不定期抽查。

第十八条　中央企业及其各级子企业有关责任人员违反国家法律、法规和本办法规定，未履行对境外国有产权的监管责任，导致国有资产损失的，由有关部门按照干部管理权限和有关法律法规给予处分；涉嫌犯罪的，依法移交司法机关处理。

第十九条　地方国有资产监督管理机构可以参照本办法制定所出资企业境外国有产权管理制度。

第二十条　本办法自 2011 年 7 月 1 日起施行。

附录5 法律尽职调查清单

附录5-1：国别法律环境尽职调查清单

第一部分 与外国管辖权相关的一般问题

（1）投资目的国的背景、概述和重大风险（即政治、货币、自然等方面）。

（2）法律体制。

①法律制度（制定法、习惯法或伊斯兰法）；

②法律渊源和法律层次结构（应包含一个表明层次结构的图表）；

③主要政府机构。

（3）与其他国家签订的政府间协议。

第二部分 与项目相关的问题

（1）招标制度、政府采购制度。

（2）外国投资鼓励与限制。

（3）公司设立制度。

（4）会计与审计。

（5）反垄断和不公平竞争。

（6）具体行业法律框架。

（7）具体项目合同结构。

（8）项目融资。

（9）施工和运营与维护。

（10）税务。

（11）外汇。

（12）土地和重新安置。

（13）环境要求与保护。

（14）保险。

（15）知识产权。

（16）劳务。

（17）合同法。

（18）健康和安全。

（19）进出口限制条件和海关程序。

（20）企业社会责任。

（21）争端解决。

（22）破产。

（23）认证／公证／合法化。

第三部分　其他

（1）涉及法律和法规的列表。

（2）成立外资公司的措施、文件及预期时间列表。

（3）开发并经营项目所需的特许／批准／许可明细（相关权限、相关许可／特许／批准、法律渊源、预测时间表、提交的文件）。

（4）采购程序与特许经营权的获取，EPC 承包商和运营、管理承包商的选择标准。

（5）环境影响评价流程。

附录 5-2：目标公司尽职调查清单

第一部分　财务资料清单

一、基本资料

（1）截至目前公司及其子公司设立、变更等历史沿革文件、证照、公司章程。

（2）目标公司近三年来会议记录（董事会、股东会、监事会会议纪要、决议等）。

（3）目标公司及其子公司最近的组织机构图。

（4）目标公司主要管理人员名单及其简历。

（5）财务信息。

①公司最近三年经审计的合并财务报表及其附注；

②公司最近一期财务报表；

③公司的中期、年度报告；

④最近三年与公司合并或被公司收购的所有经济实体的经审计的财务报表；

⑤公司目前内部预算、财务计划与预测及所有与长期预算、资本扩张、重组程序或战略性计划有关的书面报告或文件；

⑥纳税申报表和纳税年度申报表；

⑦税务处罚资料。

（6）目标公司股东变动记录及股权转让协议及其履行凭证。

（7）目标公司注册资本变动及验资报告。

（8）目标公司各项基本管理制度。

（9）目标公司所开立的银行账户清单及其流水记录。

（10）目标公司享受的政策和税收优惠政策文件。

二、经营信息

（1）目标公司的经营计划。

（2）目标公司产品的市场研究／报告。

（3）目标公司主要客户清单。

（4）目标公司主要原材料供应商名单及对应的功效合同。

（5）目标公司买卖合同。

（6）目标公司租赁合同。

（7）目标公司代理合同。

（8）目标公司技术转让合同。

（9）目标公司运输合同。

三、重要的协议

（1）目标公司重大供应和销售合同。

（2）目标公司资金贷款合同。

（3）目标公司资产抵押合同。

（4）目标公司对外担保合同。

（5）目标公司资产租赁合同。

（6）目标公司工程建设合同。

（7）目标公司经销协议、分销协议、许可协议、特许经营协议等。

（8）目标公司委托管理层协议。

（9）目标公司管理层年薪支付协议。

（10）目标公司其他合同。

四、资产清单

（1）目标公司固定资产清单及其入账依据。

（2）目标公司无形资产清单及其入账依据，包括专利、许可和批准、特许经营等。

第二部分　法律资料清单

一、基本资料

（1）目标公司章程。

（2）目标公司制度。

（3）目标公司工商营业执照正本与副本。

（4）目标公司税务登记证书正本与副本。

（5）目标公司组织机构代码证正本与副本。

（6）目标公司行业许可证（如需）。

二、股东会及董事会的法律文件

（1）目标公司历来股东会、董事会会议记录。

（2）目标公司历来股东会、董事会会议决议等。

三、对外的各类书面文件

（1）目标公司买卖合同。

（2）目标公司租赁合同。

（3）目标公司代理合同。

（4）目标公司技术转让合同等。

四、各类债权债务文件

（1）目标公司融资文件。

（2）目标公司借贷文件。

（3）目标公司担保文件。

（4）目标公司银行、往来单位对账单、催款函等。

五、公司劳动关系方面的文件

（1）目标公司劳动合同。

（2）目标公司劳动制度、工资福利政策等。

（3）与目标公司建立劳动关系的全部员工清单。

（4）目标公司最近两年劳动保障监察的检查结果情况。

六、各类所有权、使用权的凭证

（1）目标公司对外投资产生股权、出资及其证明。

（2）目标公司房屋、土地等所有权及使用权证明等。

七、涉及公司过去及目前各类纠纷方面的文件

（1）诉讼文件。

（2）仲裁文件。

（3）调解文件等。

八、保险

（1）就公司或其任何下属企业有关的保险情况进行说明并提供有关保单。

（2）尚未了结的保险索赔情况的具体说明。

九、环保事宜

（1）公司及其下属企业的环境影响评价报告。

（2）公司及其下属企业最近五年环保表彰或处罚。

（3）环保验收报告。

（4）最近五年支出的环境治理费用、罚款和其他费用的有关文件。

十、其他未尽事宜资料

附录 5-3：交易对手尽职调查清单

一、公司设立及存续情况调查

（1）公司设立批准文件。

（2）公司营业执照。

（3）公司章程。

（4）公司最近两年年检材料。

（5）工商变更信息，含历次股权变动涉及股权转让协议或增减资协议、转让价格支付凭证；新股东取得的特殊权利说明（如存在）。

（6）整体变更批准文件、董事会决议、股东会决议、发起人协议、审计报告、资产评估报告、验资报告及工商变更登记等相关文件。

（7）关于主营业务、董事、高管、实际控制人未发生重大变化或变更的说明。

二、股权变动调查

（1）最近两年股权变动的批准文件、验资报告、股东股权凭证、股权转让协议、工商变更登记材料等相关文件。

（2）目前的股东名册及股权结构图。

三、违法违规调查

（1）尚未裁决的诉讼／仲裁案件以及相关的法律诉讼／仲裁文书。

（2）已生效的判决书、行政处罚决定书以及其他能证明公司存在违法违规行为的证据性文件。

（3）公司关于是否存在重大违法违规行为的说明。

（4）向公司登记机关查询的记录或相关主管机关出具的证明文件。

四、股权受限和纠纷情况调查

公司股东关于股权是否存在股份转让限制、是否存在纠纷或潜在纠纷的书面声明。

五、主要财产合法性调查

（1）土地使用权、公司商标、专利等无形资产，以及主要房产、生产经营设备等主要财产权属凭证、相关合同及列表。

（2）土地所有权／使用权证书。

（3）专利证书。

（4）商标注册证。

（5）计算机软件著作权登记证书。

（6）房屋所有权／使用权证书。

（7）车辆行驶证及保险单。

六、债务调查

（1）对相关合同潜在纠纷、行政处罚等或有负债的核查记录。

（2）应付款明细、其他应付款明细表及大额其他应付款核查记录。

（3）最近三个会计年度期末的科目余额表，最近三年的序时账明细表。

（4）公司关于未因环境保护、知识产权、产品质量、劳动安全、人身权利等原因产生债务的说明。

七、税收优惠和财政补贴合法性调查

（1）本公司税务登记证、纳税申报表、税收缴款书或税务稽查报告等资料。

（2）子公司税务登记证、纳税申报表、税收缴款书或税务稽查报告等资料。

八、环保和产品质量调查

（1）公司关于环境保护和产品质量、技术标准是否符合要求的声明。

（2）环保部门出具的无违法违规情况证明。

（3）质量技术监督管理部门出具的无违法违规情况证明。

（4）特殊行业资质许可文件。

九、重大诉讼等或有事项调查

（1）公司对重大诉讼、仲裁及未决诉讼、仲裁事项情况及其影响的书面声明。

（2）重大诉讼、仲裁及未决诉讼、仲裁事项相关诉讼、仲裁文书。

（3）重大诉讼、仲裁及未决诉讼、仲裁事项相关支付凭证。

附录 5-4：公司独立性调查

一、人员独立

（1）董事长是否由控股股东单位（追溯至实际控制人，下同）的法定代表人兼任。

（2）总经理、副总经理、财务负责人、董事会秘书等高级管理人员和核心技术人员是否专职做公司工作并领取薪酬。

（3）公司高级管理人员和核心技术人员的任命是否存在超越公司董事会和股东大会作出人事任免决定的行为。

二、资产独立（固定资产明细表、商标注册申请受理通知书、专利申请受理通知书）

（1）公司固定资产及无形资产权属证明，是否拥有独立于控股股东的生产经营场所。

（2）目前主要资产是否设置担保（抵押/质押/留置等）。

（3）公司主要财产的所有权或使用权的行使是否受到限制（是否存在查封/冻结/出租）。

（4）公司与控股股东的资产产权是否明确界定和划清并说明情况。

（5）发起人作为资本金投入公司的资产是否具有完整性，是否完成权属变更并说明情况。

（6）公司是否拥有与主营业务相关的商标权。

（7）公司是否拥有与主营业务相关的知识产权。

（8）公司是否拥有主要自用的辅助生产系统和配套设施并说明情况。

三、财务独立

（1）公司的会计核算体系和财务管理制度（包括对子公司、分公司的财务管理制度）。

（2）是否存在控股股东占用公司资金、资产及其他资源的情况。

（3）公司是否有独立的银行账户，是否存在公司账户与控股股东、公司高管账户混用的情形，如有，请详细列明混用记录。

（4）控股股东及其控股的公司是否存在以任何形式占用公司的货币资金或其他资产的行为并说明情况。

（5）公司是否为控股股东及其控股的公司以及有利益冲突的个人提供担保，或将以公司名义的借款、授信额度转借给前述法人或个人使用；如该担保或借款对公司有利，是否采取反担保措施，并符合法定程序。

四、业务独立

（1）股东单位及其他关联方的营业执照、公司与关联方签订的所有业务协议；关于公司与关联方的业务是否独立，是否存在上下游关系的说明。

（2）关于公司的采购部门、生产部门、销售部门是否与关联方分开，采购人员、生产人员、销售人员是否与关联方相互独立，有无兼职现象的说明。

（3）公司主要原材料的采购和产品的销售是否通过控股股东或实际控制人进行。

（4）公司与控股股东或实际控制人及其管理企业是否存在经营性业务（受）委托经营行为。

五、机构独立

（1）公司的生产经营和办公机构是否与控股股东完全分开，是否存在混合经营、合署办公的情形并说明。

（2）控股股东及其他单位或个人是否有干预公司的机构设置情况。

（3）控股股东与公司及其职能部门之间是否存在上下级关系。

参考文献

[1] 国家发展和改革委员会．中国对外投资报告．北京：人民出版社，2017.

[2] 陈甬军．"一带一路"经济读本．北京：经济科学出版社，2017.

[3] 于立新，王寿群，陶永欣．国家战略："一带一路"政策与投资——沿线若干国家案例分析．杭州：浙江大学出版社，2016.

[4] 杨秀梅．海外发电产业直接投资开发操作指南．北京：中国电力出版社，2013.

[5] 王守清，柯永建．特许经营项目融资 BOT、PFI 和 PPP．北京：清华大学出版社，2008.

[6] 刘林．项目投融资管理与决策．北京：机械工业出版社，2009.

[7] 李铮．国际工程承包与海外投资业务融资．北京：中国人民大学出版社，2013.

[8] 李铮．国际工程承包与海外投资税收筹划实务与案例．北京：中国人民大学出版社，2017.

[9]《一带一路沿线国家法律风险防范指引》系列丛书编委会．一带一路沿线国家法律风险防范指引（巴基斯坦）．北京：经济科学出版社，2016.

[10]《一带一路沿线国家法律风险防范指引》系列丛书编委会．一带一路沿线国家法律风险防范指引（老挝）．北京：经济科学

出版社，2017.

[11] 盛玉明.发挥全产业链一体化优势.施工企业管理，2017（11）.

[12] 盛玉明.海外 BOT 项目全生命周期管控模式——以老挝南欧
江流域梯级水电开发项目为例.施工企业管理，2017（9）.

[13] 岐温华.论境外投资风险管理中的不可抗力条款问题.北京
大学硕士论文，2017.

[14] 陈孝周.借款人、贷款人与贷款协议——关于借贷关系的国
际惯例.北京：中国金融出版社，2001.

[15] 姚琦，任古龙.国际贷款协议的起草与谈判.北京：对外经
济贸易大学出版社.2015.

[16] The Word Bank: Guidance on PPP Contractual Provisions, 2017
Edition. http://www.worldbank.org.

[17] 相关部委及银行网站.

后　记

天道酬勤，行稳致远。

我们致力于做"全球绿色清洁能源的优质开发者、项目属地经济社会责任的分担者、中外多元文化融合的积极推动者"，以投资项目为载体，在全球树立电建品牌、打造中国样板、展示国际形象。

我们成功投资开发了数十个电力项目，领略了巴基斯坦阿拉伯海西海岸的戈壁滩涂，尼泊尔喜马拉雅山脉映衬下的皑皑白雪，老挝琅勃拉邦潮湿闷热的亚热带丛林，印度尼西亚高强度照射的紫外线。我们深知，境外投资业务有自身特点和规律，我们始终尊重客观市场、遵循投资规律。我们提炼了"坚持战略引领，坚持问题导向，坚持底线思维，坚持复盘理念，坚持管理创新"的"五大坚持"管理理念，为企业管理和境外投资保驾护航。我们提出了投资项目全生命周期的"6655"核心要素管控理念：项目开发期，关注"技术、消纳、土地、环评、回报、协议"六大要素；项目融资期，关注"架构、保险、土地、成本、风险、协议"六大要素；项目建设期，抓好"进度、质量、安全、成本、环保"五大要素；项目运营期抓好"电量、电费、安全、效益、责任"五大要素。通过狠抓要素管理，确保境外投资项目各阶段有序受控。

2019年，是新中国成立70周年，也是"一带一路"倡议提出6周年。借此书纪念我们走过的心路历程，分享我们的经验教训，同时也激励我们走向更辽阔的未来。

此书的出版，得到了中国电建集团海外投资有限公司各部门的经验分享，得到了相关行业的鼎力相助，得到了中国人民大学出版社的大力支持。

感谢杜春国、李铮、钟海祥、岐温华、顾岩对本书的重要贡献，他们参与了本书架构讨论及重点章节编写。

感谢曹跃生、俞祥荣、赵新华、张国来、张奋来、何书海、蔡斌、徐庆元、王中、邓吉明、李胜会、彭琨、潘韵萍、卢吉波、刘正云、韩国芬、王晓林、白存忠、袁子丽、吕毅、鲁慧莹、张凌、袁洋、付绍勇、何时有、罗军、冯道雨、于佳、王树洪、盛永梅、李燕、梁永彬、卫哲、荣宏橙、李晨曦、蒋金良为本书相关内容编写分享经验、提供帮助。

感谢房秋晨为本书做序。

感谢王虹、陆国俊、刘日明、于彦忠、邱昭良为本书撰写推荐语。

幸福都是奋斗出来的。"走出去"的企业肩负着诠释中国、连通世界的重要使命。我们应向世界展示不一样的视野和实力。作为"一带一路"建设的亲历者、参与者、见证者，我们始终在路上，不忘初心，砥砺前行。

盛玉明

中国电建集团海外投资有限公司董事长

图书在版编目（CIP）数据

"一带一路"倡议下的境外投资开发实务 / 盛玉明，杜春国，李铮主编.
—北京：中国人民大学出版社，2019.4
（管理者终身学习）
ISBN 978-7-300-26848-4

Ⅰ.①一… Ⅱ.①盛… ②杜… ③李… Ⅲ.①对外投资–研究–中国
Ⅳ.① F832.6

中国版本图书馆 CIP 数据核字（2019）第 053914 号

管理者终身学习
"一带一路"倡议下的境外投资开发实务
主编　盛玉明　杜春国　李　铮
"Yidai Yilu" Changyi xia de Jingwai Touzi Kaifa Shiwu

出版发行	中国人民大学出版社	
社　　址	北京中关村大街 31 号	**邮政编码**　100080
电　　话	010-62511242（总编室）	010-62511770（质管部）
	010-82501766（邮购部）	010-62514148（门市部）
	010-62515195（发行公司）	010-62515275（盗版举报）
网　　址	http://www.crup.com.cn	
	http://www.ttrnet.com（人大教研网）	
经　　销	新华书店	
印　　刷	涿州市星河印刷有限公司	
规　　格	148mm×210mm　32 开本	**版　　次**　2019 年 4 月第 1 版
印　　张	12.25 插页 2	**印　　次**　2019 年 4 月第 1 次印刷
字　　数	280 000	**定　　价**　58.00 元